Norbert Hentsch • Günter Kranke • Christian Wölfel
Jens Krzywinski • Frank Drechsel (Hrsg.)

INNOVATION DURCH DESIGN

AF288725

TUDpress

Norbert Hentsch • Günter Kranke • Christian Wölfel
Jens Krzywinski • Frank Drechsel (Hrsg.)

INNOVATION DURCH **DESIGN**
Technisches Design in Forschung, Lehre und Praxis

TUDpress

Die Abbildung auf dem Umschlag zeigt den Entwurf des Camtrain – eines schienengeführten Überwachungssystems – und ist dem Beitrag *Das hybride Innovationskonzept als Werkzeug im Fuzzy Front-End* von Jens Krzywinski und Hilmar Klink in diesem Buch entnommen. Der Entwurf entstand im Rahmen der Diplomarbeit von Dirk Haase an der Technischen Universität Dresden in Zusammenarbeit mit SEW eurodrive.

Innovation durch Design:
Technisches Design in Forschung, Lehre und Praxis
Herausgeber:
Norbert Hentsch, Günter Kranke, Christian Wölfel,
Jens Krzywinski, Frank Drechsel

Freunde und Förderer des Technischen Designs an der TU Dresden e. V.
http://www.technischesdesign.org

Bibliografische Information der Deutschen Bibliothek
Die Deutsche Bibliothek verzeichnet diese Publikation in der Deutschen Nationalbibliografie; detaillierte bibliografische Daten sind im Internet unter http://dnb.ddb.de abrufbar.

Bibliographic information published by Die Deutsche Bibliothek
Die Deutsche Bibliothek lists this publication in the Deutsche Nationalbibliografie; detailed bibliographic data is available in the Internet at http://dnb.ddb.de

ISBN 978-3-941298-19-4

© 2009 TUDpress
Verlag der Wissenschaften GmbH
Bergstr. 70 | D-01069 Dresden
Tel.: 0351/47 96 97 20 | Fax: 0351/47 96 08 19
http://www.tudpress.de

Inhaltsverzeichnis

Vorwort

Die Begriffe *Innovation* und *Kreativität* sind schon seit einiger Zeit in vieler Munde. Nun hat die Europäische Union das Jahr 2009 zum *Europäischen Jahr der Kreativität und Innovation* erklärt. In diesem Umfeld bezieht das vorliegende Buch unter dem Titel *Innovation durch Design* sichtbar Position und unterbreitet konkrete Angebote zu den Themen Innovationsprozesse und Produkterleben.

Die schwindende Differenzierung von Produkten durch technologische Gleichstellung, der Preiskampf auf zunehmend gesättigten Märkten, verkürzte Produktlebenszyklen und nicht zuletzt Produktpiraterie führen zu einem noch weiter erhöhten Innovationsdruck. Die als Antworten darauf notwendigen hochgradigen Innovationen entstehen oftmals nicht durch einfache Weiterentwicklung, sondern durch grundlegend neue, interdisziplinäre Herangehensweisen und komplexe, nachhaltige Problemlösungen. Hierbei kann die Profession Design mit ihren spezifischen Prozessen und Werkzeugen einen wesentlichen Beitrag leisten.

Die Bedeutung nicht-technologischer, „weicher" Eigenschaften nimmt bei der Entwicklung innovativer Produkte weiterhin zu. Inzwischen spielt die emotionale Beziehung zwischen Nutzer und Produkt weit über den Konsumgüterbereich hinaus eine starke Rolle. Damit also ein Produkt auf dem Markt erfolgreich sein kann, muss es subjektiv-emotionale Bedürfnisse des Menschen und technisch-funktionale Anforderungen gleichermaßen erfüllen. Hier kann das Design einen entscheidenden Beitrag leisten, indem es Charakter und Eigenschaften von Produkten und bestimmt und erlebbar macht.

Die Beiträge in diesem Buch entstanden im Rahmen des *3. Symposium Technisches Design Dresden 2009.* Dieses wurde vom 17. bis 18. April 2009 durch das *Zentrum für Technisches Design* im *Lehrstuhl für Konstruktionstechnik/CAD* der *Technischen Universität Dresden* und die *Freunde und Förderer des Technischen Designs an der TU Dresden e. V.* gemeinsam ausgerichtet. Zwischen der Präsentation der Beiträge gab es in der beflügelnden, ebenso geschichtsträchtigen wie designrelevanten und damals wie heute Innovationen hervorbringenden Umgebung des historischen *GebäudeEnsemble Deutsche Werkstätten Hellerau* Raum für den direkten persönlichen Dialog über Design, Innovation und Wissenschaft. Neben der fortgeführten Diskussion zu Schnittmengen und Zusammenarbeit von

Industriedesign und Ingenieurwissenschaften stand das Symposium ganz im Zeichen des Schwerpunktes *Innovation durch Design*. Die neue inhaltliche Fokussierung des Symposiums begrenzt das Themenfeld, macht es aktuell, greifbar und praxisrelevant und bietet gleichzeitig die Chance Interessentenkreise (weit) über das Technische Design hinaus anzusprechen. Mit dem Thema *Innovation durch Design* wurde ein Auftakt gewählt, der einen Maßstab für die Zukunft und insbesondere in Bezug zu aktuellen wirtschaftlichen Rahmenbedingungen ein klares Zeichen setzt. Der vorliegende Tagungsband trägt den Schwerpunkt *Innovation durch Design* erstmals auch im Titel und knüpft zugleich mit dem Untertitel *Technisches Design in Forschung, Lehre und Praxis* an die bestehende Reihe an.

Die Beiträge dieses Bandes spannen – bereits in guter Tradition – eine Brücke zwischen Designern und Ingenieuren unter Einbeziehung weiterer Fachdisziplinen sowie eine zwischen Wissenschaft und Praxis. Dabei beziehen sich alle Beiträge auf die Frage, welche Rolle das Design mit dem ihm innenwohnenden kreativen Potenzial im Innovationsprozess übernehmen kann? Die Autorinnen und Autoren setzen dabei jedoch ganz unterschiedliche Schwerpunkte.

Die Bedeutung von Innovation ist für den wirtschaftlichen Erfolg eines Unternehmens ist ebenso unzweifelhaft wie die Schwierigkeit, permanent neue Herausforderungen und das richtige Umfeld zu schaffen, um aus Problemen, Ideen und Entwürfen endlich Innovationen werden zu lassen. Beim Elektrogerätehersteller Metabo übernimmt das Design in diesem Prozess eine zentrale, koordinierende und integrierende Funktion (Lorek & Wilke S. 7). In vielen Unternehmen mangelt es nicht an kreativen Ideen für innovative Produkte. Doch um auf dem Markt erfolgreich zu sein, müssen diese Produkte „vom Konsumenten verstanden und gewollt werden" (Lanz S. 11). (Diese Beiträge der beiden geladenen Praxisreferenten sind in dem vorliegenden Buch nur gekürzt dargestellt.) Beide Beiträge stellen den Rahmen dar, in dem sich Innovationen entwickeln und bewähren müssen. Inwieweit *Innovation durch Design* dabei natürlich entsteht, beim Entwerfen einfach passiert, kreativ Beziehungen und Zufälle nutzt, oder der systematischen Analyse und Synthese unterliegt, diese Fragen ziehen sich als roter Faden durch die wissenschaftlichen Beiträge des *3. Symposium Technisches Design Dresden 2009*.

Vergleichsweise wenig Aufmerksamkeit ist bisher der Rolle der Profession Design bei explizit technischen Innovationsprozessen gewidmet worden (Peters S. 17). Innovation bei einem Design-Dienstleister sind keine Zufälle, sie können (in Grenzen) geplant werden (Brezing S. 33). Mittlerweile steht eine belastbare empirische Basis zur Verfügung, auf deren Grundlage das Zusammenwirken von Design und

Innovation bei kleinen und Mittelständischen Unternehmen insbesondere im Maschinen- und Anlagenbau ermitteln und konkret vorschlagen werden kann (Herrmann & Möller S. 47).

Ein wesentlicher Ansatzpunkt ist, den Innovationsprozess inklusive Design ganzheitlich zu betrachten. Das beginnt bei seinen wirtschaftlichen und technischen Rahmenbedingungen (Heuser S. 65) und hört bei der Analyse adaptiver Stellteile (Petrov & Maier S. 81) noch nicht auf. Dass dabei aber technische Neuerungen nicht zum Selbstzweck entstehen dürfen, sondern diese erlebbar gemacht, kommuniziert und am Nutzerverhalten gemessen werden müssen, ist inzwischen fast allgemein akzeptiert und kann gut beschrieben werden (Kretschmer S. 91). Als beispielhafter Schwerpunkt ist in diesem Buch die Optimierung der Bediensituation im Kontext von Interface- und Corporate-Design dargestellt (Schmid & Maier S. 105).

Eine wichtige und immer aktuelle Aufgabe ist es zu klären, welche Methoden und Werkzeuge dem Designer als Innovator zur Verfügung stehen (Groh S. 119, Beier & Maier S. 133) und welche die entscheidenden Elemente im Entwicklungs- und Designprozess sind. Ein Schwerpunkt liegt dabei auf der Konzeption in Entwicklungsprozessen (Graf & Hartmann-Menzel S. 147) und macht deutlich in welch frühen Phasen innovationsrelevante Entscheidungen getroffen werden. Dabei lässt sich unter anderem zeigen, dass Design gut verzahnt mit dem Management bereits in abstrakten, ungegenständlichen Phasen zum Innovationswerkzeug werden kann (Krzywinski & Klink S. 163).

Ein weiterer Schwerpunkt ist die Analyse und Unterstützung der Design- und Innovationsprozesse. Wie lassen sie sich es sich aufzeichnen, beschreiben und anstiften (Prescher et al. S. 185) oder gar erklären (Englisch et al. S. 197)? Mit dieser Kenntnis des Fachgebietes ausgestattet, kann man diskutieren, welche charakteristischen Denk- und Arbeitsweisen des Designs auf andere Disziplinen anwendbar sind und auf den Forschungsprozess selbst ausstrahlen (Bart S. 209, Wüsthoff & Hirzinger S. 221).

Wie können derartigen Innovationsfertigkeiten gelehrt werden? Sicherlich durch eine stark projektbezogene Ausbildung, insbesondere in interdisziplinärer Zusammenarbeit (Reiff-Stephan S. 237, König et al. S. 251). Die Designforschung an den Hochschulen bildet schließlich eine Einheit mit der Lehre und der Praxis und lebt Innovation durch Design in allen drei Elementen (*Kranke & Uhlmann* S. 266). Der

Innovationkreislauf wird geschlossen, wenn es Design wiederum gelingt den Lernalltag nachhaltig zu beeinflussen (Raff S. 283),

Das dritte Symposium Technisches Design markiert in wissenschaftlicher Hinsicht einen wesentlichen Meilenstein für die Entwicklung dieses Forums, denn erstmals wurden alle Beiträge von jeweils zwei externen Gutachtern anonym auf ihre wissenschaftliche Qualität geprüft. Unser Dank gilt dafür den Mitgliedern des Gutachter-Komitees Prof. Dr. Maier (Universität Stuttgart), Prof. Dr. Stella Böß (TU Delft), Prof. Dr. Johannes Uhlmann (TU Dresden), Dr. Alexander Brezing (RWTH Aachen) und Jürgen Rambo (Daimler AG, Deutsche Gesellschaft für Designtheorie und -forschung).

Wir bedanken uns bei allen Autoren dieses Buches, deren wissenschaftliche und praktische Arbeit und Begeisterung der Kern dieses Symposiums und Ausgangspunkt einer befruchtenden, disziplinübergreifenden Diskussion und Verständigung war und ist.

Unser Dank gilt darüber hinaus den beteiligten Mitarbeiterinnen, Mitarbeitern und Studierenden am *Zentrum für Technisches Design* im *Lehrstuhl Konstruktionstechnik/CAD* der *Technischen Universität Dresden*, die bei der Vorbereitung und Durchführung der Veranstaltung geholfen haben. Ebenfalls danken wir Frau Kati Kästner vom *GebäudeEnsemble Deutsche Werkstätten Hellerau* und Frau Christiane Kubitz vom Verlag *TUDpress – Verlag der Wissenschaften* Dresden für die gute Zusammenarbeit.

Dresden, 17. April 2009

Norbert Hentsch
Günter Kranke
Christian Wölfel
Jens Krzywinski
Frank Drechsel

Design als Innovationsmotor bei Metabo

Patricia Lorek und *Dirk Wilke*

Für Metabo als mittelständiges Unternehmen, welches Elektrowerkzeuge entwickelt, herstellt und weltweit verkauft, sind Innovationen geradezu lebensnotwendig. Die Geschichte des traditionsreichen Familienunternehmens ist geprägt von vielen innovativen Momenten.

Abbildung 1: Damals und heute: Bohrmaschinen von Metabo

Das Produktdesign nimmt in dem komplizierten und doch durchschaubaren Geflecht aller Einflussgrößen für Innovationen eine besondere Stellung ein. Zum einen, weil gutes (oder auch schlechtes) Design vielfältig und offensichtlich wahrnehmbar ist, wir können es sehen, spüren und erleben.

Auch bei Metabo wird eine zweite und ebenso wichtige Leistung des Designs ersichtlich. Es übernimmt eine Art Koordination zwischen allen Anforderungen der einzelnen Fachbereiche, die an ein Produkt gestellt werden. Hier kann das Design innovative Ideen und Konzepte kreieren, transportieren und marktfähig machen. Dieser Motor wurde bei Metabo als solcher erkannt und seitdem stetig mit Kraftstoff versorgt sowie sorgfältig gewartet und weiterentwickelt.

Abbildung 2:   erste Ideen zu einem neuartigen Gartengerät

Der Entstehungsprozess von der Idee zum erfolgreichen Produkt hat einige zentrale Herausforderungen zu meistern. Zum einen müssen das Design und die Innovationen rechtzeitig in den Entwicklungsprozess einbezogen werden. Einer Grundlagenentwicklung und der Produktkonzeption muss genügend Raum, Zeit sowie personelle und finanzielle Ressourcen gegeben werden. Entscheidungen im Zusammenhang mit Innovationen oder Design müssen strategisch und wirtschaftlich getroffen werden. Nichtsdestotrotz gehört eine reichliche Portion Mut dazu. Nicht zuletzt entscheidet auch ein gutes Design- und Innovationsmanagement über den Erfolg.

Innovationen sind wie U-Boote, man muss sie identifizieren und sie dann bergen oder versenken. Und keine Angst – die guten kommen immer wieder hoch!

Abbildung 3:   Power Cutter von Metabo

Kontakt

Dipl.-Ing. Patricia Lorek
Dipl.-Ing. Dirk Wilke
Innovationen und Design
Metabowerke GmbH Nürtingen
Metabo-Allee 1
D-72622 Nürtingen
www.metabo.com

Innovation = Erfolg?
Der Designprozess als
Erfolgsfaktor neuer Produkte

Michael Lanz

In den letzten Jahren hatten weniger als 25 Prozent aller Produktinnovationen, die in den Markt eingeführt wurden, nachhaltigen Erfolg. Die deutsche Wirtschaft weist je nach Branche „Flopraten" zwischen 65 und 80 Prozent auf. Schuld an der hohen Floprate bei neuen Produkten sind aber weniger zu anspruchsvolle Konsumenten und der immer härtere Konkurrenzkampf der Anbieter: Eine entsprechende Studie der Gesellschaft für Konsumforschung im Bereich FMCG (Fast Moving Consumer Goods) zeigt, dass dabei Fehler in Kommunikation und Vertrieb zu einem viel geringeren Teil verantwortlich sind als allgemein vermutet. Allein 60 Prozent der Flops scheitern bereits in punkto Innovationsgrad, Preis-Leistungs-Verhältnis, Zielgruppenstruktur und Markenpolitik! Fazit der Studie: Fast 60 Prozent der Flops scheitern bereits am schwachen Konzept und nur 40 Prozent an der Umsetzung (Ruhland 2002, Twardawa 2006).

Was also kann ein Hersteller aufgrund dieser Problematik tun, um seine Produkte und damit sein Unternehmen erfolgreich zu machen? Und welche Rolle spielt dabei der Designprozess?

Das Design eines Produkts ist heute mehr denn je ein wichtiger Faktor in der Produktdifferenzierung und -verbesserung. Doch damit das Design eines Produkts erfolgreich ist, muss es verschiedene Kriterien erfüllen. Das Designkonzept muss vom Konsumenten verstanden und gewollt werden. Und es muss zur Unternehmenskultur und zum Markenimage passen, damit es Akzeptanz findet.

Im folgenden wird am Beispiel eines erfolgreichen und viel beachteten Produkts – der Kaffeemaschine *WMF1* – dargestellt, mit welcher Vorgehensweise *designaffairs* innovative, eigenständige Produkte gestaltet, die wirtschaftlich erfolgreich sind und dabei gleichzeitig die Wahrnehmung der Herstellermarke erhöhen; die also gleichermaßen den Vertriebschef als auch den Marketingleiter des Hersteller glücklich machen.

Am Anfang des Projekts stand ein Verkaufstrend: die Wachstumsraten im Bereich der Kaffeepadmaschinen. Und so kam die deutsche Traditionsfirma WMF auf die naheliegende Idee, sich mit ihrem langjährigen Know-How im Bereich der Gastro-Kaffeemaschinen ebenfalls in diesem vielversprechenden Marksegment zu engagieren und zum ersten Mal Elektrokleingeräte für Endverbraucher zu entwickeln und kam auf *designaffairs* zu, um ein entsprechendes Design für eine Kaffeepadmaschine zu entwickeln.

Die Marktführer im Bereich der Kaffee-Pad- bzw. Einzelportionsmaschinen sind unbestritten die Senseo und das Nespressosystem. Naheliegend wäre es deshalb gewesen, sowohl konzeptionell als auch gestalterisch dem von diesen Herstellern erfolgreich gesetzten Trend zu folgen. Aber genau das hat *designaffairs* WMF nicht empfohlen, denn wer im Markt nachhaltig erfolgreich sein will, darf nicht anderen hinterher laufen, sondern muss ein eigenständiges Produktkonzept entwickeln, das einen sinnvollen Mehrwert für den Konsumenten darstellt und dieses Konzept durch ein ebenso eigenständiges Design unterstreichen. Und das heißt, nicht dem bereits gesetzten Trend der Mitbewerber hinterherlaufen, sondern eigene Wege gehen. Aber welchen?

Wichtig für das Design eines Produktes ist, dass es zum einen die Erwartungen der Zielgruppe erfüllt und zum anderen im Einklang mit den vom Unternehmen kommunizierten und ebenso mit denen vom Konsumenten wahrgenommenen Markenwerten steht. Denn ein Produkt ist immer ein Mittler zwischen Markt und Marke. Was hieß das konkret für das Projekt der neuen WMF Kaffeemaschine?

Zuerst wurde durch *user insights* die Erwartungshaltung der Konsumenten im Hinblick auf Kaffeepadmaschinen ermittelt. Dabei stellte sich heraus, dass der Markt derjenigen Konsumenten, die ausschließlich Kaffeemaschinen mit Einzelportionen benutzen, schon durch Senseo, Nespresso und Co. relativ gesättigt war. Aber es gab auch einen gewissen Teil von „eingefleischten" Filterkaffeetrinkern (und das sind in Deutschland immerhin noch 80%), die durchaus Interesse an einer Padmaschine als „Zweitmaschine" zeigten.

In weiterführenden Gesprächen stellten sich recht bald die entscheidenden Faktoren für eine solche Maschine heraus: Klein soll sie sein, damit sie nicht zu viel des eh schon knappen Platzes auf der Küchenarbeitsplatte verbraucht. Sie soll einfach zu bedienen sein (→ One-Button-Story). Sie soll keinen zu großen Wassertank haben, da die Maschine ja nur als Zweitmaschine benutzt wird und damit das Wasser nicht abgestanden ist.

Auf der Basis dieser *user insights* konnten nun zwei relevante Design Trends im Hinblick auf die Zielgruppe ermittelt werden:

Der eine Trend wird als *new austerity* (Neue Strenge) oder *simplexity* bezeichnet:

Modernste Elektronik und eine Vielzahl neuer Funktionalitäten führen zu einer immer komplexeren Auswahl an Produkten und Funktionen. Auch die Bandbreite der verfügbaren Produktvarianten wird ständig größer. Diese zunehmende Komplexität bewirkt eine Sehnsucht nach Einfachheit, ohne auf die Effizienz und Funktionsvielfalt der einzelnen Designlösungen verzichten zu wollen. Ruhige Distanz und klare Präzision bilden die äußere Hülle für hoch komplexe Technologie. Oft verbirgt sich hinter einer einfachen Fassade etwas Überraschendes und Intelligentes. Was zählt, ist die innere Raffinesse und die Ruhe der äußeren Hülle, die nicht nur das Auge zum Verweilen einlädt.

Er andere Trend heißt *singling*: Seit einigen Jahren werden immer mehr und immer öfter Funktionen aus Familie und Privathaushalt herausgelöst, was nicht selten zu Tendenzen zu einem innerstädtischen Nomadentum führt. Dies hat eine zunehmende Aufsplittung in mehr Single-Haushalte zur Folge. Auch demografische Veränderungen, wie die Abnahme der klassischen Großfamilie führen vermehrt zur Entstehung von Einzelhaushalten. *Singling* fokussiert auf örtliche und räumliche Flexibilität, Effektivität und simplifizierter Lebensweise. Dieser Trend betrifft überwiegend die Generation der 20- bis 35jährigen. *Singling*-Typen bewegen sich zwischen Laptop und Sushi-Bar mit ausgeprägtem Hang zu Communities und preis-elastischer Genussorientierung. *Singling* betrifft eine breite Konsumentenschicht.

Abbildung 1:   Konzept für die WMF1

Durch die Erfahrungen aus den User Insights gepaart mit den Inspirationen der zuvor beschriebenen Trends formte sich ein Produktkonzept: *Ein Glas frisches Wasser + ein Kaffeepad + ein Bedienknopf = einfach leckerer Kaffee! Und das bei minimaler Baugröße* (Vgl. Abbildung 1). Das Konzept für die WMF1 war geboren!

Aber wie musste nun das Design der neuen Kaffeemaschine aussehen?

Dafür wurde erst einmal die aktuelle Wahrnehmung der Marke WMF analysiert: Die Marke WMF wird vor dem Launch der WMF1 als qualitativhochwertige, designorientierte und traditionsreiche Marke wahrgenommen – aber leider auch wenig emotional und eher für ältere Käuferschichten attraktiv.

Diese Wahrnehmung der Marke WMF durch die Konsumenten bildete die Ausgangsbasis für die Designstory der WMF1. Da die Marke WMF als designorientiert wahrgenommen wird, ist eine Gestaltung der Maschine als „Designobjekt" aus Sicht der Kunden durchaus akzeptabel, ja sogar gewünscht. Die Wahrnehmung der Marke als hochqualitativ erhöht den Handlungsspielraum.

Der in den Consumer Insights gezeigte Wunsch der Konsumenten nach einer One-Button-Story genauso wie die Lifestyle-Tendenzen des Trends *new austerity* entsprechen dem Designstil *human simplicity*, bei dem sich technisch komplexe Produkte freundlich und visuell reduziert zeigen und mit einer intuitiven Bedienung aufwarten.

Human simplicity lässt sich aufgrund der mit diesem Designstil verknüpften Wertewahrnehmung aus Sicht der Konsumenten sehr glaubhaft unter der Marke WMF verkaufen. Der Vorteil ist hierbei, dass in diesem Stil gestaltete Produkte als emotionaler und innovativer angesehen werden und somit wiederum einen positiven Einfluss auf die Wahrnehmung der Marke WMF haben.

Auf der Basis des zuvor gelernten erstellt *designaffairs* zusammen mit WMF das Designbriefing erstellt, auf dessen Basis das interdisziplinäre Designteam entsprechende Entwürfe erstellte. Als stärkstes Design kristallisierte sich schließlich ein Entwurf heraus, der aus einem im Projekt gestalteten grafischen Icon entwickelt wurde. (Auch das ist aktueller Trend im Möbelbereich: vgl. form 221 „Möbel werden grafisch!"). So entstand die ikonografische Form der WMF1, die sich positiv von dem Design anderer Kaffeemaschinen absetzt und damit einen extrem guten Wiedererkennungswert hat.

Einige Monate nach dem *market launch* der WMF1 kann eine positive Verschiebung bzw. Erweiterung der Markenwahrnehmung bei WMF gemessen werden. Die Marke präsentiert sich nun deutlich jünger und emotionaler.

Ohne groß beworben zu werden, war die kleine Kaffeepadmaschine kurz nach dem *market launch* zeitweilig ausverkauft und übertraf damit die Erwartungen aller Beteiligten.

Das Produkt ist nun bereits seit zwei Jahren am Markt erfolgreich und hat in dieser Zeit acht Designauszeichnungen erhalten und wurde in verschiedensten Print- und Onlinemedien sowie etlichen Blogs besprochen. Das bescherte dem Produkt und der Marke eine Aufmerksamkeit, die ansonsten einen Werbeetat in Millionenhöhe verschlungen hätte.

Abbildung 2:   WMF1

Fazit

Innovative Produkte sind der Motor eines erfolgreichen Unternehmens. Umso wichtiger ist es daher, dass diese Innovationen auch nachhaltig erfolgreich sind. Grundlage dafür ist aber, sowohl aktuelle Designtrends zu kennen und richtig zu interpretieren, als auch die Marke des Herstellers und die Erwartungen der Konsumenten zu verstehen und die so gewonnenen Erkenntnisse in der Konzeption und Produktgestaltung zu berücksichtigen. So kann die Gefahr Teil der wachsenden Floprate zu werden, deutlich verringert werden.

Literaturangaben

form 2008 Möbel werden grafisch, form – The Making of Design, Nr. 221
Juli/August 2008

Ruhland A. 2002: Die Rolle des Design-Manangements im Unternehmen,
Studienarbeit FH Pforzheim

Twardawa, W. 2006: Innovationsflops – Die vermeidbare Verschwendung : Es gibt
nicht zu wenig Innovationen, aber es gibt zu wenig marktgerechte Innovationen.
SÖFW journal, Jahrgang. 132, Nr. 12, S. 42-47

Kontakt

Dipl.-Des. Michael Lanz
Managing Partner
designaffairs GmbH
Rosenheimer Str. 145b
81671 München
www.designaffairs.com

Die Bedeutung von Designern für technische Innovationsprozesse

Sascha Peters

Die Frage nach der Bedeutung von Design und den Einflüssen kreativer Dienstleistungen auf Wirtschafts- und Innovationsprozesse ist so alt wie die Professionen selber. Daran hat sich auch in den letzten Jahren wenig geändert, obwohl in Publikationen und auf Konferenzen die typischen Fragestellungen immer wieder diskutieren werden. "Welchen Anteil hat Design am Erfolg von Innovationen?", "Wie lässt sich die Qualität von Kreativleistungen messen?", "Was dürfen diese kosten und wie kann man sie steuern?". Das Unbehagen gegenüber Vertretern der sogenannten kreativen Industrien (vgl. Gerdes 2007), gegenüber Designern, Werbern und Architekten, ist tief verwurzelt in einer Gesellschaft, deren wirtschaftlicher Erfolg seit jeher auf den Fundamenten technologischer Exzellenzen basiert (Peters 1/2008).

Spiegel online, 30.10.2006
„ Ideen für den Komposthaufen"

Quelle: Mercedes-Benz Advanceid Design of North America

Abbildung 1:   LA Design Challenge 2006 – Designstudie "Racy" (Grünweg 2006)

Jüngster Beleg für die Situation ist die Berichterstattung zur jährlich stattfindenden Los Angeles Design Challenge, zu deren Anlass die in Kalifornien ansässigen Designstudios der Automobilkonzerne mit großem Aufwand zukunftsweisende Mobilitätskonzepte entwickeln. Wurde in 2006 der Artikel über die Beiträge zu natürlich abbaubaren Fahrzeugkarosserien und ressourcenschonenden Antrieben von einem der hiesigen Blätter mit dem Titel "Ideen für den Komposthaufen" versehen (Grünweg 2006), so sprach man im Vorjahr gar vom "Amoklauf der Designer" (Kramper 2005). Also alles beim Alten? Die Kreativen, die Spinner, die Gestörten... (Lotter 2007). Sie haben anscheinend keinen Platz in unseren Strukturen, die auf sicheres Wachstum und die Wahrung von Statussymbolen ausgelegt sind (Peters 2/2008).

Doch seit etwa 2 Jahren ist das Gefüge in Bewegung. Aufgeschreckt durch eine Reihe von Innovationsstudien (Booz 2006), in denen den deutschen Unternehmen, die Fähigkeit abgesprochen wird, technologische Neuerungen in marktfähige und gewinnbringende Produkte zu überführen, erhält die Diskussion um die Bedeutung professioneller Kreativer für Innovationsprozesse neues Futter. Hybrid-Motor, MP3-Format, Computer: Die Liste revolutionärer deutscher Erfindungen ist lang; doch die wirtschaftlicher Misserfolge ist es ebenso. Deutschland ist zwar das "Land der Erfinder" und nimmt bei den Patentanmeldungen im internationalen Vergleich einen Spitzenplatz ein (Peters 2/2007). Doch seitdem belegt ist, dass die Anzahl von Patenten nicht mehr gleichzeitig mit wirtschaftlichem Erfolg einhergeht, suchen Unternehmer und Politiker nach neuen Indikatoren. Denn auch die deutsche Wirtschaft kann es sich nicht länger erlauben, zwar revolutionäre Technologien wie das MP3-Format oder den GRM-Effekt, die Grundlage zur Speicherung großer Datenmengen auf Festplatten, hervorzubringen, die Vermarktung aber anderen Volkswirtschaften zu überlassen.

Es reift die Erkenntnis, dass es nicht mehr ausreicht, Technologien und Werkstoffe mit Funktionalitäten im Promillebereich hinter dem Komma hervorzubringen. Die Menschen in den westlichen Nationen haben alles, was sie zum Leben brauchen und sehnen sich nach Produkten, die ihre Bedürfnisse befriedigen, noch bevor sie in der Lage sind, diese in Worte zu kleiden. Personen zur Frühindikation von gesellschaftlichen Entwicklungen sind demnach gefragt, die ob ihrer Ausbildung und Denkweise eine Fähigkeit mitbringen, die Vertretern technologischer Disziplinen in der Regel verborgen bleibt. Technik- und Detailverliebtheit sind gar Hemmschuhe für den Produkterfolg (Bochumer Institut für angewandte Innovationsforschung, 1/2007). Das Verständnis für die Wünsche des Kunden und die frühzeitige Ausrichtung von Produktentwicklungen auf die Bedürfnisse des Marktes sind vielmehr die heutigen Indikatoren für den Erfolg. Den Moment zu befördern, in denen sich der Kunde für ein Produkt entscheidet, das ist der entscheidende Erfolgsfaktor in Zeiten des Überflusses. Und eben diese Fähigkeit wird Vertretern kreativer Industrien im besonderen den Designern zugewiesen, was den marktzugewandten Disziplinen wie Design, Marketing und Architektur eine größere Bedeutung im Innovationsprozess beräumt (Peters 2004).

Die Reaktionen auf diesen Sachverhalt sind bemerkenswert: So erkennt die Wirtschaftsförderung professionelle Kreative mittlerweile nicht mehr nur als Standortfaktor sondern auch als wichtige Komponente und Impulsgeber im Innovationsprozess (Gerdes 2007). Nicht ohne Grund fragte auch die Konferenz "creative industries – made by design" im Oktober 2008, ob nach dem "Technology-Push" jetzt der "Kreativ Pull" kommt und sich somit der traditionelle Innovationsprozess umkehrt. Denn sind die kreativen Disziplinen meist erst am Ende einer Produktentwicklung gefragt, um einem technischen Produkt eine oberflächliche "Aufhübschung" zu geben und für den Markt vorzubereiten, wird von den Innovationsanalysten eine zentrale Bedeutung kreativer Disziplinen gefordert. Frühzeitig in Innovationsprozesse integriert, können insbesondere Designer bei der Entwicklung des Anwendungszusammenhangs für neue Produkte ein Wörtchen mitsprechen, so die Theorie. Sie sind es, die schlummernde Bedürfnisse beim Kunden wecken und den technologischen in einen emotionalen Mehrwert überführen (Peters 1/2007).

Abbildung 2:   Löschroboter OLE, Design: Jana Peterschmidt (Quelle: HS
                Magdeburg - Institut für Industrial Design, Fraunhofer IFF)

In der Praxis machen einige aktuelle Entwicklungen Mut, dass sich tatsächlich nachhaltig etwas an der Wertstellung gegenüber den kreativen Industrien ändert. Das traditionelle Innovationsverständnis bricht auf! So bedienen sich Forscher den Fähigkeiten von Designern, um Anwendungsszenarien für neue Technologien zu konzipieren. Ein Beispiel ist der Löschroboter OLE, der von Designern aus Magdeburg als Einsatzgebiet für eine Laufmaschine des Fraunhofer IFF entwickelt wurde. Autonome Roboter sollen zur Überwachung von Waldflächen eingesetzt werden, um Brände zu verhindern und gefährliche Situationen für den Menschen auszuschließen. Die Wissenschaftler waren begeistert, denn ihre Entwicklung wurde mit diesem klaren Bild in der ganzen Welt diskutiert. Ein anderes Projekt setzte gar die Robotertechnologie zum Rückbau von Plattenbauten in den ostdeutschen Gebieten ein. Damit reagieren die Kreativen auf die Tendenz zu einer sinkenden Bevölkerung und auf eine Entwicklung, die weder von der Bauwirtschaft noch der Industrie bislang in größerem Umfang berücksichtigt wurde.

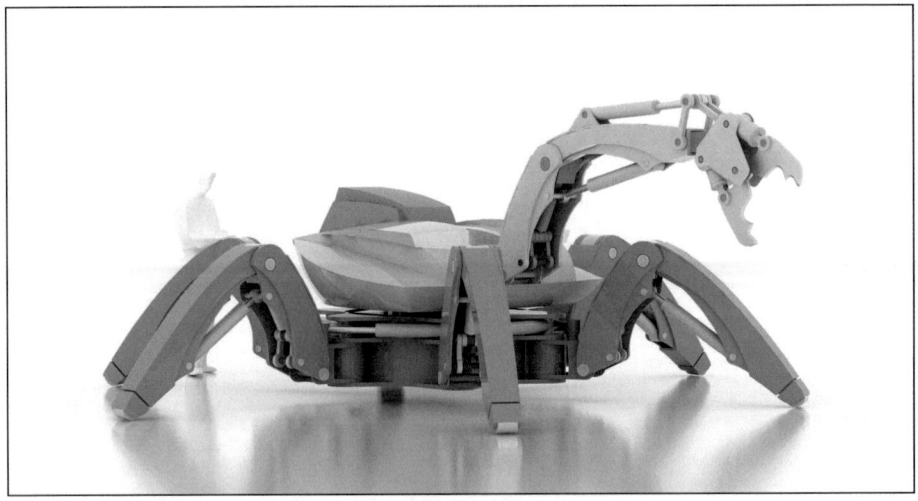

Abbildung 3:   Rückbauroboter BRACHY, Design: Jenika Hentschel, Frank Urban
(Quelle: HS Magdeburg – Institut für Industrial Design, Fraunhofer IFF)

Eine weitere Tendenz wird bei den Produzenten deutlich. Unternehmen wie Bayer, BASF oder Degussa richten ihre Kommunikation gezielt auf die "Kreativen Industrien" aus und werben um die Aufmerksamkeit für Ihre Materialien. Offensichtlich ist die Erkenntnis gereift, dass es Designer und Architekten sind, die in den Entwicklungsprozessen meist die Entscheidung über die Auswahl von Werkstoffen treffen und nicht mehr nur Konstrukteure und Techniker. Dies hängt zum einen mit dem

Arbeitskräftemangel in den technischen Disziplinen zusammen, durch den Unternehmen gezwungen sind, auch Engineeringleistungen von Designern abzurufen. Zum anderen sehen Produzenten professionelle Kreative zunehmend als Ihre Ansprechpartner an, wenn es darum geht, den Markt für technische Innovationen zu entwickeln und aus einer Erfindung ein marktfähiges Produkt zu machen.

So ist Bayer MaterialScience seit 2004 mit einem Creative Center den zukünftigen Kunden von Kunststoffen auf der Spur, und das fächerübergreifend. Die Zukunftsanwendungen in der Bauindustrie, Robotik, Logistik und die Bereiche Optik und Licht sind dabei Scoutingfelder, in denen deutliche Entwicklungssprünge erwartet werden. "Die Technologiefelder Nanomaterialien, Polymerelektronik und nachwachsende Rohstoffe eröffnen neue Lösungswege", sagt Eckard Foltin, der Leiter des Creative Center. Durch Vernetzung von Designern, Architekten, Trendforschern und Technologen werden hier Zukunftsszenarien entwickelt. Der Chemieriese erforscht, in welche Entwicklungen heute investiert werden müsse, um auch in der nächsten Dekade noch erfolgreich am Markt bestehen zu können.

Abbildung 4:   Transparente Karosserie des Rinspeed eXasis (Quelle: Bayer MaterialScience)

Doch wo genau liegen die Unterschiede in den Arbeits- und Denkprozessen von Designern und Ingenieuren und wie lassen sich die besonderen Eigenheiten für einen effizienten Innovationsprozess nutzen?

These 1

"Der Designprozess ist auf die Auswahl des Besonderen aus der Vielfalt der Möglichkeiten ausgerichtet und deduktiv geprägt."

Einen Ansatz zur Beantwortung dieser Frage bietet die Entwicklungsgeschichte des Stuhls "Myto", den Konstantin Grcic für die BASF AG entworfen hat. Ziel war es, die Funktionsweise eines Nanopartikel-Zusatzes für PBT zur Verbesserung der Fließfähigkeit bei der Verarbeitung zu visualisieren und für den Kunden deutlich werden zu lassen. Zunächst ging der Designer von der Fehleinschätzung aus, das Material könne zugleich weich und hart sein. Der Irrtum wurde zwar von den BASF-Technologen aufgeklärt, doch nutzte Grcic die Spannung in diesem Gegensatz als Ansatz für die Produktentwicklung. Es sollte ein Freischwinger entstehen, dessen Rückenlehne sich, "aufgespannt wie ein Kissen", dem Körper entgegenwölbt (Herwig 2008). Ein solcher Ansatz hat als Grundlage weniger die technische Funktion und »physikalische Effizienz«, wie das im ingenieurtechnischen Prozess der Fall wäre. Vielmehr wird das Ziel verfolgt, einem Produkt einen besonderen Charakter, einen Sinn und eine besondere symbolisch-kommunikative Wirkung zu geben. Der Designprozess ist also auf das einmalige Ereignis ausgerichtet, das Besondere, die Einzigartigkeit in der Vielfalt der Möglichkeiten. Der Designer geht deduktiv vor, fokussiert auf die »soziokulturelle Effizienz« und erzeugt eine Beziehung zwischen dem »Artefakt« und seinem Benutzer (Bonsiepe 1996).

Abbildung 5:   Freischwinger "Myto", Design: Konstantin Grcic (Quelle: BASF)

Damit verläuft die gedankliche Ausrichtung im Designprozess dem ingenieurtechnischen Ansatz nahezu entgegen, was für das Verstehen der vielen Konfliktsituationen zwischen Designern und Ingenieuren und das Erzeugen eines produktiven Innovationsprozesses von essenzieller Bedeutung ist (Peters 2004). Ingenieure kommen auf induktive Weise zu neuen Lösungen. Der technische Innovationsprozess ist folglich, ausgehend von allgemeingültigen Erklärungsversuchen und Gesetzmäßigkeiten, auf das Finden von Problemlösungen und deren Verhalten nach ihrer Realisierung ausgerichtet (Siebel 1999). Der Ingenieur orientiert sich an Fakten und weniger an Meinungen und ist auf die Sicherung physikalischer Funktionen bedacht. »Die normierte Objektivität seiner Sprache [...] verleitet ihn zu einer Ideologie der Sachlichkeit, die jede subjektive oder soziokulturelle Sinnfärbung verdrängt und den sachtechnischen Lösungen [...] die Aura einer gesetzmäßigen Notwendigkeit verleiht« (Ropohl 1999).

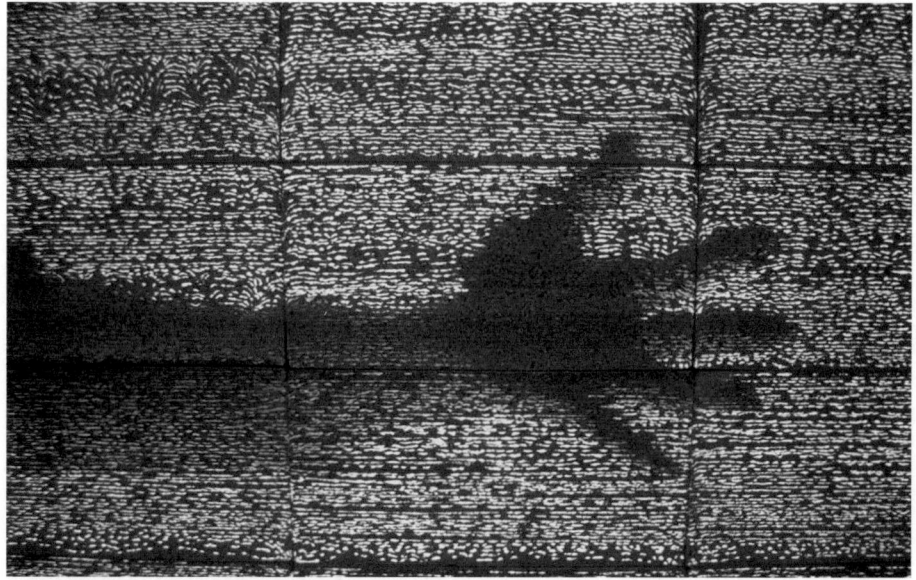

Abbildung 6:   Transparenter Beton (Quelle: LiTraCon)

Dass diese unterschiedlichen Ansätze in der gedanklichen Arbeit auf den ersten Blick unvereinbar scheinen, darüber ist in der Vergangenheit viel diskutiert worden (Duddeck 1999). Doch aus den aktuellen Innovationserfolgen von Designern und Architekten im Materialbereich werden vor allem auch die Potenziale deutlich, die durch Integration der deduktiven Herangehensweise von professionellen Kreativen in einen technischen Zusammenhang erzeugt werden. So wurde beispielsweise der Widerspruch zwischen Beton und Lichtdurchgang vom ungarische Architekt Aron Losonczi in Kooperation mit dem Unternehmen Schott gelöst. Er experimentierte 2001 mit Glasfasern und Beton und machte den Werkstoff LiTraCon (Light-Transmitting Concrete) durchlässig für Licht und Schatten. Damit löste er einen Trend in der Zementindustrie aus, der eine Vielzahl von Nachahmerprodukten zur Folge hatte.

These 2

"Das Zulassen von Unschärfen fördert die Qualität eines Entwicklungsprozesses und optimiert das Innovationsergebnis."

Dass auch zahlreiche noch ungenutzte Potenziale im Bereich der Produktionstechnologien auf eine erfolgreiche Erschließung durch Integration der deduktiven Vorgehensweise von professionellen Kreativen in den Innovationsprozess warten, zeigt nicht zuletzt die Entwicklung des freien Aufblasverfahrens für metallische Bleche zur Erzeugung dreidimensionaler Geometrien. Nach dreijähriger Entwicklungstätigkeit fand der polnische Architekt Oskar Zieta am CAAD-Lehrstuhl (Computer Aided Architectural Design) der ETH Zürich eine Lösung zur Stabilisierung frei verformten Weißblechs. Das Verfahren taufte er „Freie-Innendruck-Umformung" (kurz FIDU) und entwickelte damit eine Kollektion von Möbelstücken mit einer "fast skulpturalen Anmutung" (Scharf 2008).

Abbildung 7:   Freie-Innendruck-Umformung (Quelle: ETH Zürich)

Das Beispiel zeigt aber nicht nur die Möglichkeiten deduktiven Vorgehens sondern deutet auch noch auf einen weiteren wichtigen Aspekt für erfolgreiche Innovations- prozesse: dem Zulassen von Unschärfen. Dabei ist die Unschärfe in den durch FIDU erzeugten Geometrien produktimmanent. Die Bleche werden präzise in der zweidimensionalen Fläche zugeschnitten und an den Rändern verschweißt. An- schließend wird in das Innere ein Überdruck von 0,1 bis 7,0 bar eingebracht, der die beiden Elemente aufbläht. Je nach Geometrie, Dauer und Druck fällt die De- formation unterschiedlich aus. Die Endform ist nicht präzise vorherzusehen, eine gezielte Unschärfe in den Prozess integriert.

Die Fähigkeit zum Arbeiten mit unpräzisen Vorgängen und das Nutzen der sich durch Unschärfe ergebenden Möglichkeiten scheint bei Designern deutlich stärker ausgebildet zu sein, als bei anderen Berufsgruppen. Die Kognitivforschung geht sogar noch weiter. Psychologen gehen davon aus, dass der Mensch grundsätzlich danach strebt, Unschärfen aus seinen Handlungsabläufen zu entfernen. Denn Unschärfen bedeuten Unsicherheiten in der Planbarkeit von Ergebnissen. Das menschliche Gehirn weicht daher komplexen Abläufen aus. Übrig bleibt nur ein Ausschnitt des Ganzen, der Potenziale, der Möglichkeiten. Da aber dieser Aus- schnitt mit dem Ganzen verknüpft ist, würden durch das Einschränken des Blick- winkels Fehler provoziert, "der Misserfolg (sozusagen) logisch programmiert" (Dörner 1992). Der Umkehrschluss ist folglich zulässig, dass das gezielte Zulassen von Unschärfen den Kreativprozess befördert.

These 3

"Vernetztes Denken in Wechselbeziehungen zwischen visionären und reflektiven Wissensbausteinen unterstützt den Kreativprozess."

Konstantin Grcic schwärmt von einem "befruchtenden Fluss von Information und Erfahrung" zwischen Herstellern, Designer und Materialproduzent und der Schnel- ligkeit sowie dem Teamgeist bei der Entwicklung seines Stuhls "Myto" (Herwig 2008). Was ihm positiv auffällt, beinhaltet gleich zwei Hauptvoraussetzungen für einen erfolgreichen Innovationsprozess. Zum einen fördert eine vielfältige Interdis- ziplinarität im Entwicklungsteam, also eine ausgeprägte Vielfalt in den Sichtweisen auf das Produkt die Aussicht auf den Erfolg (Bergmann 2000). Zum anderen ist die Qualität des gedanklichen Austauschs und die Intensität der Vernetzung zwischen den beteiligten Personen während der Entwicklung entscheidend für die Effizienz des Prozesses (Peters 2004). Schon Dietrich Dörner geht in seinem Buch "Die Logik des Misslingens" davon aus, dass einer alleine gar nicht mehr in der Lage ist, die komplexen Systeme unserer Gesellschaft zu erfassen und neue Lösungen zu entwickeln (Dörner 1992). So ist bei der Zusammensetzung eines Produktentwicklungsteams vor allem auf eine Mischung zwischen visionären, in die Zukunft blickenden Personen und umsetzenden, reflektierenden Disziplinen zu achten (Tumuscheit 1998).

In der Regel sind viele Kommunikationsprobleme an der Schnittstelle Design - Engineering auf den fehlenden und vor allem frühzeitigen Austausch zwischen den Disziplinen und eine sehr einseitige Zusammensetzung des Entwicklungsteams zurückzuführen, die entweder die visionäre oder die umsetzende Komponente zu stark betont. Das Beispiel "Myto" ist daher als ein Paradebeispiel für einen optimalen Innovationsprozess zu bewerten, in dem der Informationsfluss offenbar ideal stattgefunden hat. Dass dies in der Vielzahl der Fälle nicht so ist, zeigt eine Umfrage zu Konfliktsituationen an der Schnittstelle Design/Engineering aus dem Jahr 2002 (Peters 2004). Auffällig dabei: Den Kreativdienstleistern war das existierende Konfliktpotenzial bewusster als den technischen Vertretern.

In den letzten Jahren haben daher viele Kreativagenturen mit dem Aufbau von Materialarchiven und einer Technologiekompetenz auf die häufig auftretenden Konfliktsituationen reagiert. Allerdings wurde nur sehr selten auch Personal mit einer technischen Ausbildung eingestellt, was dem Ideal von interdisziplinären Entwicklungsteams entgegenwirkt. Meist wird die Aufgabe heute von Designern oder Architekten übernommen, was auch durch den Erfolg der ständig wachsenden Zahl von Materialdatenbanken im Internet, Materialmessen für Kreative und publizierten Büchern zu diesem Thema dokumentiert wird. Immer stärker erkennen aber auch die etablierten technischen Messen (z.B. Materialica, Euromold) Designer und Architekten als ihre Kunden und bieten eigene Programme für diese Zielgruppen an (Peters 2007b). Alle Aktivitäten sind dabei auf eine stärkere Vernetzung und Wechselwirkungen zwischen den unterschiedlichen Bereichen fokussiert. Offensichtlich sind also die Positiveffekte, die auf die Kombination unterschiedlicher Denkprozesse zurückzuführen sind.

Der Unterschied in den Denkprozessen zwischen Vertretern technischer und kreativer Disziplinen geht neben der differierenden Fokussierung auf die physikalische bzw. soziokulturelle Effizienz, der induktiven bzw. divergenten Vorgehensweisen vor allem auf die für die gedankliche Entwicklung benötigte Komplexität der Wissensbasis zurück. Technischer Fortschritt benötigt meist eine viel tiefere und komplexere Vernetzung von Wissensbausteinen als dies bei den Produkten der kreativen Industrien der Fall ist. Die gedankliche Arbeit geht hier in die Breite, um aus der

Vielzahl der Möglichkeiten das Besondere auszuwählen. Somit tun sich professionelle Kreative sehr viel leichter, neue Wege zu begehen, als dies bei Vertretern technischer Disziplinen der Fall ist. Denn die Kreation von Ideen ist kein zufälliger, aber ein sehr unvorhersehbarer Prozess (Bergmann 1999). Er kommt per se nicht ohne Unschärfen und Unsicherheiten aus, mit denen sich Kreative anscheinend besser arrangieren können.

These 4

"Die ständige Anpassung des Prozessablaufs an den Entwicklungsstand und die Förderung des selbstorganisierten interdisziplinären Dialogs unterstützt erfolgreiche Innovationsprozesse."

Starre Prozesse und zu exakte Vorgaben behindern in den frühen Entwicklungsphasen meist den späteren Produkterfolg und die rechtzeitige Ausrichtung eines Innovations-vorhabens auf den Markt. Außerdem wirkt vor allem die "allen sozialen Systemen inhärente Tendenz zur Erstarrung und Oligarchisierung" (Bergmann 2000) interdis-ziplinären Entwicklungsvorhaben entgegen. Voraussetzungen für das Nutzen der charakteristischen Merkmale in den Denkprozessen kreativer und technischer Diszipli-nen ist folglich eine Organisation in einem freien Umfeld losgelöst von starren Schema-ta. Die aktuelle Innovationsforschung spricht in diesem Zusammenhang gerne von Innovationsinseln oder -einheiten, deren Funktionsweise insbesondere in kleinen Unternehmen durch Zulassen einer organischen Selbstorganisation befördert wird. Das Management hat lediglich die Funktion der Metasteuerung, gibt den Rahmen vor und akzeptiert die permanente Anpassung des Prozessablaufs sowie der Zielvorgaben an den Entwicklungsstand. Vor allem Teams, die zusammengesetzt sind aus Vertretern unterschiedlicher Disziplinen finden sich in einem solchen Umfeld schneller zusammen und entwickeln ein Verständnis für die Aufgabenverteilung. Ein produktives Miteinander divergenter und induktiver Vorgehensweisen wird auf diese Weise befördert. Der Prozessablauf sollte dabei weniger auf das Produkt und die Zeitplanung fokussiert sein, sondern das Bewusstsein für den Fortschritt im Innovationsprozess aufzeigen. Für diese Aufgabe hat sich ein Modell durchgesetzt, das den Kreativvorgang als Zyklus beschreibt und ihn in die 3 Phasen "Perzeption und Präparation", "Kreation und Illumina-tion" sowie "Reflexion und Verifikation" aufteilt (vgl. Bergmann 2000). Um vor allem die Kommunikation zwischen Designern und Ingenieuren zu fördern, ist der Zyklus auf die Unterstützung eines bereichsübergreifenden Dialogs ausgerichtet.

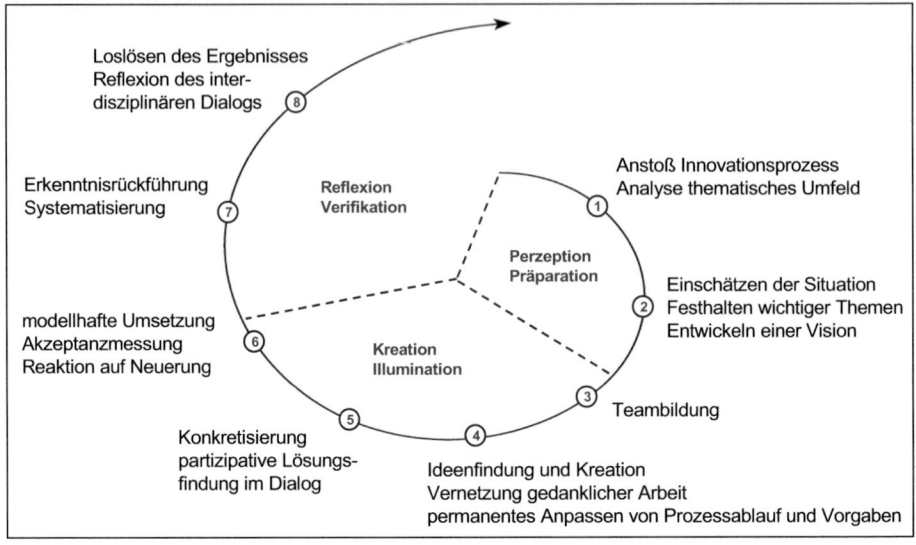

Abbildung 8:   Innovationszyklus zur Förderung interdisziplinärer Kooperation
(nach Bergmann 2000)

In der Phase "Perzeption und Präparation" wird der Innovationsprozess losgetreten und vorbereitet. Das thematische Umfeld einer Problemstellung wird analysiert und die bedeutenden Themen festgehalten. Nach Einschätzung der Situation endet diese erste Phase des Innovationszyklus in der Formulierung einer erreichbaren Vision. Mit der Zusammensetzung des Entwicklungsteams startet dann der Abschnitt "Kreation und Illumination". Um den marktzugewandten Disziplinen wie Design, Marketing und Architektur eine größere Bedeutung im Innovationsprozess beizuräumen, ist vor allem auf eine ausgewogene Mischung aus visionären und reflektierenden Charakteren sowie deduktiven und induktiven Denkprozessen zu achten. Vor allem in den frühen Phasen der Ideenfindung sollte auf einen ausgeprägten interdisziplinären Dialog geachtet werden. Die Denkansätze und -strukturen sollten vernetzt und die Erwartungen permanent an das entwickelte Ergebnis angepasst werden. Ein Abschnitt der Konkretisierung von Ideen leitet die modellhafte Umsetzung von Konzepten ein. Am Ende der Phase "Kreation und Illumination" ist es Ziel, die Reaktionen auf die Neuerung einzuholen, das Ergebnis zu erleben und eine Akzeptanzmessung vorzunehmen. Die sich anschließende Phase der "Reflexion und Verifikation" hat vor allem zum Gegenstand, den Innovationsprozess und vor allem den interdisziplinären Dialog zu reflektieren und durch Loslösen des Ergebnisses Rückschlüsse auf zukünftige Innovationsvorhaben zu

Sascha Peters

ziehen (vgl. auch Valkenburg 2000). Zur Förderung des interdisziplinären Arbeitens zwischen Designern und Ingenieuren sollten immer alle 8 Phasen durchlaufen und in jedem Fall gegen Ende Optimierungspotenziale für den Dialog abgeleitet werden. Der Zyklus endet stets mit einem Zugewinn an Erkenntnisses vor allem zur Verbesserung des interdisziplinären Dialogs. Der Endpunkt des Prozesses ist also nie identisch mit dem Startpunkt.

Fazit

Nach wie vor behindern erhebliche Kommunikationsprobleme die interdisziplinäre Kooperation an der Schnittstelle Design/Engineering und ein produktives Miteinander im Innovationsprozess. Dabei würde gerade die Zusammenführung deduktiver Vorgehensweisen und induktiver Denkprozesse die Erfolgswahrscheinlichkeit von Entwicklungsprozessen erheblich befördern. Die Bedeutung von Vertretern marktzugewandter Disziplinen wie Design oder Architektur insbesondere für materialbasierte Innovationsprozesse ist in den letzten Jahren deutlich gestiegen. Um diese erfolgreich in Entwicklungsvorhaben zu integrieren, sollten Unschärfen im Prozessablauf gezielt zugelassen und die Vorgaben einer Entwicklung ständig an den Stand des Ergebnisses angepasst werden. Den Innovationsprozess sollte man dabei nicht konventionell auf Produkt und Zeitplanung fokussieren, sondern vielmehr als bewussten Lernprozess und interdisziplinären Dialog verstehen. Vor allem die Installation reflektierender Tätigkeiten hat Positiveffekte auf die bereichsübergreifende Zusammenarbeit und das Produkt von Innovationsprozessen.

Literaturverzeichnis

Bergmann, G. 1999: "Die Kunst des Gelingens – Wege zum vitalen Unternehmen", Sternenfels, 1999.

Bergmann, G. 2000: "Innovation". Friedrichshafen: Kiel Verlag.

Bonsiepe, G. 1996: "Interface – Design neu begreifen", Mannheim: Bollmann Verlag.

Booz Allen Hamilton 2006: "Innovationsstudie - Global Innovation 1.000".

Dörner, D. 1992: "Die Logik des Misslingens", Hamburg: Rowohlt.

Duddeck, H. 1999: "Die Sprachlosigkeit der Ingenieure", in: Die Sprachlosigkeit der Ingenieure, hrsg. von Duddeck, H.; Mittelstraß, J., Opladen: Leske + Budrich Verlag.

Gerdes, H.-G. 2007: "Kreative - Impulsgeber für eine erfolgreiche Innovationskultur", Wirtschaftsförderung des Landes Bremen.

Grünweg, T. 2006: "Ideen für den Komposthaufen", Hamburg: Spiegel online, 30.10.2006.

Herwig, O. 2008: "Polybutylenterephthalat sei Dank", in: form 218, Basel: Birkhäuser Verlag.

Höcker, H. 2008: "Werkstoffe als Motor für Innovationen - Gibt es eine Kluft zwischen Werkstoffentwicklung und Umsetzung in innovative Produkte?" Berlin, 17.10.2008.

Kramper, G. 2005: "Amoklauf der Designer", Hamburg: Stern online, 30. November 2005.

Lotter, W. 2007: "Die Gestörten", in brand eins 5/2007. Hamburg: brand eins Verlag.

Peters, S. 2004: "Modell zur Beschreibung der kreativen Prozesse im Design vor dem Hintergrund ingenieurspezifischer Semantik", Dissertation: Universität Duisburg-Essen.

Peters, S. 2007: "Kreative Industrien als Impulsgeber für eine erfolgreiche Innovationskultur", Keynote-Vortrag, Tagung: Erfolgsfaktor: Design & Engineering, Stuttgart. 15. Februar 2007.

Peters, S. 2007: "Die Macht der Materialien", in form 217, Leitartikel im Material-Sonderheft, Basel: Birkhäuser Verlag.

Peters, S. 2008: "Nanotechnologie und Produktdesign", in "Nano Architektur - Anwendungen von Nanomaterialien in Design und Architektur", Basel: Birkhäuser Verlag.

Peters, S. 2008: "Das Jahrzehnt der Materialien - Vom Technologie- zum Innovationsstandort dank professioneller Kreativer", Vortrag zur Konferenz: Creative Industries - Made by Design, Welterbe Zollverein, Essen, 16.10.2008.

Ropohl, G. 1999: "Der Paradigmawechsel in den Technikwissenschaften", in: Die Sprachlosigkeit der Ingenieure, hrsg. von Duddeck, H.; Mittelstraß, J., Opladen: Leske + Budrich Verlag.

Scharf, A. 2008: "Blechbläser", in design report, Leinfelden-Echterdingen: Konradin-Medien, 05/2008.

Siebel, H.-P. 1999: "Gedanken und Anregungen zur Überwindung der Sprachlosigkeit der Ingenieure", in: Die Sprachlosigkeit der Ingenieure, hrsg. von Duddeck, H.; Mittelstraß, J., Opladen: Leske + Budrich Verlag.

Tumuscheit, K. 1998: "Überleben im Projekt", München: Verlag Moderne Industrie, 1998.

Valkenburg, R.C. 2000: "The Reflective Practice in product design teams", Dissertation der TU Delft.

Kontakt

Dr. phil. Dipl.-Ing. Dipl.-Des. (B. A.) Sascha Peters
Leiter Material Kompetenzzentrum
Modulor GmbH
Gneisenaustraße 43-45
10961 Berlin
peters@modulor.de

Innovationsplanung als Design-Dienstleistung mit Projektcharakter

Alexander Brezing

Der Einsatz des Designs in der Produktentstehung ermöglicht neben einer hochwertigen Gestaltung – Ästhetik, gute Nutzbarkeit, symbolhafte Aussagekraft – Produktinnovationen, die ohne Design unerkannt und daher als marktrelevantes Potenzial unerschlossen blieben. Die Existenz dieses Innovationspotenzials des Designs scheint zwar unbestritten – auch das VDI-Technologiezentrum Physikalische Technologien kam bereits im Jahr 1997 in einem Statusbericht „Design und Innovation" zum Vorhaben „Technologie-Monitoring" (Korte 1997) zu diesem Ergebnis – es ist nach wie vor aber für viele kleinere und mittelständische Unternehmen nicht verfügbar. Der Grund dafür ist weniger, dass viele Unternehmen keine eigenen Designer beschäftigen, sondern eher eine generelle Unerfahrenheit mit Design, die eine effektive Einbindung dieser Kompetenz in den Gesamtprozess der Produktentstehung verhindert. Insbesondere ist Vertretern traditionell oft fertigungs- bzw. technologieorientierten Unternehmen unklar, auf welche Weise Design möglicherweise einen Innovationsprozess unterstützen oder sogar auslösen könnte.

In diesem Beitrag wird ein Ansatz dargestellt, wie Unternehmen Design als Innovationstreiber nutzen können, ohne eine eigene Designkompetenz aufbauen zu müssen. Die Beauftragung von Designbüros stellt für viele Unternehmen eine angemessene Alternative dar; eine falsche Erwartungshaltung oder ungeeignete Rahmenbedingungen können jedoch den Erfolg vereiteln. In jedem Fall erfordert eine Beauftragung von Dienstleistern eine Festlegung von zu bearbeitenden Inhalten und von Terminen, die Kollaboration besitzt also Projektcharakter. Wesentlich für den Erfolg eines solchen Projekts ist dabei die richtige Formulierung des Projektziels. Eine zu eng gefasste Aufgabenstellung, die wie das Lastenheft einer

Produktentwicklung ein spezifiziertes Ergebnis fordert, verhindert das Hervorbringen von Innovationen. Umgekehrt ist es nicht praktikabel, Dienstleister ohne eine klare Aufgabenstellung zu beauftragen.

Die vorliegende Arbeit setzt an dieser Problematik an und schlägt ein Vorgehen für kleine und mittelständische produzierende Unternehmen vor, das diese durch Beauftragung von Design- und Ingenieursdienstleistern im Rahmen eines klar definierten Projekts wirksam bei der Innovationsplanung unterstützt. Dazu wird zunächst eine differenzierte Betrachtung des Innovationsbegriffs und der hierzu ausschlaggebenden Kompetenzen des Designs durchgeführt. Hieraus resultieren einerseits konkrete, als Leitfaden zur Suche nach Neuprodukten anwendbare Definitionen zu Produktinnovationen und andererseits Schlussfolgerungen zur idealen Projektform und den beteiligten Fachleuten.

Abgrenzung des Innovationsbegriffs

Die folgenden Ausführungen beziehen sich auf die Produktinnovation, also den Vorgang, der ein Produkt mit neuen Eigenschaften hervorbringt, wobei „neu" in diesem Kontext noch spezifiziert werden muss. Damit soll allerdings nicht ausgeschlossen werden, dass Design auch das Hervorbringen von Prozessinnovationen unterstützen kann. Hauschildt weist bei dieser Unterscheidung auf die unterschiedlichen Zielssetzungen hin: während die Prozessinnovation auf eine Effizienzsteigerung abzielt, soll die Produktinnovation mit der Erfüllung eines neuen Zwecks oder eine bekannten Zwecks auf eine neue Weise Effektivität bewirken (Hauschildt 2004).

Vor allem für ein zielgerichtetes Hervorbringen von neuen Produkten ist die Frage von Bedeutung, welche Merkmale ein „innovatives" Produkt von einem „nichtinnovativen" Produkt unterscheiden, dass sich z. B. als Ergebnis einer Weiterentwicklung von einem Vorgängerprodukt unterscheidet, und daher grundsätzlich auch als „neu" bezeichnet werden könnte. Vertreter technischer Disziplinen (z: B Specht 2002) erkennen die Innovation als technologische Thematik und setzen als notwendige Voraussetzung für das Vorliegen einer Innovation eine „Invention" voraus. Dieser definitorische Ansatz ist vor allem aus Sicht des Designs unbefriedigend, da er „innovatives Design" praktisch ausschließt. Tatsächlich beschreibt der Innovationsbegriff, der auf Schumpeter zurückgeht (Schumpeter 1939), eine primär ökonomische Thematik, deren Kern die Erwirtschaftung eines Gewinns durch die Produktion eines *anderen* Gutes ist. Somit wäre ein Neuprodukt dann als Innovation einzustufen, wenn erst durch das Vorliegen einer „neuartigen Faktorenkombination" (vgl. Hauschildt 2004) Verwertungsmöglichkeiten erschlossen werden. Diese Definition schließt somit Innovationen nicht aus, die nicht ausschließlich auf neuen Technologien beruhen, und ist somit für die vorliegende Betrachtung geeignet. Zur Unterstützung einer strukturierten und zielgerichteten Suche nach Neuprodukten wird der Begriff der „neuartigen Faktorenkombination" nach Brezing (2005) konkretisiert, wobei eine getrennte Betrachtung nach technologischen und Design-bezogenen Faktoren vorgenommen wird.

Technologische Betrachtung der Innovation: das Innovationszyklusmodell

Aus technologischer Sicht ist der Ansatz, der hinter dem Hervorbringen eines jeden Neu-Produkts steht, die Steigerung der Leistungsfähigkeit des Produkts oder die Senkung der Kosten. Als *Innovation* wird bezeichnet, wenn dieses Ziel entweder durch das Ersetzen einer sog. *Grundlegenden Technologie* oder durch das Hinzufügen von Features (zusätzliche Funktionen) erzielt wird. Als *Iteration* wird hingegen bezeichnet, wenn auf der Basis eines Vorgängerprodukts und der dort umgesetzten Technologien eine Verbesserung erzielt wird, indem der Fortschritt der Technologieentwicklung im Produkt umgesetzt wird. In Anlehnung an das S-Kurven-Modell von Technologie-Lebenszyklen (vgl. z. B. Altschuller 1998) wird angenommen, dass mit dem Erreichen der physikalischen Leistungsgrenze oder dem Überschreiten eines technisch-ökologischen Optimums eine Verbesserung des Produkts auf der *Grundlegenden Technologie* nicht möglich ist, was eine Innovation erzwingt, Abbildung 1. Umgekehrt betrachtet, bedeutet eine zu frühe Innovation, das technologisches Potenzial ungenutzt bleibt, was aufgrund des höheren Entwicklungsaufwandes einer Innovation auch bedeutet, dass ökonomisches Potenzial ungenutzt bleibt, wenn mögliche Iterationen nicht umgesetzt werden.

Neben einer Veranschaulichung und qualitativen Abgrenzung der Innovation von Produktverbesserungen bzw. Weiterentwicklungen eignet sich das Modell zur Kommunikation eines *Innovationsgrades*; wobei hier in abfallender Folge fünf Stufen definiert sind:

- Substituierende Innovation: Ersetzen einer *Grundlegenden Technologie*

- Additive Innovation mit junger Technologie: Hinzufügen von *Features*, die auf neuen Technologien aufbauen

- Additive Innovation mit reifer Technologie: Hinzufügen von *Features*, die auf etablierten Technologien aufbauen

- Additive Innovation mit gleicher Technologie: Hinzufügen von *Features*, die auf bereits im Produkt angewendeten Technologien aufbauen

- Iteration: Weiterentwicklung/Verbesserung des Produkts unter Beibehaltung des Funktionsumfangs und er angewendeten Technologien

Dabei wird grundsätzlich angenommen, dass mit steigendem Innovationsgrad sowohl die Entwicklungskosten als auch die Risken steigen.

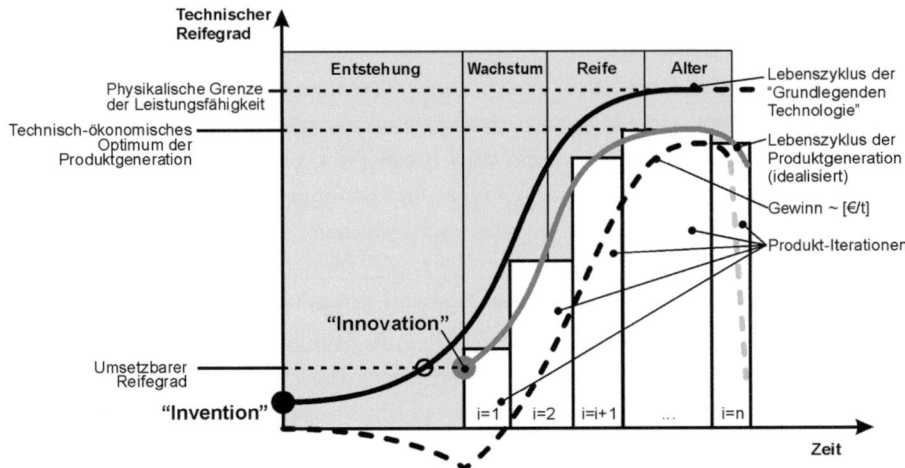

Abbildung 1: „Innovationszyklus": Konkretisierung des Innovationsbegriffs aus technologischer Sicht nach Brezing (2005) durch Verknüpfung der technologisch-ökonomischen Definition nach Specht (2002) und des S-Kurven Modells des Technologie-Lebenszyklus

Designinnovation und Designiteration

Aufbauend auf der Begrifflichkeit der sog. *Produktsprachlichen Funktionen* (vgl. Bürdek 2005, Steffens 2000) als die Produkteigenschaften, die die eigentliche Domäne des Designs darstellen, wird eine der obigen Kategorisierung entsprechende Klassifizierung von Designbearbeitungen von Produkten eingeführt. Der produktsprachliche Ansatz stellt dar, dass mit der Anzeichenfunktion das Design einerseits eng mit der technisch/praktischen Funktion und aller im Produktzusammenhang angewendeten Technologien verknüpft ist, während mit der ästhetischen Funktion und der Symbolfunktion auch Aspekte des Designs existieren, die relativ unabhängig von praktischer Funktion und Technologie gestaltet werden können. Eine Designinnovation kann folglich einerseits als Folge aus einer technologischen

Innovation resultieren, bzw. sie resultiert daraus sogar dann zwingend, wenn die technologische Neuheit sich nicht vollkommen der Wahrnehmung des Kunden entzieht. Andererseits kann eine Designinnovation auch unabhängig von einer technologischen Innovation existieren und so eine Produktinnovation begründen.

Folgende Fälle sollen als *Designiteration* bezeichnet werden:

- eine Überarbeitung oder Verbesserung im Sinne einer Beseitigung von vorhandenen Mängeln in Bezug auf die ästhetische Funktion oder die Funktionsanzeichen,

- eine geringfügige und teilweise Anpassung der ästhetischen Funktion als Reaktion auf ein „optisches Altern", was in der Automobilbranche als „Facelift" bezeichnet wird,

- eine vollständige Überarbeitung der ästhetischen und symbolischen Funktion als Reaktion auf einen zeitlich bedingten Stilwechsel oder als willkürliche Maßnahme zur Ansprache einer anderen Zielgruppe,

- das Bilden einer Designvariante durch Anpassen der Symbolfunktion an eine weitere Zielgruppe, wie es beispielsweise in der Automobilbranche oder bei Mobiltelefonen in „Editions" praktiziert wird,

- eine Anpassung der Wesensanzeichen der Eigenart als Folge einer technischen Iteration, die sich z. B. auf die Dimensionen des Produkts oder durch ein anderes Fertigungsverfahren (andere „Spuren", verbesserte Oberflächenqualität etc.) auswirkt.

Als *Designinnovation* sollen hingegen folgende Fälle bezeichnet werden:

- in Bezug auf Ästhetik und Symbolfunktion vollkommen neuer Ausdruck (neuer Partialstil) oder das erstmalige Anwenden eines Stils in einem neuen Kontext,

- neue Wesensanzeichen, entweder als Folge einer substituierenden technischen Innovation (Kohlefaserrahmen bei Rennrädern mit entsprechend amorpher Formgebung) oder einer neuen Produktgattung durch eine neue Gebrauchsform (Mountainbike),

- neue Funktionsanzeichen als Folge neuer Features (additive technische Innovation), wobei unwesentlich ist, ob die Motivation hinter der additiven Innovation rational bzw. bedarfsorientiert ist oder willkürlich erfolgt. Hier existiert der Begriff des „uneigentlichen Ornaments", worunter die Design-Fachliteratur ein Dekorelement versteht, welches eine praktische Funktion aufweist (Steffens 2000).

Hauschildt weist in seiner umfassenden Betrachtung zum Innovationsbegriff (Hauschildt 2004) auf die beurteilende Instanz als wesentliche Dimension der Innovationshöhe hin; ob etwas neu bzw. innovativ ist, ist letztlich subjektiv. Von wesentlicher Bedeutung für den Erfolg eines Unternehmens sind dabei die unterschiedlichen Sichtweisen produzierender Unternehmen und der von diesen Unternehmen bedienten Märkte. Eine Analyse der Ergebnisse von Studien der empirischen Erfolgsfaktorenforschung belegt dabei, dass der wirtschaftliche Erfolg eines Produkts dann maximal ist, wenn das Produkt aus Sicht des Marktes eine Innovation darstellt, aus Sicht des Unternehmens jedoch nicht (Brezing 2005). Dieser Sachverhalt wird durch das Innovationsportfolio nach Brandenburg und Spielberg, Abbildung 2, dargestellt, das der Einteilung der vorhandenen Produkte eines Unternehmens bzw. der zugehörigen Projekte in die vier Produktarten Basics, Teachers, High Risk und Stars dient, um strategische Lücken zu identifizieren. Zur Sicherung eines langfristigen Unternehmenserfolgs ist nach Eversheim ein „gesunder Mix" der vier Projekttypen anzustreben (Eversheim 2003).

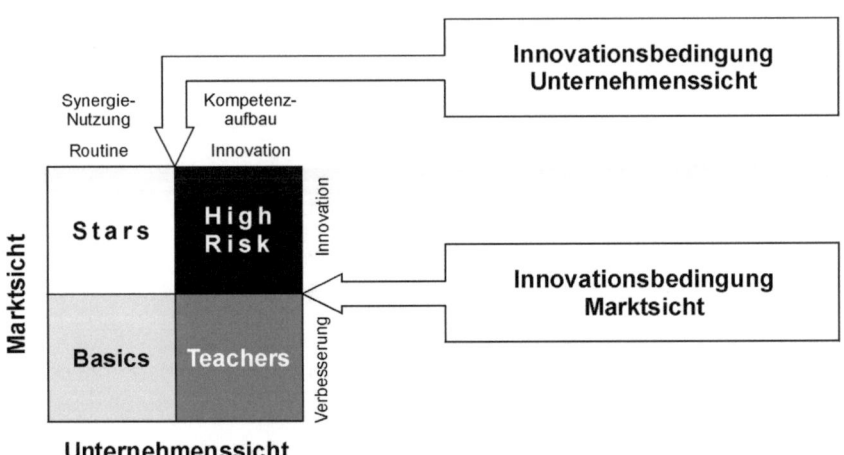

Abbildung 2:   Innovationsportfolio nach Brandenburg und Spielberg (Eversheim 2003)
und Innovations- bzw. Erfolgsbedingungen
aus Markt- bzw. Unternehmenssicht

Innovation als Fragestellung der Produktplanung

Es stellt sich Frage, in welchen Phasen der Produktentstehung Design Innovationen effektiv und effizient unterstützen kann. Hier lediglich die Phase der Produktentwicklung zu betrachten, würde den wesentlichen Anteil des Innovationspotenziales ausschließen, da zu Beginn einer Entwicklung in Form des Pflichtenhefts grundsätzlich alle wesentlichen Produkteigenschaften bereits definiert sind. Bis auf den Fall der auftragsspezifischen Entwicklung für einen konkreten Kunden, wo ein Pflichtenheft als Reaktion auf eine Kundenanfrage gestellt wird, resultieren Pflichtenhefte aus einer mehr oder weniger langfristigen Produktplanung, Abbildung 3.

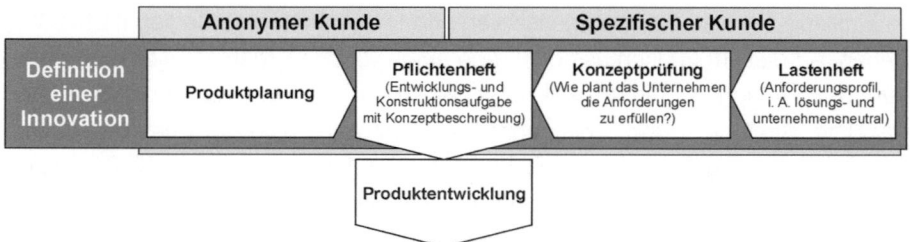

Abbildung 3:   Die Festlegung der Produktmerkmale, die eine Innovation bedeuten, findet vor Beginn der Produktentwicklung statt

Die Produktplanung kann zwar im Sinne einer Vorentwicklung für ein einzelnes Produkt oder ein Produktlinie verstanden werden, betrifft jedoch in den meisten Fällen als übergreifende mittel- bis langfristige Planungsmaßnahme die gesamte Produktpalette und sämtliche mit der Produktentwicklung im Zusammenhang stehende bzw. vorbereitende Maßnahmen wie technologische Grundlagenforschung, Marktforschung etc. Das in der Literatur vorgeschlagene Vorgehen einer systematischen Produktplanung (vgl. Pahl 2006), das auch als Innovationsplanung bezeichnet wird (Eversheim 2003), entspricht in wesentlichen Punkten dem Vorgehen des Allgemeinen Konstruktionsprozesses (z. B. VDI 2221) und hat zunächst einen oder mehrere grob ausgearbeitete Vorschläge für neue Produkte zum Ergebnis. Diese Produktvorschläge fließen dann unter Berücksichtigung der Unternehmensziele in einen Umsetzungsplan ein, der auch als Innovations-Roadmap bezeichnet wird.

Eine sinnvolle Einbindung von Designkompetenz mit der Zielsetzung, Innovationsprozesse anzustoßen, sollte somit nicht im Rahmen einer Produktentwicklung, sondern im Rahmen einer strategischen Produktplanung erfolgen. Inhaltlich unterscheidet sich die Arbeit nur geringfügig, da in beiden Fällen ganzheitliche Produkt-beschreibungen ausgearbeitet werden, jedoch unterscheiden sich die Zielsetzung und damit die Restriktionen, die erarbeitete Produktvorschläge zu erfüllen haben. Je nach Planungshorizont können und sollen hochinnovative und damit nur lang-fristig umsetzbare Produktvorschläge formuliert werden, die – sollte eine Umset-zung in einer Innovations-Roadmap vorgesehen werden – z. B. eine Technologie-entwicklung voraussetzen.

Aber auch die im Rahmen einer Produktplanung erarbeiteten Produktvorschläge unterliegen komplexen Restriktionen. Sie müssen einerseits voraussichtlich ver-marktbar, also „erfolgversprechend" sein, andererseits fordert die Literatur, dass sie im Einklang mit den Unternehmenszielen und Unternehmensstrategien (Pahl 2006) stehen. An diesem Punkt muss die Frage aufgeworfen werden, ob sich die Formu-lierung von langfristigen Produktvorschlägen an bereits formulierte Ziele und gewählte Strategien des Unternehmens orientieren, also unternehmensinterne Restriktionen berücksichtigen soll und damit schon langfristig möglicherweise verwertbare Ansätze ausschließt, oder ob das Unternehmen nicht umgekehrt alle Geschäftsprozesse auf die Umsetzung von Produktvorschlägen ausrichten sollte, die das beste Verwertungspotenzial aufweisen. Im Hinblick auf die oben angestell-ten Überlegungen ist der richtige Ansatz ein Mix: für eine kurzfristige Umsetzung vorgesehene Produktvorschläge sollen unternehmensinterne Restriktionen berück-sichtigen, während langfristige Produktvorschläge die strategische Ausrichtung des gesamten Unternehmens beeinflussen müssen, damit der Unternehmenserfolg nachhaltig gesichert werden kann.

Innovationsrelevante Kompetenzen des Designs

Eine wissenschaftlich belegbare Auflistung der Design-spezifischen Kompetenzen des Designs, die speziell für die Produktinnovation relevant sind, fällt alleine auf-grund des fehlenden einheitlichen Methodenkanons schwer. Für eine ausführliche-re Diskussion der folgenden Aussagen, die sich vor allem auf freie Designbüros beziehen, sei auf Korte (1997) und Brezing (2005) verwiesen.

Eine zentrale Kompetenz des Designs ist die Visualisierung, also Produkteigen-schaften so durch die Gestaltung sichtbar oder auf sonstige Weise erlebbar zu machen, dass sie möglichst unmittelbar von (potenziellen) Kunden erkannt wer-den. Mit Verweis auf die obigen Ausführungen ergibt sich damit die Innovationsre-levanz unmittelbar, denn es ist gerade die Wahrnehmbarkeit der innovativen Produkteigenschaft, die für den Markterfolg entscheidend ist. Aber auch für die unternehmensinterne Kommunikation ist die Beteiligung des Designs durch die bessere Visualisierung von Produktideen von großem Wert, da sie Entscheidungsprozesse unterstützt.

Eine weitere wesentliche Kompetenz ist üblicherweise im Bereich von Marketingmethoden, insbesondere in Bezug auf Zielgruppendefinition (Milieustudien, Stilwelten), vorhanden. In diesen Bereich fallen auch Erkenntnisse über Trends bzw. die besonders langfristigen sog. Megatrends. Hier wird zwar nicht unbedingt systematisch geforscht, durch das Studium von Fachzeitschriften und sonstigen frei verfügbaren Quellen sowie die üblicherweise branchenübergreifende Arbeit für verschieden Kunden liegen jedoch zumindest bei etablierten Büros entsprechende Erkenntnisse vor. Derartiges Wissen ist für technologieorientierte Unternehmen schwer zugänglich und in der Regel nicht verwertbar; die Beauftragung von Designern ist hier zusätzlich vorteilhaft, da Erkenntnisse zu Trends und Zielgruppen bereits unmittelbar in den Entwürfen berücksichtigt bzw. umgesetzt sind.

Schließlich ist es insbesondere für die Formulierung von Produktvorschlägen sehr vorteilhaft, dass das Design aus einem grundsätzlich von der technischen Entwicklung unterschiedlichen Selbstverständnis heraus auch dann Ergebnisse hervorbringen kann, wenn keine klare Aufgabenstellung vorliegt. Die typische Aufgabenstellung, neue Ansätze zu vorhandenen Produkten zu erzeugen, obwohl es technisch-ökonomisch betrachtet völlig zufriedenstellend sein mag, überfordert den Ingenieur als Problemlöser aufgrund der fehlenden Problemstellung. Das Design hingegen kann sofort neue Produktbilder generieren, in denen aktuelle Designtrends, z. B. neue Werkstoffe, umgesetzt werden. Solche Ansätze können dann auch aus technologischer Sicht neue Anforderungen und damit Innovationen begründen.

Beauftragung von Design-Dienstleistern im Rahmen einer Produktplanung

Die vorangegangenen Ausführungen zeigen, dass eine Beauftragung von externen Design-Dienstleistern im Rahmen einer systematischen Innovationsplanung nicht nur eine Behelfslösung darstellt, sondern gegenüber einer unternehmensintern durchgeführten Planung Vorteile in Bezug auf die Qualität der erarbeiteten Ergebnisse und somit auf die Effektivität einer strategischen Produktplanung bedeuten kann. Die dargestellte Klassifizierung unterschiedlicher Innovationsgrade soll dabei unterstützen, gezielt ein Spektrum von Produktvorschlägen zu erarbeiten, das von einfachen Verbesserungen bis zu hochinnovativen Ansätzen reicht und somit einen weiten Planungshorizont abdecken kann.

Mit der Vergabe eines entsprechenden Auftrags verfolgt ein Unternehmen das Ziel, die aktuelle eigene Situation und den daraus folgenden Handlungsbedarf sowie Optionen in Bezug auf eine Markteinführung von Neuprodukten zu erkennen bzw. darzustellen. Die Arbeitsergebnisse sind also neben Analyseergebnissen zunächst relativ unverbindliche Produktvorschläge, die zu einem Grad ausgearbeitet sind, der eine überschlägige Beurteilung sowohl der technisch-ökonomischen Machbarkeit als auch der Verwertbarkeit, also der Marktakzeptanz, erlaubt. Für letzteres sind neben einer Beschreibung der Funktionalität und des technischen Konzepts bereits konkrete Designentwürfe notwendig. Anders als bei einer unternehmensinternen Erarbeitung solcher „ganzheitlicher Produktvorschläge" (Technisches Konzept + Designentwurf) können hier die Unternehmensmitarbeiter eine verhältnismäßig unvoreingenommene Sichtweise einnehmen, die der eines potentiellen Kunden entspricht, der mit einem Neu-Produkt konfrontiert wird. Gerade diese Sichtweise bzw. die aus dieser Sichtweise resultierende Beurteilung ist, wie oben dargestellt, für den Erfolg eines Neu-Produkts von wesentlicher Bedeutung. Zur Validierung der Produktvorschläge durch die Erarbeitung zugehöriger technischer Konzepte ist es in der Regel sinnvoll, zusätzlich zu den Design-Dienstleistern technische Entwickler in die Kollaboration mit einzubinden, die aus genannten Gründen idealerweise ebenfalls als unternehmensexterne Dienstleister beauftragt werden.

Kennzeichen dieser Projektform ist also, dass sie bewusst keine endgültige Auswahl von Varianten anhand von unternehmensspezifischen Randbedingungen beinhaltet. Diese Auswahl, die unbestritten für den Erfolg der Produktinnovation von wesentlicher Bedeutung ist, wird erst dann vorgenommen, wenn alle *Erfolg versprechenden* Varianten „gleichberechtigt" nebeneinander stehen, so dass die Auswahlsituation, in der sich die Unternehmensleitung befindet, möglichst weitgehend der eines potentiellen Kunden entspricht. Unternehmensinterne Faktoren (Techniksynergie, Unternehmensstrategie, etc.) werden erst bei einer abschließenden Auswahl berücksichtigt, erhalten dann jedoch möglicherweise eine andere Gewichtung, Abbildung 4. Denkbar ist sogar, dass besonders interessante Produktvorschläge korrigierende Auswirkungen auf die strategische Zielsetzung des Unternehmens (solange eine solche überhaupt konkret formuliert wird) haben.

Ergeben sich aus diesem Projekt, das den Charakter eines Gutachtens in Kombination mit einer Studie hat und daher als „Innovationsstudie" bezeichnet werden soll, eine für den Auftraggeber nachvollziehbare Veranlassung zum Tätigwerden und passende Handlungsoptionen, können entsprechende kurzfristige und langfristige Maßnahmen eingeleitet werden. Da die Innovationsstudie nur einen begrenzten Aufwand (Kosten) erfordert, ist das Risiko, dass sie keine unmittelbar umsetzbaren Erkenntnisse hervorbringt, hingegen akzeptabel. Das Verfolgen einer solchen Vorgehensweise ist eine Alternative zur institutionalisierten kontinuierlichen Markt- und Technologiebeobachtung, dem „Horchen" nach schwachen Signalen, die im Falle eines Auftretens eine Produktplanung auslösen würden. Dieser „passiven Innovationsstrategie" wird hier eine aktive Strategie entgegengesetzt, in der das Unternehmen ohne Vorliegen externer Impulse, also auch ohne erkannte Pull- und Push-Faktoren als inhaltliche Ansätze zum Neu-Produkt, den Zeitpunkt für eine Maßnahme selbst bzw. willkürlich bestimmen kann.

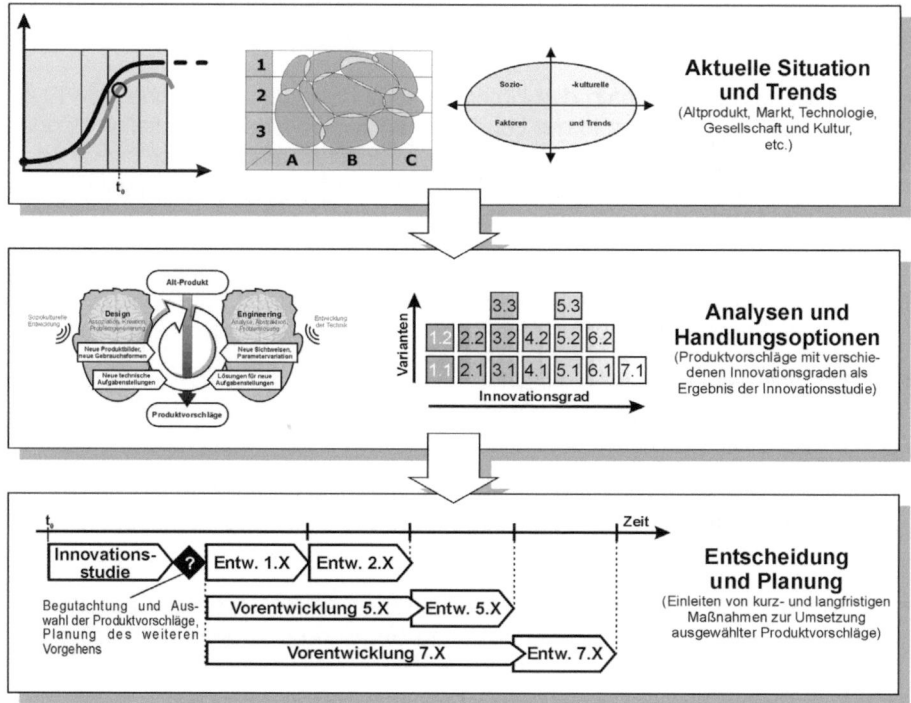

Abbildung 4:   Die unternehmensexterne Innovationsstudie
                als wesentlicher Teil der vorgeschlagenen Vorgehensweise der Produktplanung

Als Folge aus diesem Umstand können und sollten Innovationsstudien nicht als Reaktion auf einen konkreten Anlass, sondern vielmehr zu beliebigen Zeitpunkten bzw. regelmäßig durchgeführt werden. Die externe Bearbeitung erlaubt dies einerseits organisatorisch, da das Tagesgeschäft nicht bzw. nur minimal beeinträchtigt wird, und andererseits bedeutet die zunächst relativ unverbindliche, also nur beschränkt arbeitsintensive Bearbeitung im Verhältnis zum möglichen ökonomischen Nutzen eine vertretbare Investition. Somit versetzt die Verfolgung der hier beschriebenen aktiven Innovationsstrategie ein KMU in die Lage, kurzfristig mit Neu-Produkten zu reagieren, wenn dies erforderlich wird (z. B. Lebenszyklus der aktuellen Produktgeneration erreicht sein Ende, Konkurrent bringt Produktinnovation etc.), da zu jedem Zeitpunkt validierte Produktvorschläge „in der Schublade liegen". Aber auch langfristige Maßnahmen können durch die hier beschriebene Projektform angestoßen werden, wie z. B. eine eigene Grundlagenforschung in identifizierten anwendbaren Technologien, das Anstreben von Jointventures etc.

Neben diesen organisatorischen Vorteilen bietet die externe Innovationsstudie vor allem für die Qualität der erarbeiteten Produktvorschläge Vorteile:

- Fachleute, die außerhalb des Unternehmens bzw. der entsprechenden Branche arbeiten, sind eher in der Lage, die Sichtweise eines potentiellen Kunden einzunehmen und daher im Entstehen begriffenen neuen oder bisher unerkannten Nutzen zu erkennen. Unter Nutzen wird hier die Geeignetheit verstanden, ein Defizit (bewusst oder unbewusst, rational oder emotional) zu beseitigen.

- Dienstleister arbeiten branchenübergreifend und bringen daher möglicherweise neue Erkenntnisse zu Technologien und Trends aus anderen Branchen ein.

- Unternehmensspezifische Restriktionen, die möglicherweise im Falle einer Innovation keine Gültigkeit hätten, führen nicht zu einem vorzeitigen Ausschließen von guten Produktideen.

- Unternehmensinterne Machtverhältnisse und Spannungen wirken sich z. B. bei der Beurteilung einer Produktidee oder eines Produktvorschlags geringer aus.

- Arbeitsergebnisse, also Produktideen und -vorschläge werden besser dokumentiert, was sich aus der vertraglichen Regelung und dem hier beschriebenen Vorgehen ergibt.

Literaturverzeichnis

Altschuller, G. 1998: Erfinden - Wege zur Lösung technischer Probleme. Limitierter Nachdruck der 2. Aufl. Berlin: Verlag Technik

Brezing, A. 2005: Planung innovativer Produkte unter Nutzung von Design- und Ingenieursdienstleistungen. Dissertation. Aachen: Shaker

Bürdek, B. 2005: Geschichte, Theorie und Praxis der Produktgestaltung. Basel: Birkhäuser

Eversheim, W (Hrsg.) 2003: Innovationsmanagement für technische Produkte. Heidelberg: Springer

Hauschildt, J. 2004: Innovationsmanagement. München: Franz Vahlen

Korte, S., Mengel, S. 1997: Design und Innovation. Statusbericht zum Vorhaben "Technologie-Monitoring" im Auftrag des BMBF, Referat 115 (Kennzeichen PLI 1445), erstellt vom VDI-Technologiezentrum Physikalische Technologien, Düsseldorf

Pahl, G., Beitz, W., Feldhusen, J., Grote, K. H. 2006: Konstruktionslehre - Grundlagen erfolgreicher Produktentwicklung, Methoden und Anwendung, 7. Aufl., Heidelberg: Springer

Schumpeter, J. 1939: Business Cycles - A Theoretical, Historical and Statistical Analysis of the Capitalist Process. New York/London

Specht, G., Beckmann, C., Amelingmeyer, J. 2002: F&E-Management - Kompetenz im Innovationsmanagement, 2. Aufl., Stuttgart: Schäffer-Poeschel

Steffen, D. 2000: Design als Produktsprache. Frankfurt: Verlag form Theorie

VDI-Richtlinie 2221, 1993: Methodik zum Entwickeln und Konstruieren technischer Systeme und Produkte. Berlin: Beuth Verlag

Kontakt

Dr.-Ing. Alexander Brezing
Lehrstuhl und Institut für Allgemeine Konstruktionstechnik des Maschinenbaus
RWTH Aachen
Steinbachstraße 54
www.ikt.rwth-aachen.de

Innovation durch Design – Design von Innovationen: Ergebnisse einer empirischen Untersuchung

Christoph Herrmann und *Günter Moeller*

„Ein Wettbewerbsfaktor der anderen Art in einer Zeit der zunehmenden Vergleichbarkeit technischer und funktionaler Merkmale von Produkten ist das Design. Viele Unternehmen erkennen zwar, dass das Design immer stärker den wirtschaftlichen Erfolg beeinflusst, nutzen die Potenziale aber vielfach noch zu wenig."

Martin Sträb, Geschäftsführer Marketing und Vertrieb Kuka Roboter GmbH,
Newsletter der Kuka Robot Group vom 04. Juli 2006

Das Design, speziell das Thema Produktdesign, erlebt aktuell eine Aufmerksamkeit, wie es sie zuvor kaum gegeben hat. Spätestens seit dem Erfolg von APPLE's ipod und iPhone haben immer mehr Unternehmer und Manager das Design als wichtigen strategischen Erfolgsfaktor für sich erkannt. In Branchen wie der Automobilindustrie zählt das Design inzwischen zu den wichtigsten Entscheidungsfaktoren beim Produktkauf (vgl. Herrmann/Moeller 2005). Selbst in traditionell eher designfernen Branchen wie etwa der Service- oder Investitionsgüterindustrie gewinnt das Design immer mehr an Bedeutung (vgl. Erlhoff et al. 1997; Geipel 1989). Während im Konsumgüterbereich vor allem das Kommunikations- und Verpackungsdesign von zentraler Bedeutung sind und es im Servicebereich vor allem um die Gestaltung innovativer Dienstleistungsumgebungen („Service Environments" wie zum Beispiel die Flagschiff-Filiale Q110 der Deutschen Bank in

Berlin) geht, steht im Investitionsgüterbereich das industrielle Design technischer Produkte im Mittelpunkt (vgl. Heskett 1997; Steinmeier 1998).

Unternehmen wie BASF, Bosch, Heidelberg, Festo, Gildemeister, Linde, MAN, Zeiss und viele andere mehr haben in den letzten Jahren bewiesen, dass dem industriellen Design nicht nur eine wichtige Rolle im Produktentwicklungsprozess zukommt, sondern es darüber hinaus auch einen wichtigen Beitrag zu Innovationserfolg, Umsatzwachstum und Markenstärkung leisten kann. Aber auch mittelgroße und kleinere Investitionsgüterhersteller wie zum Beispiel die PCS Systemtechnik GmbH aus München, die Sick Engineering GmbH aus Dresden oder das Unternehmen Starmed aus Ulm haben erkannt, dass das Design ihnen wichtige Marktvorteile bietet (vgl. Herrmann et al. 2009). Wer die Erfolgsrate von Neuprodukteinführungen am Markt erhöhen, seine Produkte wirksam vom globalen Wettbewerb differenzieren und dabei die Qualität und Wertigkeit der angebotenen Leistungen unterstreichen will, der kommt heute auch im Investitionsgüterbereich um eine gezielte Designpolitik nicht herum (vgl. beispielhaft Järvinen & Koskinen 2001, Kiss 1998, Mayer 2006, Pförtsch & Schmid 2005).

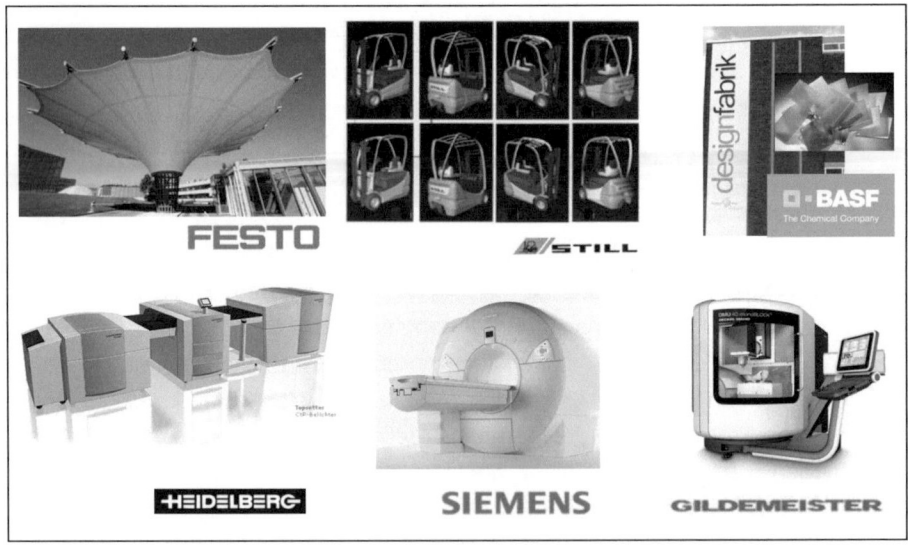

Abbildung 1:   Strategisches Industriegüterdesign – Best Practice Beispiele aus der Praxis
(Quelle: Festo, Still, BASF, Heidelberg, Siemens, Gildemeister)

Christoph Herrmann und Günter Moeller

Umso verwunderlicher ist, wie stiefmütterlich in der industriellen Praxis häufig noch mit dem Thema Design umgegangen wird. Noch immer sind die Verständigungs-schwierigkeiten zwischen Ingenieuren und Designern, aber auch zwischen Mana-gern und Designern erheblich (vgl. Bruce et al. 2003; Hardt 2004; Reese 2005a; Zerweck 2008). Gerade in technischen Unternehmen wird das Design vielfach immer noch als rein ästhetische, nicht jedoch als ganzheitlich-konzeptionelle Entwicklungstätigkeit begriffen (vgl. Davis 2006). Dies führt nicht zuletzt dazu, dass Designfragestellungen, wenn überhaupt, dann erst am Ende des Entwicklungspro-zesses Berücksichtigung finden (vgl. Boothroyd 1996; Lindemann 2005). Eine strategische Ausrichtung der Designarbeit (z. B. im Hinblick auf die angestrebten Innovationsziele der Unternehmen) findet dabei häufig so gut wie gar nicht statt. In seinem 1997 für das Bundesministerium für Bildung, Wissenschaft, Forschung und Technologie erstellten Statusbericht zum Design und dessen Nutzung in der Deutschen Industrie kommt das VDI-Technologiezentrum entsprechend zu dem Schluss:„Design kann erheblich stärker als üblich den Innovationsprozess beein-flussen… Designer können nicht nur Innovationen begleiten, sondern selbst Inno-vationen initiieren und sogar Innovationsvisionen entwickeln. Dieses Potential wird weder ausreichend genutzt noch ausreichend gepflegt" (VDI 1997, S. 74).

Hier tut sich eine wichtige Forschungslücke auf. Um diese Lücke zu schließen und vor allem aber, um der Industrie ein besseres Instrumentarium für den Aufbau, die Weiterentwicklung und das Management der eigenen Designpotenziale zur Verfü-gung zu stellen, hat sich die Forschungsgruppe „Industrial Design & Innovations-management" am Strascheg Institute for Innovation & Entrepreneurship an der European Business School dieses Thema angenommen. Ausgangspunkt der umfangreichen Forschungsarbeit, die im April 2009 abgeschlossen sein wird, war das im Herbst/Winter 2006/07 von der Stiftung Industrieforschung ausgeschriebe-ne und von der Forschungsgruppe im Frühjahr 2007 gewonnene Forschungspro-jekt „Markenbildung durch Industriedesign – Konzepte für kleinere und mittlere Investitionsgüterhersteller". Übergeordnetes Ziel des Projektes ist die Entwicklung eines praxisnahen Instrumentariums (Erfolgsfaktoren, Methoden, Prozesse), das insbesondere kleinen und mittleren Investitionsgüterherstellern ermöglicht, das Industriedesign strategisch und nachhaltig für die eigene Markenbildung und Geschäftsentwicklung zu nutzen.

Neben einer Desk-Research, deren Ergebnisse im Frühjahr 2008 in Form eines ersten Berichtbandes vorgestellt wurden (vgl. Gleich et al. 2008) und einer Zusam-menstellung von 20 Best-Practice-Fallstudien aus der industriellen Praxis, die im

April 2009 im Springer Wissenschaftsverlag veröffentlicht werden (vgl. Herrmann et al. 2009), sieht das Forschungsprojekt des weiteren eine großzahlige empirische Untersuchung vor, in der über 100 Industrieunternehmen in Deutschland zu Status-Quo und notwendigen Entwicklungspotenzialen bei der Nutzung des industriellen Designs befragt werden. Die Ergebnisse der aktuell noch laufenden quantitativen Erhebung liegen spätestens mit Abschluss des Forschungsprojekts im April 2009 vor.

Was das Forschungsprojekt bisher (auf der Grundlage sekundäranalytischer Untersuchungen, einer Auswertung der Best Practice Studien sowie erster Ergebnisse der quantitativen Erhebung) sichtbar gemacht hat, wird im Folgenden erläutert.

1 Industriedesign als strategischer Erfolgsfaktor

Auch in technisch orientierten Industriegüterunternehmen stellt das Design einen wichtigen strategischen Erfolgsfaktor dar, der die Innovationsstärke und Wettbewerbskraft von Unternehmen und Produkten erhöht. Das belegen nicht nur die Ergebnisse der von der EBS-Forschungsgruppe durchgeführten Good- und Best-Practice Untersuchung, sondern wird vor allem auch durch die vorläufigen Auswertungen der laufenden quantitativen Erhebung untermauert, die in enger Zusammenarbeit mit dem VDMA (Verband der deutschen Maschinen- und Anlagenbauer) durchgeführt wird. Demnach sagen nahezu 80 % der befragten Geschäftsführer, Entwicklungsleiter, Produkt- und Marketingverantwortlichen, dass das Industriedesign wichtig bis sehr wichtig für den eigenen Produkterfolg ist. Neben dieser überaus positiven Bestätigung der oben formulierten Arbeitshypothese, lassen sich aber schon jetzt deutliche Defizite im alltäglichen Umgang mit der strategischen Ressource Industriedesign feststellen. So nutzen nur ca. 30 % der befragten Unternehmen in der Investitionsgüterindustrie das industrielle Design *konsequent und strategisch* im Rahmen der eigenen Produkt- und Marktentwicklung. Über 40 % der befragten Unternehmen nutzen die strategische Ressource Industriedesign nur vereinzelt und ca. 25 % kaum bis überhaupt nicht. Dass die Gestaltungsarbeit in vielen Investitionsgüterunternehmen noch erhebliche Defizite aufweist, hängt aber auch damit zusammen, dass viele Unternehmen die Arbeit am Design als reine und temporäre Projektaufgabe verstehen. Die nächste Maschine, der nächste Messeauftritt, der nächste Flyer – die Designarbeit wird in vielen Unternehmen häufig noch auf die Lösung derartiger Einzelprobleme reduziert.

Dass das Design jedoch eine wichtige strategische Ressource ist, die wie jede andere Ressource im Unternehmen gezielt aufgebaut, entwickelt und gesteuert werden muss, veranschaulichen insbesondere die im Rahmen der Forschungsarbeit untersuchten Benchmark-Unternehmen, so zum Beispiel die Heidelberger Druckmaschinen AG. Heidelberg hat sich von einem reinen Lieferanten von Druckmaschinen (Bogenoffsetmaschinen) zum integrierten Lösungspartner der Druckbranche gewandelt und unterstreicht diese Haltung mit einer auf Langfristigkeit angelegten Produkt-Design-Strategie. „Das Produktdesign muss Technologie und Qualität unserer Maschinen sichtbar machen", erklärt Dr. Jürgen Rautert, Vertriebsvorstand der Heidelberger Druckmaschinen AG. Und Eckhard Köbler, Leiter Industriedesign bei Heidelberg beschreibt die wesentlichen produkt- und designstrategischen Ziele wie folgt: „Unsere Aufgabe ist es, die Technologie, die in einer Maschine steckt, nach außen zu vermitteln" (Herrmann et al. 2009).

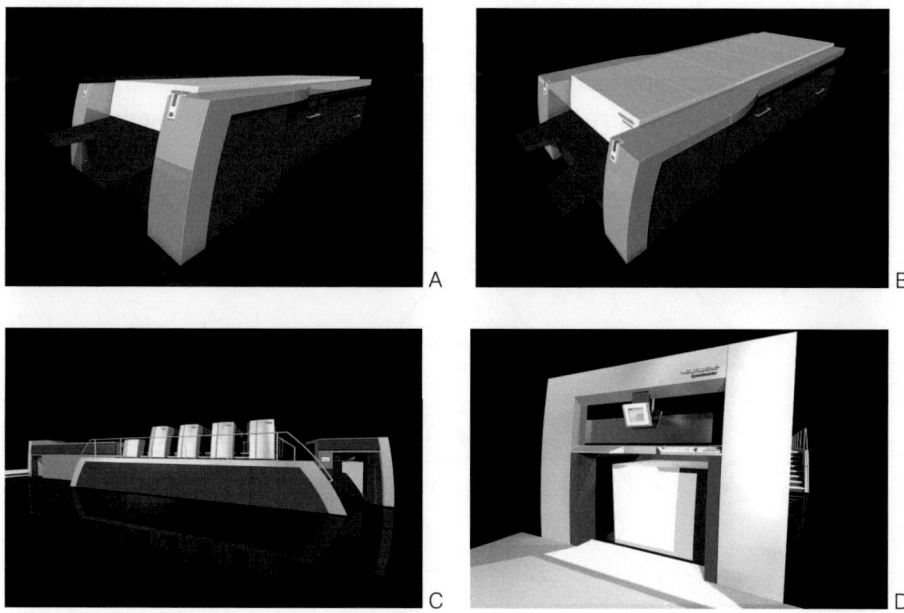

Abbildung 2:   Die neuen Suprasetter Modelle 162 a (A) und 162 b (B) wurden zusammen mit
                der 2008 der Öffentlichkeit vorgestellten Speedmaster XL 162 (C + D) mit dem
                begehrten "red dot design award" für hohe Designqualität ausgezeichnet
                (Quelle: Heidelberger Druckmaschinen AG)

Heidelberg hat eine eigene Designabteilung und legt Wert darauf, dass das Erscheinungsbild der Produkte zu allen anderen Elementen der Corporate Product Identity passt. Im gesamten Designprozess – von der ersten Skizze, über die Fertigung eines Modells im Maßstab 1:1 bis hin zur Serienreife der Maschinen – arbeiten die Bereiche Marketing, Entwicklung und Design eng zusammen. Denn das Heidelberg Management ist davon überzeugt, dass auch im Investitionsgüterbereich der Faktor Design wesentlich zur endgültigen Kaufentscheidung beiträgt. "Wir sehen das Design als wichtigen Bestandteil in unserem Gesamtkonzept: Also eingebunden in Corporate Identity, Corporate Design und natürlich Corporate Behaviour", betont Adriana Nuneva, Leiterin Global Marketing bei Heidelberg.

Das Beispiel Heidelberg belegt anschaulich den wichtigen Unterschied zwischen dem strategischen und dem operativen Designmanagement. Während dem strategischen Designmanagement die Aufgabe zukommt, das Unternehmen insgesamt für die Wichtigkeit des Designs zu sensibilisieren, die Voraussetzungen für zukünftige Designerfolge am Markt zu schaffen und grundlegende Weichestellungen für die zukünftige Designarbeit vorzunehmen, beschäftigt sich das operative Designmanagement mit der Vorbereitung, Steuerung und Abwicklung konkreter Designprojekte.

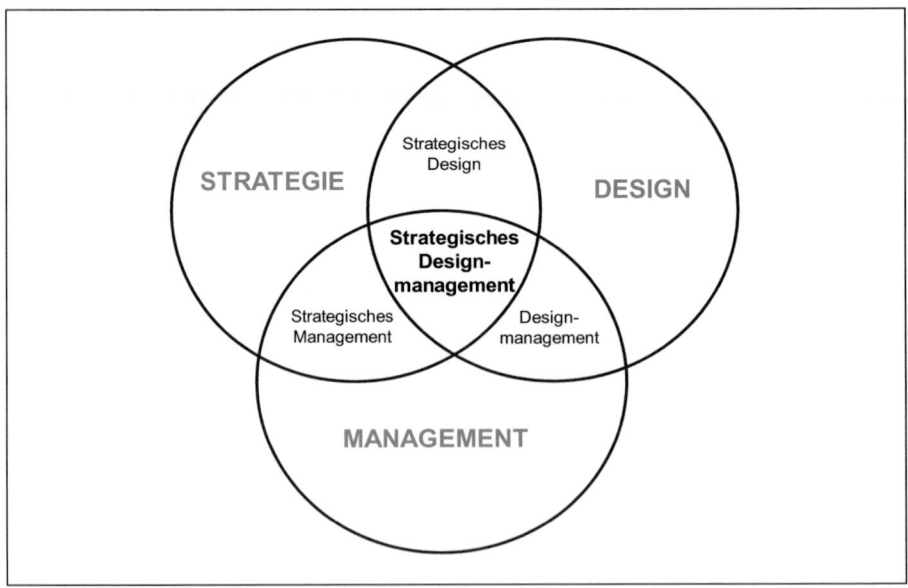

Abbildung 3: Grundverständnis des Strategischen Designmanagements
(Quelle: Herrmann/Moeller 2006, S. 290; 2008, S. 87)

2 Ansatzpunkte für ein erfolgreiches Designmanagement

Der wichtigste Aspekt im Hinblick auf die Umsetzung einer konsequenten Designpolitik im Industriegüterumfeld ist – neben der Frage nach der richtigen Designstrategie – die, welche Faktoren die Implementierung fördern. Auch hierzu liefert das
Forschungsprojekt einige wichtige Hinweise. Die Industriegüterunternehmen, die
das Design erfolgreich für sich nutzen, tun dies in der Regel auf der Grundlage
verschiedener Erfolgsfaktoren. Insgesamt lassen sich dabei vier Gruppen von
Erfolgsfaktoren unterscheiden:

- Einstellungen, Bewusstsein und Haltung,
- Strukturen, Prozesse und Ressourcen,
- Instrumente, Methoden und Verfahren,
- Wissen, Kompetenz und Erfahrung.

2.1 Einstellung, Bewusstsein und Haltung

Der vielleicht wichtigste, wenn auch nicht immer bewusste, Erfolgsfaktor für eine
erfolgreiche Designpolitik im Industriegüterkontext ist zunächst, dass die Unternehmensleitung wie auch das mittlere Management (F&E, Produktmanagement,
Marketing etc.) ein hinreichendes Bewusstsein für die Bedeutung des Designs,
aber auch für die Notwendigkeit von Innovationen, einer grundsätzlichen Marktori-
entierung sowie Differenzierung vom Wettbewerb besitzen. Vor allem die Einsicht
der Wichtigkeit der frühzeitigen Vernetzung des Designs mit anderen Faktoren (wie
zum Beispiel der technischen Entwicklung, der Produkt-/Sortimentsstrategie, dem
Marketing aber auch der Unternehmens- und Markenstrategie) sind für den Erfolg
eines angewandten Designmanagements im Industriegüterkontext und darüber
hinaus wichtig. In allen im Rahmen des Forschungsprojektes untersuchten Best-
Practice-Unternehmen konnte eine solche Grundhaltung festgestellt werden. Dabei
haben die untersuchten Unternehmen auch gezeigt, dass der Weg hin zu einer
solchen Haltung kein einfacher ist. Zu umfangreich sind häufig die Vorurteile, zu
ausgeprägt die jeweiligen Bereichsmentalitäten. Wie wichtig es ist, derart mentale
Barrieren bei der Umsetzung einer erfolgreichen Designarbeit zu berücksichtigen,
lässt sich schon an der Vielzahl und Breite der Barrieren erkennen. Sie reichen von
einem fehlenden Wissen über das Design, über einen Mangel an Vorstellungskraft
über die Potenziale des Designs, bis hin zu Unsicherheiten beim Einkauf von
Designdienstleistungen, einem übertriebenen Kostendenken und einer generellen
Risikoaversion, die in der Praxis der Umsetzung erfolgreicher Designinnovationen
entgegen stehen (Bruce et al. 2003; Peters 2004; Reese 2005a, 2005b; Zerweck

2008). Nur wer diese Faktoren ernst nimmt und durch entsprechende Instrumente gezielt mit diesen umzugehen weiß, kann die Grundlage dafür schaffen, dass dem Design überhaupt der Stellenwert zugewiesen wird, der diesem im industriellen Kontext gebührt.

2.2 Strukturen, Prozesse und Ressourcen

Neben einem entsprechenden Bewusstsein, einer Haltung und grundsätzlich offenen Grundeinstellung gegenüber dem Thema Design und dessen Integration in den Innovationsprozess eines Unternehmens, spielt darüber hinaus die Bereitstellung und Nutzung entsprechender Ressourcen, Strukturen und Prozesse eine wichtige Rolle bei der Ausgestaltung einer erfolgreichen Designpolitik. Was alle der untersuchten Fallstudienunternehmen gezeigt haben, ist, dass es bei ihnen relativ eindeutige Verantwortlichkeiten, Prozesse, Strukturen im Bereich der Strategie- und Produktentwicklung gibt und dass das Design, wenn auch auf unterschiedliche Art und Weise, jeweils in diese Prozesse integriert wird.

Darüber hinaus gibt es jeweils Personen, die das Thema klar verantworten (Humanressourcen) sowie Budgets (finanzielle Ressourcen), um entsprechende Designprojekte überhaupt vorantreiben zu können. Hierbei ist zu berücksichtigen, dass es auch in struktureller Hinsicht nicht einen erfolgreichen Weg gibt, sondern immer mehrere. So haben einige der untersuchten Investitionsgüterunternehmen, für die das Design eine zentrale strategische Kernkompetenz darstellt (z. B. Angell-Demmel, EDAG, Festo, Heidelberger Druckmaschinen, MAN), das Designthema organisatorisch eingebunden und eine eigene Designabteilung aufgebaut. Andere Benchmark-Unternehmen kaufen Designleistungen dagegen zu (z. B. Kärcher, Bosch Thermotechnik, Gildemeister) mit nicht weniger Erfolg am Markt. Unternehmen, die das Design für sich nutzen wollen, tun daher gut daran, zu überlegen, wie sie diese Ressource jeweils am effizientesten für sich einsetzen wollen und können. Eines jedoch kann als übergeordneter Erfolgsparameter an dieser Stelle herausgestellt werden: Wer die Potenziale, die das Design für den Innovations-, Produkt-, Marken- und Unternehmenserfolg besitzt, nachhaltig erfolgreich für sich nutzen will, ist gut beraten, dem Industriedesign eine möglichst integrative Rolle in Innovations-, Produkt- und Marketingarbeit zuzuweisen. Nicht in dem Sinne, dass das Design andere Funktionsbereiche (wie zum Beispiel das Engineering oder das Marketing) dominieren sollte, wohl aber, indem das Design diese Bereiche in allen Entwicklungsstufen sinnvoll ergänzt und so möglichst umfangreiche Impulse für die Schaffung neuer Produkte liefern kann.

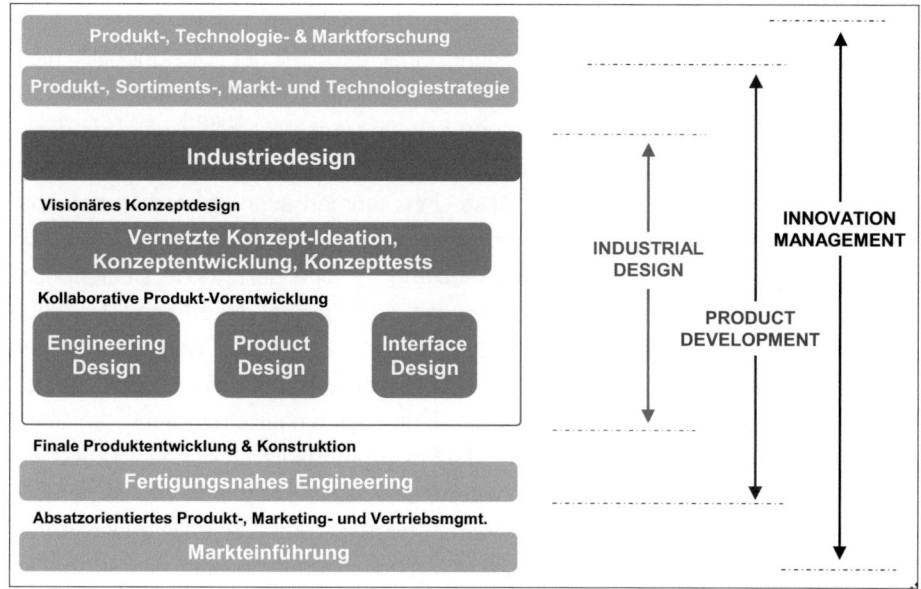

Abbildung 4: Neufassung des Industriellen Designverständnisses –
Design als umfassender Ideations- und Konzeptionsprozess
(Quelle: Gleich et al. 2008)

2.3 Instrumente, Methoden und Verfahren

Die moderne Betriebswirtschaftslehre ist Verfechter einer Instrument-, Methoden- und Verfahrenslogik. Verkürzt dargestellt sind Unternehmenserfolge ohne die Umsetzung entsprechender Management-, Planungs-, Steuerungs-, Innovations- und Kontrollinstrumente („Tools") kaum denkbar. Tatsache ist, dass in Zeiten, in denen selbst kleinere Unternehmen immer globaler agieren, Marktbedingungen immer dynamischer, Innovationsprojekte komplexer und Unternehmensstrukturen vielschichtiger werden, betriebswirtschaftliche Techniken mehr und mehr an Bedeutung gewinnen. Es verwundert daher nicht, dass auch die Designliteratur zunehmend die Bedeutung betont, die entsprechende Instrumente, Methoden und Verfahren im Bereich des strategischen und operativen Designmanagements für den Designerfolg von Unternehmen besitzen (Bruce/Bessant 2002; Borja de Mozota 2003; Karjalainen 2004; Stamm 2003). Hierzu zählen designbezogene Analyse- und Planungsinstrumente (wie z. B. branchenspezifische Trendstudien, Marken- und Designleitbilder und Produkt-Roadmaps) genauso wie Steuerungs- und Kontrollinstrumente (Meilensteinprozesse, Projektmanagement-Tools etc.).

Die untersuchten Good- und Best-Practice-Unternehmen haben gezeigt, dass derartige Instrumente bei der Entwicklung einer erfolgreichen Designpolitik nicht unwichtig sind. Sie helfen die eigene Designstrategie zu festigen, erleichtern die Kommunikation von Designrichtlinien und schaffen Anschlussfähigkeit zu anderen wichtigen Bereichen im Unternehmen (Unternehmensentwicklung, Markenführung, Engineering etc.). Allerdings zeigen diese Unternehmen auch, dass man betriebswirtschaftliche Instrumente im Designprozess keineswegs überbetonen sollte. Sie stellen weniger eine elementare Voraussetzung für eine gelingende Designpolitik dar, als vielmehr eine wichtige Ergänzung, die zum Beispiel die Effizienz, Nachhaltigkeit und Kommunikationsfähigkeit des Designs erhöhen. Dabei gilt für den Bereich der Instrumente, Methoden und Verfahren Ähnliches wie für den Bereich der Strukturen, Prozesse und Ressourcen: Eine „Systematisierung light", im Sinne einer klaren Vorstellung darüber, wohin die Reise grundsätzlich gehen soll und wie und wann man das Design in den Entwicklungsprozess integrieren will, ist notwendig. Eine starres, engmaschiges System-, Prozess- und Controlling-Denken ist dabei jedoch für den Marken-, Design- und Innovationserfolg eher hinderlich. Der goldene Weg liegt hier, wie so häufig, in der Mitte (Herrmann/Rüsen 2008).

2.4 Wissen, Kompetenz und Erfahrung

Ein vierter wichtiger und in Industriegüterunternehmen häufig defizitärer Erfolgsfaktor stellt ein ausreichendes Wissen, eine hinreichende Kompetenz und eine entsprechende Erfahrung im Umgang mit Designprojekten dar. Auch bei den untersuchten Unternehmen sind diese Fähigkeiten nicht von Anfang an vorhanden gewesen. Vielmehr haben sich diese Unternehmen ein entsprechendes Know-how erst über die Jahre hinweg aufgebaut oder aber, sie haben sich entsprechende Kompetenzen durch die Heranziehung externer Designexperten zugekauft. Gerade für kleinere und mittlere Investitionsgüterhersteller hat sich in der Praxis die Zusammenarbeit mit externen Designbüros mit entsprechender Branchen- und Engineeringerfahrung als erfolgreiche Organisationsform herauskristallisiert. Insgesamt liegen im Aufbau von Innovations- und Entwicklungsnetzwerken mit externen Experten herausragende Potentiale, die gerade von kleineren und mittleren Industriegüterunternehmen noch viel zu selten genutzt werden.

Wer diese Option wählt, ist gut beraten, den wichtigen Unterschied zwischen „Kennen" und „Können" zu berücksichtigen. So haben gleich mehrere der untersuchten Benchmark-Unternehmen zugegeben, beim Aufbau der eigenen Designkompetenz einiges an Lehrgeld bezahlt zu haben und zwar unabhängig davon, ob

Christoph Herrmann und Günter Moeller

sie das Thema intern (über eigene Entwicklungsteams) oder aber extern (über den Rückgriff auf externe Designbüros) angegangen sind. Derartige Lernprozesse sind durchaus hilfreich und führen langfristig, insofern daraus die richtigen Rückschlüsse gezogen werden, in der Regel zu positiven Resultaten (Herrmann et al. 2009).

3. Umsetzung in der Praxis

Bleibt zum Schluss noch die Frage, wie Industriegüterunternehmen, die sich bisher überhaupt nicht mit dem Thema Design beschäftigt haben, eine solche „Systematisierung light" für sich erreichen können. Wie gelangt man hier schnell zu einer guten Basis, wie lässt sich mit wenigen überschaubaren Maßnahmen ein optimales Designmanagement in der industriellen Praxis implementieren. Hierzu sind im Wesentlichen vier Schritte notwendig:

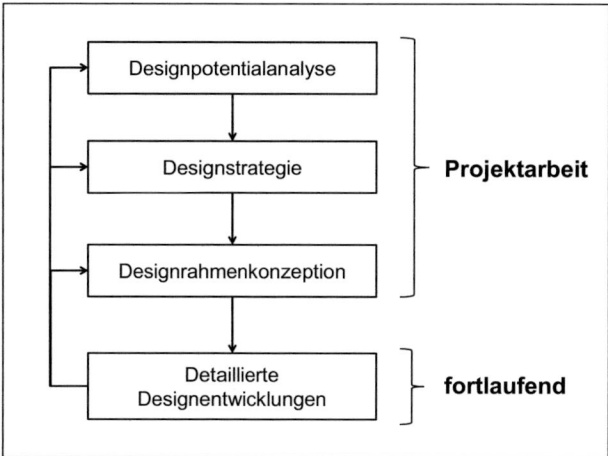

Abbildung 5:   Vier Schritte zur Implementierung eines erfolgreichen Designmanagements
(Quelle: Herrmann et al. 2009)

3.1 Designpotenzialanalyse

Zunächst einmal ist es wichtig, dass Industriegüterunternehmen die Chancen und Potenziale aber auch Risiken richtig einschätzen, die in ihrer jeweiligen Branche im Hinblick auf das Thema Design bestehen. Dabei müssen auch die jeweiligen Stärken und Schwächen des Unternehmens im Umgang mit dem Design analysiert werden. Jedes Produkt (auch das nicht explizit designte), ist auf die eine oder andere Arte und Weise gestaltet. Daher ist es wichtig, diese Gestaltung sorgfältig zu beurteilen und zu überlegen, wie das Design jeweils unter betriebswirtschaftlichen Aspekten (z. B. Kosten, Ertragspotenziale, Preis-/Qualitätsanmutung, Sortimentsstrategie, Markenarchitektur), technisch-konstruktiven (z. B. Innovativität, Funktionalität) sowie gestalterischen Gesichtspunkten (z. B. Formensprache, Ergonomie, Materialität) zu beurteilen ist. Eine derartige Designpotenzialanalyse sollte jedoch nicht nur auf das eigene Unternehmen beschränkt werden, sondern auch den Wettbewerb, Referenzbranchen sowie allgemeine industrielle Innovations- und Trendperspektiven berücksichtigen.

3.2 Designstrategie

Aufbauend auf einer Designpotenzialanalyse gilt es als Nächstes eine verbindliche strategische Plattform für die eigene Designarbeit zu schaffen. Hierbei geht es darum, wichtige strategische Zielsetzungen und Eckpfeiler für die Gestaltungsarbeit der Zukunft zu fixieren und sicherzustellen, dass das zukünftige Designkonzept direkt auf die definierten Unternehmens-, Marken- und Innovationsziele des Unternehmens einzahlt. Die Festlegung der richtigen Designstrategie (Design als Innovationsfaktor, Design als Zulieferstrategie, Design als eigenständige Serviceleistung etc.), Empfehlungen für die zukünftige Designorganisation (interne und/oder externe Umsetzung der Designleistungen), aber auch Überlegungen dahingehend, wie man auf der Grundlage einer klaren Positionierung vernetzte Produkt-, Technologie-, Marken-, Sortiments- und Designkonzepte entwickeln kann, die das Unternehmen nach vorne bringen, sind die zentralen Themen, die im Rahmen einer solchen Designstrategie behandelt werden sollten.

3.3 Designrahmenkonzeption

Auf der Basis einer stimmigen Designstrategie fällt es Unternehmen in der Regel leichter, in die konkrete projektorientierte gestalterische Arbeit einzusteigen. Bevor Unternehmen jedoch mit der konkreten Gestaltung von einzelnen Produkten beginnen, sollte die mehr oder weniger ‚verbale' Designstrategie in eine gestalterische Rahmenkonzeption übersetzt werden. Ziel einer solchen gestalterischen Rahmenkonzeption ist es, ein produktsprachliches Raster zu entwickeln, das mit den zentralen Unternehmens- und Markenwerten übereinstimmt und eine hohe Eigenständigkeit und Wiedererkennbarkeit des zukünftigen Produktauftritts am Markt sicherstellt.

Immer wieder trifft man gerade bei Investitionsgüterunternehmen auf den Fall, dass diese Designer mit der Überarbeitung von Einzelprodukten beauftragen, ohne dass dabei vorher eine grundsätzliche Rahmenkonzeption erarbeitet wurde. Ein solches

Christoph Herrmann und Günter Moeller

Vorgehen ist insofern problematisch, da so ad-hoc-Lösungen, bzw. Insellösungen entstehen, die zwar im Einzelfall durchaus funktionieren können, dabei jedoch kaum zum Aufbau einer nachhaltigen Marken- und Produktidentität beitragen. Wer das verhindern will, braucht nicht nur in strategischer sondern auch in gestalterischer Hinsicht grundlegende Festlegungen in Form klarer Designleitlinien. Diese sollten gleichermaßen einfach, verständlich wie verbindlich sein, dabei gleichzeitig jedoch auch über eine hinreichende Entwicklungs- und Anpassungsfähigkeit im Hinblick auf unterschiedliche Markt- und Produktkontexte verfügen. Damit diese Richtlinien nicht „totes Papier" bleiben, ist es empfehlenswert, sie von Anfang an mit konkreten Designkonzeptentwicklungen zu verknüpfen. So werden die zuvor entwickelten Designvorgaben konkret erlebbar und für Mitarbeiter wie auch Kunden im wahrsten Sinne des Wortes „begreifbar".

3.4 Detaillierte Designentwicklungen

Liegt eine grundsätzliche strategische Marschrichtung fest und ist eine gestalterische Rahmenkonzeption geschaffen, kann dann mit der Übertragung dieser Rahmenkonzeption auf neue und in Überarbeitung befindliche bestehende Produkte des Unternehmens begonnen werden. Industrieunternehmen, die die ersten drei Stufen der hier vorgestellten Herangehensweise durchgeführt haben, tun sich erkennbar leichter bei der erfolgreichen Gestaltung ihrer Produkte. Während die ersten drei Stufen empfehlenswerter Weise in einem zusammenhängenden Projekt entwickelt werden sollten, verläuft diese vierte Stufe einer systematischen Designarbeit fortlaufend und parallel zum eigentlichen Prozess der Produktentwicklung im Unternehmen. Um hier zu möglichst erfolgreichen Ergebnissen zu gelangen, ist es wichtig, Designaspekte möglichst früh und umfangreich im Innovationsprozess zu berücksichtigen. Die umfangreichen Untersuchungen zum Zusammenhang von industriellem Design und Innovation haben deutlich gezeigt, dass die Art und Weise, wann und wie Designer in den Entwicklungsprozess einbezogen werden, von Bedeutung für die Effizienz und den Erfolg der Designarbeit im Unternehmen ist.

4 Fazit

Vor allem solche Unternehmen, die das industrielle Design erst neu für sich entdecken, scheuen häufig vor der hier beschriebenen systematischen Herangehensweise zurück. Gerade sie sind jedoch gut beraten, von Anfang an über das einzelne Entwicklungsprojekt hinaus zu denken. Wie jede andere Innovationstätigkeit so kann auch das Design nur dann seine Kraft voll entfalten, wenn es keine Eintagsfliege bleibt, sondern in ein Gesamtkonzept eingebettet ist. Gerade Käufer von Industriegütern durchschauen schnell, ob die Gestaltung eines neuen Produktes Teil einer glaubhaften am Produkt ausgerichteten unternehmerischen Gesamtstrategie darstellt oder aber nur als Marketing-Spielerei für die nächste Messe gedacht ist. Konsequenz zahlt sich also auch hier aus. Grund genug gerade im Investitionsgüterkontext verstärkt auf eine konsequente Produkt- und Designpolitik statt auf pure Effekthascherei zu setzen. Oder anders formuliert: Wer das Design erfolgreich für sich nutzen will, muss häufig zunächst erst einmal das eigene Innovationsverständnis umgestalten. Es geht nicht nur darum, das Design als wichtigen Bestandteil von Innovationen und zentralen Innovationsmotor zu erkennen, sondern auch darum, mithilfe des Designs den eigenen Innovationsprozess anders, nämlich strategischer und nachhaltiger zu gestalten. Nicht nur um Innovation durch Design geht es, sondern auch um ein zeitgemäßes Design von Innovationen!

Literaturverzeichnis

Antikainen, T. (2004) (Hrsg.): Strategic Design, Working Papers, University of Art and Design, Helsinki 2004.

Backhaus, K; Schröder, J.;. Perrey, J. (2002): B2B-Märkte: Die Jagd auf Markenpotenzial kann beginnen, in: Absatzwirtschaft, 45. Jg., H. 11, S. 48 – 54.

Boothroyd, G. (1996): Design for Manufacture and Assembly, the Boothroyd-Dewhurst Experience, in: Huang 1996, a.a.O., S. 19-40.

Borja de Mozota, B. (2003): Design Management: Using Design to Build Brand Value and Corporate Innovation, New York 2003.

Bruce, M.; Bessant, J. (2002) (Hrsg.): Design in Business: Strategic Innovation through Design, Harlow 2002.

Bruce, M.; Cooper, R.; Daly, L.; Hands, D.; Wootton, A. (2003): Machiavelli and Innovation: The Politics of Design?, Proceedings, 5th European Academy of Design Conference, Barcelona, 28-30 April 2003, Download unter: *http://www.ub.edu/5ead/PDF/2/CooperHands.pdf* (12. Januar 2009)

Davis, G. (2006): Industrial Design and Human Factors: Beyond Aesthetics, in: applianceDESIGN, No. 9/2006, S. 50 – 53.

Design Management Institute Boston (2004) (Hrsg.): Investing in and Supporting Design Innovation, in: Design Management Review, Boston, Special Issue, Winter 2004.

Erlhoff, M., Manzini, E., Mager, B. (1997) (Hrsg.): Dienstleistung braucht Design, Köln 1997

Geipel, P. (1989): Industrie-Design als Marktfaktor bei Investitionsgütern, München 1989.

Gleich, R.; Herrmann, C., Moeller, G., Russo, P.; Tilebein, M. (2008) (Hrsg.): Markenbildung durch Industriedesign: Konzepte für kleinere und mittlere Investitionsgüterhersteller, Berichtsband 1: Herausforderungen, Chancen, Potenziale, Oestrich/Winkel, 28. März 2008 (erstmalig veröffentlicht unter: *www.ebs-siie.de*).

Hardt, M. (2004): Do you speak Design?, in: Design Report, Heft 1, 2004, S. 30-31.

Herrmann, C. (1999): Die Zukunft der Marke: Mit effizienten Führungsentscheidungen zum Markterfolg, Frankfurt/Main 1999.

Herrmann, C. (2005): Strategic Design: Wie man eine Insel erobert, Oder: Warum die Designtheorie und die Designausbildung in Deutschland eine strategische Neuausrichtung brauchen, Vortrag an der Bergischen Universität Wuppertal, 20. Okt. 2004.

Herrmann, C.; Moeller, G. (2005): Design als zentraler Wertschöpfungsfaktor, Frankfurter Allgemeine Zeitung, Nr. 212. vom 12. Sept. 2005, S. 24.

Herrmann, C.; Moeller, G. (2006): Innovation – Marke – Design: Grundlagen einer neuen Corporate Governance, Düsseldorf 2006.

Herrmann, C.; Moeller, G. (2008): Design Entrepreneuring: Designmanagement als Kernfunktion der Unternehmensentwicklung, in: Von der Idee zum Markt, Hrsg.: Russo, P.; Gleich, R.; Strascheg, F., München, S. S. 78 – 99.

Herrmann, C.; Moeller, G. (2009): Design Governance: Design as a Key Factor for Innovation and Economic Success, ICFAI University Press, Hyderabad 2009.

Herrmann, C.; Moeller, G.; Gleich, R.; Russo, P. (2009) (Hrsg.): Strategisches Industriegüterdesign, Innovation und Wachstum durch Gestaltung, Springer Wissenschaftsverlag, Heidelberg 2009.

Herrmann, C.; Rüsen, T. (2008): Innovation von Familienunternehmen, in: FAZ vom 11.08.2008, S. 18.

Heskett, J. (1997): Industrial Design, Paperback Editition, London 1997

Internationales Design Zentrum Berlin (2006) (Hrsg.): Design Management im Fokus, Berlin 2006.

Järvinen, J. u. Koskinen, I. (2001): Industrial Design as a Culturally Reflexive Activity in Manufacturing, Sitra Reports Series 15, University of Art and Design, Helsinki, 2001.

Kapferer, J.-N. (1992): Die Marke: Kapital des Unternehmens, Landsberg/Lech

Karjalainen, T.-M. (2004): Semantic Transformation in Design: Communicating Strategic Brand Identity through Product Design References, Helsinki 2004.

Kiss, E. (1998): Integriertes Industriedesign. Normenstrategien zur Einbindung des Industriedesign in die integrierte Produktentwicklung, Bamberg 1998.

Kotler, P.; Pförtsch, W. (2006): B2B Brand Management, Berlin et al. 2006.

Laurel, B. (2003): Design Research, Methods and Perspectives, Cambridge/Massachusetts 2003.

Lenzen, T. (1993): Industriedesign als Erfolgsfaktor für mittelständische Unternehmen, Bamberg 1993.

Lindemann, U. (2005): Der Ingenieur und seine Designer – oder der Ingenieur und seine Partner, in: Reese 2005a, a. a. O., S. 297-313.

Mayer, S. (2006): Wettbewerbsfaktor Design, Zum Einsatz von Design im Markt für Investitionsgüter, Berlin 2006.

Peters, S. (2004): Modell zur Beschreibung der kreativen Prozesse im Design unter Berücksichtigung der ingenieurtechnischen Semantik: Ein Beitrag zur Förderung der interdisziplinären Kooperation zwischen Designern und Ingenieuren, Duisburg-Essen 2004.

Pförtsch, W.; Schmid, M. (2005): B2B-Markenmanagement: Konzepte, Methoden, Fallbeispiele, München 2005.

Reese, J. (2005a) (Hrsg.): Der Ingenieur und seine Designer, Berlin, Heidelberg 2005.

Reese, J. (2005b): Von der Anstrengung, der Technik ein Gesicht zu geben, in: Der Ingenieur und seine Designer, Hrsg.: Reese, J., Berlin, Heidelberg, S. 6–107.

Russo, P.; Gleich, R.; Strascheg, F. (2008) (Hrsg.): Von der Idee zum Markt, München 2008.

Stamm, B. v. (2003): Managing Innovation, Design and Creativity, London 2003.

Steinmeier, I. (1998): Industriedesign als Innovationsfaktor für Investitionsgüter, Frankfurt/Main 1998.

VDI, Verein Deutscher Ingenieure (1997) (Hrsg.): Statusbericht Design und Innovation, Technologiezentrum Physikalische Technologien (Technologie-Monitoring), Düsseldorf 1997.

Wabersky, M. (2007): Wo drückt der Schuh, Erste Ergebnisse einer Befragung kleiner und mittelständischer Unternehmen in Berlin zum Thema Design, in: Design Management im Fokus, Hrsg.: Internationales Design Zentrum Berlin, Berlin, S. 65–69.

Zerweck, P. (2008): Warum Designer nicht einparken können und Ingenieure nirgendwo hinkommen, in: Industriedesign und Ingenieurwissenschaften, Hrsg.: Hentsch, N., Kranke, G.; Wölfel, C., Dresden, S. 127–134.

Kontakt

Dr. Christoph Herrmann (Dipl. Kfm. Univ.)
Günter Moeller (Dipl. Ind. Des.)
Leiter Forschungsgruppe „Industrial Design & Innovationsmanagement" am Strascheg Institute for Innovation & Entrepreneurship der European Business School, Schloss Reichartshausen, Oestrich-Winkel

Herrmann, Moeller + Partner | Unternehmensberater
Maximilianstrasse 29
D-80539 München
www.hmp-innovation.com
Tel.: +49 (0) 89 - 23 24 15 80
Email: c.herrmann@hmp-innovation.de | g.moeller@hmp-innovation.de

Industriedesign in der zivilen Luftfahrt – Entwicklung der wirtschaftlichen und technischen Rahmenbedingungen

Jörg Heuser

Einleitung

Vergleicht man moderne PKW mit Modellen aus den 1960er und 1970er Jahren, fallen einige Entwicklungen auf. Leistung und Geschwindigkeit haben deutlich zugenommen. Innovationen wie Airbag, ABS, Spur- und Auffahrkontrolle machen unsere Autos immer sicherer. Und Klimaregelungen, Massagesitze, HiFi Surround Anlagen, Xenonlicht und Navigationseinrichtungen machen sie von Baureihe zu Baureihe komfortabler. Leistung, Komfort, Sicherheit und Design leisten ihren Beitrag, das Automobil trotz Dauerstau, Klimawandel und stetig steigender Treibstoffpreise weiterhin begehrenswert zu machen.

Wer im Jahr 2009 per Flugzeug reist, wird auf den ersten Blick keinen Unterschied zwischen einem modernen Jet und einem Airliner der 1970er Jahre feststellen. Flugzeiten und Geschwindigkeiten haben sich kaum verändert. Die Kabine sieht aus, wie früher. Rechts und links befindet sich jeweils ein Dreiersitz. An der Decke gibt es, wie schon damals, ein Panel mit Luftdüse und Leselicht. Hat sich wirklich nichts geändert? Stoßen wir uns in der Touristenklasse die Knie an der Rückenlehne des Vordermanns, wartet in den höheren Klassen ein bequemer Schlafsessel, ein integrierter Fernseher und freie Menüwahl auf uns. Aber auch für die Economy gibt es Verbesserungen. Airbus wirbt mit dem neuen Airbus mit der leisesten Kabine und mehr Platz für alle.

Dieser Bericht befasst sich mit den technischen und wirtschaftlichen Rahmenbedingungen, die das Design der Fluggastkabinen in der zivilen Luftfahrt über die vergangenen Jahrzehnte geprägt haben und in Zukunft prägen werden. Zu Beginn wird aufgezeigt, welche Bedingungen Ursache waren, dass die Bedeutung des

Designs abgenommen hat. Anschließend wird dargestellt, was die neuen Konkurrenten der Luftfahrt sein werden. Anhand der aktuellen Entwicklungen wird aufgezeigt, wie wichtig ein hochwertiges Design in allen Klassen sein wird, um das positive Image der zivilen Luftfahrt aufrecht zu erhalten, und um Airlines ein geeignetes Differenzierungsinstrument in die Hand zu geben.

Entwicklungen und Differenzierungsfaktoren der Vergangenheit

Kaum sechszehn Jahre nach dem ersten gesteuerten Motorflug durch die Gebrüder Whright hob 1919 die Junkers F13 zu ihrem Jungfernflug ab. Die Maschine war von Beginn für den Passagiertransport konzipiert. Ganz aus Metall gefertigt, bot sie vier Personen auf bequemen Korbsesseln Platz. Das Cockpit des Piloten kam noch ganz im Stil der ersten Flugapparate ohne Windschutzscheiben aus, und war entsprechend windumtost und unkomfortabel Die Passagierkabine hingegen war geschlossen und beheizt. Einen weiteren technologischen Schub erhielt die Luftfahrt Ende der 40er Jahren des vergangenen Jahrhunderts. 1947 ermöglichte die Boeing B-377 Stratocruiser, ein Flugzeug auf Basis des B-29 Bombers, durch ihre Druckkabine Flüge in großer Höhe oberhalb turbulenter Wolkenschichten. Komfort und Geschwindigkeit nahmen weiter zu.

Seit Beginn der zivilen Luftfahrt sind Designer für die Gestaltung der Kabinen verantwortlich. Das Kernland der Luftfahrt waren die USA. Die großen Entfernungen zwischen den Metropolen der vereinigten Staaten führten in Verbindung mit den noch relativ niedrigen Fluggeschwindigkeiten zu langen Reisezeiten und häufigen Zwischenstops. Die Ausstattung entsprach daher eher dem von bequemen Reisezügen als der moderner Airliner. So sahen die Entwürfe der Designer von der Decke aufklappbare Betten, Schlafabteile und Bars im Unterdeck vor.

Durch Geschwindigkeit, Komfort und modernes Design konnten sich die jungen Airlines einen Ruf als fortschrittliches Transportmittel erwerben.

Propellerflieger oder Düsenjet – Die Performance entscheidet

Die Einführung der Düsentriebwerke erhöhte die Geschwindigkeit der Flugzeuge. Die Reisezeiten verkürzten sich. Andere Verkehrsmitteln waren inzwischen keine Konkurrenz mehr. Aufgrund der nun verkürzten Reisezeiten verschwindet der Faktoren Komfort fürs erste aus dem Blickfeld der Entscheider.

In den Vordergrund trat die Leistung. Innerhalb weniger Jahrzehnte erlebte die Entwicklung der zivilen Luftfahrt mehrere Quantensprünge, vor allem hinsichtlich Größe und Geschwindigkeit der Flugzeuge:

- 1903: Erster gesteuerter Motorflug durch die Gebrüder Wright

- 1919: Junkers J 13, Reisegeschwindigkeit 140 km/h,
  Reichweite 1200 km, 4 Passagiere

- 1934: Douglas DC-2, Reisegeschwindigkeit 306 km/h,
  Reichweite 1750 km, 14 Passagiere

- 1948: Vickers Viscount, erster Turboprop Airliner, Geschwindigkeit: 522 km/h,
  Reichweite 3000 km, 71 Passagiere

- 1949: Jungfernflug des ersten Strahlflugzeugs für den Liniendienst,
  De Havilland DH 106 (Comet), Geschwindigkeit 800 km/h, 100 Passagiere

- 1969: Jungfernflug des 450 Passagiere fassenden
  und 900 km/h schnellen Jumbo Jet

- 1969: Jungfernflug der Mach 2 (ca. 2200 km/h) schnellen Concorde

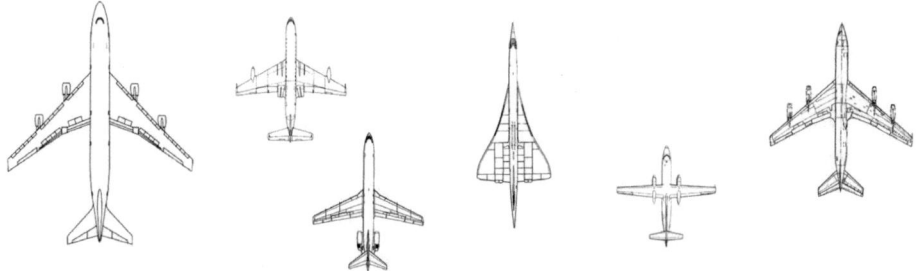

Abbildung 1: Baumuster und deren Erstflüge, von links nach rechts: 1969: Boeing 747, 1949: De Havilland DH 106 Comet, 1955: Sud Aviation Caravelle, 1969: Aérospatiale-BAC Concorde, 1955: Fokker F-27, 1957: Boeing B-707

Der Performance Vergleich zweier Flugzeugmuster aus dem Jahr 1975 zeigt deutlich die Unterschiede, zwischen zwei zeitweise parallel existierenden Baumustern.

- Vickers Viscount: 3000 km, 480 km/h, 33 t Abfluggewicht, 75 Passagiere

- Sud Aviation Caravelle: 2800 km, 800 km/h, 43,5 t Abfluggewicht, 99 Passagiere

Die deutlichen Unterschiede in der Performance waren bis in die 1970er Jahre die wichtigsten Differenzierungsmerkmale der Airlines und kaufentscheidend für die Passagiere. Wer schnell reisen wollte, buchte auf einem „Düsenjet". Hersteller, die die technologische Weiterentwicklung verpassten, oder sie sich nicht leisten konnten, verschwanden vom Markt. Andere Flugzeugmuster, wie die 2200 km/h schnelle Concorde dominierten zwar in technologischer Hinsicht, waren aber auf Grund des hohen Treibstoffverbrauchs nie rentabel. Sie wurden von den ehemals staatlichen Airlines Air France und British Airways lediglich aus Prestigegründen betrieben.

Ölkrise – Die Kosten entscheiden

Gewinner aus dem Verdrängungswettbewerb waren die US-amerikanische Firma Boeing und die europäische Firma Airbus. Die Leistung der Produkte der Kontrahenten bildeten einen Kompromiss aus dem Gegensatzpaar Komfort (hohe Geschwindigkeit + geräumige Kabine) und Wirtschaftlichkeit (niedrige Geschwindigkeit + eng bestuhlte Kabine).

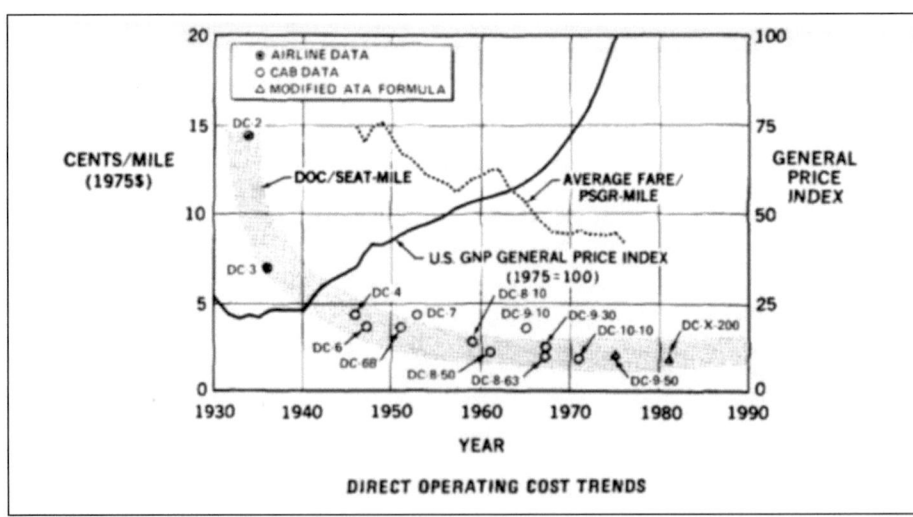

Abbildung 2:   Die Entwicklung der operativen Kosten 1930-1990 (Shevell 1989)

Entwicklung der Flugbetriebskosten

Die Flugbetriebskosten sind seit Beginn der zivilen Luftfahrt kontinuierlich gesunken. Sie sind abhängig von der Airline, dem Flugzeug, der Flugentfernung, den Personalkosten, den Wartungskosten, den Treibstoffkosten und weiteren Faktoren.

Die Kosten liegen bei einen 1000 Meilen Flug mit einer B-737 heute bei 5-10 US Cent pro Sitz und pro Meile (*www.unisys.com*). Eine leichte Effizienzsteigerung ist durch die Entwicklung von noch ökonomischeren Triebwerken denkbar. Kritisch sind jedoch die kontinuierlich steigenden Treibstoffpreise. Für die Zukunft ist zu erwarten, dass die Preiserhöhungen beim Kerosin die Effizienzsteigerungen mehr als kompensieren werden. Preise für Flugtickets werden langfristig steigen.

Betriebskosten diktieren das Design

Zu Beginn des Düsenzeitalters lagen noch wenige Erfahrungen mit der neuen Antriebsart vor. Geringes Gewicht und geringe Baugrößen gaben den Designern und Ingenieuren neue Freiheiten. Die „Comet", das erste Passagierstrahlflugzeug verfügte über Triebwerke, die fast unsichtbar in die Tragflächenwurzeln integriert waren. Andere Flugzeuge wie die Boeing B-727, die Mc Donald Douglas DC-8 und DC-10 besaßen ins Heck und ins Seitenleitwerk integrierte Triebwerke. Mit der Anordnung der Tragflächen wird ebenfalls experimentiert.

Mit wachsender Erfahrung jedoch näherte sich das äußere Erscheinungsbild bei fast allen gebräuchlichen Flugzeugtypen einander an. Abgesehen von Flugzeugen für Nischen, ist das Grundkonzept der meisten Passagierflugzeugen heute identisch. Das Konzept des Tiefdeckers, mit zwei oder vier an Gondeln befestigten Fan-Triebwerken hat sich durchgesetzt.

Die drastische Erhöhung der Ölpreise in den 1970er Jahren vereitelte bereits der Mach 2 schnellen Concorde den Durchbruch. Die Ölkrise verschärfte jedoch auch den Kosten- und Effizienzdruck der weiteren Hersteller. Flugzeugkabinen wurden in Folge noch deutlicher auf Effizienz getrimmt. Waren beim Erstentwurf der Boeing 747 „Jumbo Jet" noch eine Bar im Oberdeck und weitere Annehmlichkeiten in der Hauptkabine vorgesehen, so verschwanden diese unter dem steigenden Kostendruck, und mussten weiteren, umsatzsteigernden Sitzen weichen.

Die Ausstattung und die technischen Daten der Flugzeuge näherten sich weiter an und führten zu einem fast identischen Design der Konkurrenzmuster.

Abbildung 3:   Aktuelle Modelle Boeing B 737 und Airbus A-320 (2008)

Vergleicht man die Leistungsdaten der bestverkauften Airliner der US-amerikanischen Firma Boeing und der europäischen Firma Airbus, stellt man keine signifikanten Unterschiede fest.

- Airbus A-320-200: 4300 km, 900 km/h, 76 t, 165 Passagiere

- Boeing B-737-800: 4200 km, 848 km/h, 78 t, 175 Passagiere

Deregulierung – Neue Konkurrenz durch offene Märkte

Das Betreiben von Fluglinien wurde seit Beginn der zivilen Luftfahrt als nationalstaatliche Sache angesehen. In der Regel gehörten Airlines mehrheitlich dem jeweiligen Staat. Die Aktivitäten der Fluglinie wurden entsprechend von den Regierungen reguliert. Aus heutiger Sicht ist dies noch in Bezug auf die Festschreibung von Sicherheitsstandards verständlich, die von entsprechenden staatlichen Stellen verabschiedet wurden. Antiquar wirkt jedoch die Regulierung der Ticketpreise und die regulierte Vergabe und Streichung von Strecken, die jeden Wettbewerb behinderten. So war es ebenso zeitraubend wie bürokratisch, neue Strecken aufzunehmen wie alte unrentable zu streichen. Das Erhöhen und Senken des Ticketpreises musste ebenfalls genehmigt werden. Faktisch konnte kein Wettbewerb entstehen. 1978 wurde das Ende der staatlichen Regulierung eingeläutet. (Shaw 2007)

Billigairlines

Profiteure der Deregulierung sind vor allem die aufkommenden Billigairlines, wie Ryanair, AirBerlin, Soutwest Airlines, Go und Easy Jet, um nur einige zu nennen. Kennzeichen der Billigairlines ist die Konzentration auf die rentabelsten Strecken. Um die Wartungskosten und Kosten für die Crewausbildung gering zu halten, werden in der Mehrzahl Flugzeuge gleichen Typs betrieben. Die Bestuhlung erfolgt im Kurz- und Mittelstreckenbereich mit ausschließlich einer Klasse.

Durch die Reduzierung auf das Notwendigste, den Verzicht auf Service im Flug und zum Teil durch das Ausweichen auf abgelegene, jedoch günstige Standorte wie beispielsweise Hahn 100 km vor der Frankfurter City, London Luton oder Shannon Airport in Irland können die Kosten unter die der inzwischen privatisierten „Flag-Carrier" gedrückt werden. Um die Profitabilität weiter zu erhöhen, werden die Kabinen oft enger bestuhlt. Empfiehlt Airbus einen Sitzabstand von 32 Zoll für die Kabine ihrer Kurz- und Mittelstreckenflugzeuge, werden von einigen (nicht allen) Billigairlines Sitzabstände ab 28 Zoll verwendet.

Auf den Angriff der neuen Airlines müssen auch die großen Traditionsairlines reagieren. Zwar darf, um die Stammkundschaft nicht zu verprellen, auf Service und ein Mindestmaß an Komfort in keiner Klasse verzichtet werden. Vor allem jedoch in der Economy Klasse, die in direkter Konkurrenz zu den neuen Wilden am Markt steht, wird wenig investiert, was dazu führt, dass sich die Touristenklasse in den letzten Jahrzehnten hinsichtlich Komfort und Design kaum verändert bzw. verbessert hat. Für weitere Kosteneinsparungen gibt es in der Economy Klasse kaum noch Potential.

Das Maß des Komforts und der Wirtschaftlichkeit ist der Sitzabstand und die Sitzbreite. Die Sitzbreite wird von der Kabine vorgegeben, der Sitzabstand lässt sich aus ergonomischen Gründen kaum weiter verringern.

Gerade günstige Airlines sehen sich mit dem Vorwurf konfrontiert, ihren Passagieren den notwendigen Komfort zu verweigern. Sie verweisen wiederum auf das Passagierverhalten. Während die Erste Klasse und die Business Klasse deutlich an Sitzabstand, Sitzbreite und Komfort zulegen konnten, und dies auch von den Passagieren honoriert wird, scheint beim Kauf von Economy Klasse Tickets einzig der Preis das kaufentscheidende Argument zu sein:

Klaus Brauer (Project Director, Boeing Commercial Airplanes) bringt den Konflikt auf den Punkt: „...There is no avoiding the fact, hat the overewhelming majority of passengers choose the less expensive, less spaciour economy-class product. There is also no avoiding the fact that airlines operate on such razor-thin margins that they cannot afford to simply give space away." (Brauer 2003)

Auch die Daten des Statistischen Bundesamtes der Bundesrepublik Deutschland zeigen, dass die Preissteigerung bei Flugscheinen in der Economy deutlich schwächer ausfällt, als die der sonstigen Verbraucherpreise. Die Preissteigerung der Business Klasse liegt jedoch deutlich über denen Steigerungen der Verbraucherpreise.

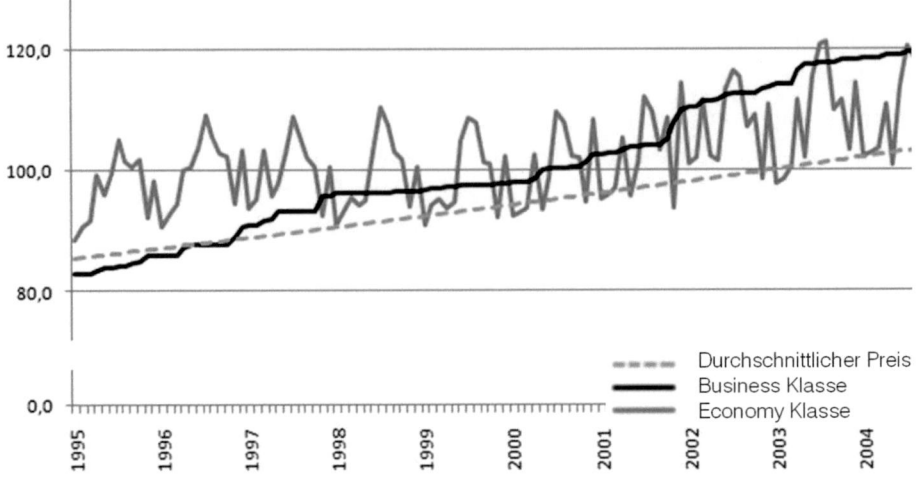

Abbildung 4:   Ticketpreise Deutschland, Daten des Statistischen Bundesamtes
                (AIDA Development GmbH 2007)

Die neuen Herausforderer

Häufig wird argumentiert, dass Passagiere nicht bereit sind, einen höheren Preis für bessere Qualität (in der Economy) zu zahlen. Außerdem gäbe es keine Alternative und somit keine Konkurrenz zum Flugzeug. Wer Strecken mittlerer bis höherer Distanz bereisen möchte, *müsse* das Flugzeug wählen.

Das ist jedoch nur zum Teil richtig. Seit den 1990er Jahren sind dem Flugzeug aus zum Teil völlig neuen Richtungen Mitbewerber entstanden, die bisher noch kaum Beachtung fanden.

ICE und TGV

Mittlere Distanzen lassen sich innerhalb Zentraleuropas konkurrenzfähig mit Hochgeschwindigkeitszügen wie dem deutschen ICE und dem französischen TGV bedienen. Auch wenn die Reisegeschwindigkeit von bis zu 300 km/h im ICE-3 nicht an die Geschwindigkeit von ca. 800 km/h eines Airbus heranreicht, bieten Züge dennoch andere Vorteile, die sie im direkten Vergleich attraktiv machen:

- Sicherheitskontrollen und Check-In entfallen beim Zug

- Die Frequenz der Zugverbindungen zwischen den Metropolen ist deutlich höher, als die der Flugverbindungen; Wartezeiten entfallen oder sind zumindest kürzer

Jörg Heuser

- Ein gelöster Zugfahrschein gilt auch für den nächsten Zug. (Günstige) Flugtickets sind gebunden an eine bestimmte Abflugzeit

- Die Gesamtreisezeit wird nicht wie beim Flug in mehrere kurze Abschnitte aufgeteilt (Anfahrt zum Flughafen, Check-In, Wartebereich, Flug, Baggage-Claim, Abfahrt vom Flughafen) sondern fällt vor allem als *ein* großer Posten an.

- Arbeiten im Zug ist bereits heute fast uneingeschränkt möglich (Telefon- und Laptopnutzung)

- Züge fahren i. d. R. bis in die Innenstadt, Anfahrtswege entfallen oder verkürzen sich

- Züge dürfen auch uneingeschränkt nachts fahren

Ein weiterer Punkt, den Züge attraktiv machen, ist nicht direkt messbar. Vor allem Hochgeschwindigkeitszüge punkten heute mit einem modernen, hellen und komfortablen Interieur. Durch die Verwendung von Holz, Glas, Chrom und durch modernes Design setzen sich moderne ICEs deutlich vom etwas verstaubten Image früherer Züge ab. Der ICE ist zu einem akzeptierten Produkt mit Live-Style Charakter geworden.

Video Konferenzen

Die mit der Globalisierung verbundene Vernetzung der internationalen Märkte ist ein Grund für die steigende Nachfrage von interkontinentalen Flugverbindungen. Der wachsende Kosten- und Zeitdruck, in dem Konzerne stehen, wirft jedoch die Frage auf, ob jede Dienstreise ihre Berechtigung hat. Neben den eigentlichen Reisekosten durch Ticket, Mietwagen, Hotelkosten und Verpflegungspauschalen sind Geschäftsreisen extrem zeitintensiv. Auch wenn nur eine mehrstündiges Besprechung auf dem Programm steht, werden interkontinentale Meetings bedingt durch lange Reisezeiten, Zeitverschiebung und Jetlag mit mindestens drei Tagen wertvoller Arbeitszeit kalkuliert.

Videokonferenzsysteme bieten eine Alternative zum direkten Kontakt. Durch die Entwicklung der Hardware, vor allem jedoch durch die Einführung von leistungsfähigen Internetverbindungen, die Videokonferenzen und den schnellen Austausch von Daten ermöglichen, entwickelt sich diese Technologie als ernstzunehmende Alternative zur Dienstreise.

Imageverlust

Reisen hat neben der eigentlichen Funktion des Personentransports auch eine Imagefunktion. Das größere Haus, das schnellere Auto und die weitere Flugreise sind in den Köpfen Indikatoren persönlichen Erfolgs.

Eine Wandlung dieser Sichtweise ist denkbar. Der aufkommende Massentourismus, und der damit verbundene Verlust der Exklusivität könnte solch eine neue Sichtweise nähren.

Waren Geschäfts- und Urlaubsreisen in den 1950ern die teuerste und exklusivste Art des Reisens, sind (Pauschal-) Flugreisen heute in der Gesamtbilanz der Urlauber teilweise günstiger, als der Urlaub im eigenen Land.

Auch Geschäftsreisende profitieren von sinkenden Preisen. War das Flugzeug früher Geschäftsführern und Managern vorbehalten, machen es niedrige Flugpreise heute möglich, dass Firmen selbstverständlich auch ihre Monteure per Jet um den Globus schicken. Das Flugzeug ist zum Massentransportmittel geworden.

ITEM -- U.S. Good or Service	Unit	1978[1]	1990	2007	GROWTH
College Tuition: Public[1]	Year	$688	$1,908	$6,185	9.0 x
College Tuition: Private[1]	Year	$2,958	$9,340	$23,712	8.0 x
Prescription Drugs[2]	Index	61.6	181.7	369.2	6.0 x
New Single-Family Home[3]	Home	$55,700	$122,900	$247,900	4.5 x
New Vehicle[6]	Vehicle	$6,470	$15,900	$28,800	4.5 x
Unleaded Gasoline[7]	Gallon	$0.67	$1.16	$2.80	4.2 x
CPI (Urban-All Items)[2]	CPI-U	65.2	130.6	207.3	3.2 x
Movie Ticket[8]	Ticket	$2.34	$4.22	$6.88	2.9 x
First-Class Postage[5]	Stamp	$0.15	$0.25	$0.42	2.8 x
Whole Milk[2]	Index	81.0	124.4	205.4	2.5 x
Grade-A Large Eggs[2]	Dozen	$0.82	$1.01	$1.68	2.0 x
Air Travel: International[4]	Mile	7.49¢	10.83¢	12.71¢	1.7 x
Air Travel: Domestic[4]	Mile	8.49¢	13.43¢	12.98¢	1.5 x
Television[2]	Index	101.8	74.6	16.9	0.2 x

Abbildung 5: Tabelle "Price of Air Travel versus Other Goods and Services", USA,
(Air Transport Association, 2008)

Analog zur sinkenden Exklusivität sinken auch die Preise weiter. Dies ist, wie gezeigt werden konnte, durch sinkende operationelle Kosten möglich. Paradoxerweise sind Verbraucher jedoch auch nicht mehr bereit, die ohnehin sinkenden Preise zu akzeptieren, wie die knapper werdende Margen vieler Airlines zeigen.

Beobachtet man die Preissteigerungsraten verschiedener Güter und Dienstleistungen, so zeigt sich, dass die Preissteigerungen für Flugtickets deutlich unter denen der meisten übrigen Leistungen liegen. Für ebenfalls prestigeträchtige Investitionen wie das Eigenheim und den PKW sind z. B. die Bürger der USA im Jahr 2007 bereit, 4,5 mal so viel Geld auszugeben, als noch im Jahr 1978. Die Preise für Flugtickets stiegen im gleichen Zeitraum lediglich um den Faktor 1,5 für Flüge innerhalb der USA bis 1,7 für interkontinentale Verbindungen.

Fliegen oder nicht Fliegen

Der Blick in die Aufteilung der Flugzeuge in Business- und Economy Klasse zeigt es: Nur die wenigsten Fluggäste reisen aus geschäftlichen, also *aus nicht zu verhindernden Gründen*. Die übrigen haben die Wahl, ob sie weiterhin das Flugzeug für den Urlaub benutzen. Sie können frei entscheiden, wie oft sie ihre Verwandten und Freunde im Ausland besuchen und wie oft sie zum Shoppen nach New York fliegen.

Die überwiegende Mehrzahl dieser Menschen fliegt Economy und bildet weiterhin das wirtschaftliche Rückrat der meisten Airlines: „*It´s provitable* (Anmerkung: Die Economy Klasse) – *revenue per square meter of cabin space rivals that of business class and beats the pants off first calss system- wide in every case we´ve studied.*" (Brauer)

Die Entwicklung bis heute – Zusammenfassung

- Bis in die 70er Jahre hatte der Passagier die Wahl zwischen Propellerflugzeugen und den neuen, schnelleren „Düsenjets". Kaufentscheidend ist die Performance. Die schnelleren Jets dominieren, Propellerflugzeuge verschwinden fast vollständig vom Markt.

- Nach Verschwinden der Propellerflugzeuge nähern sich die Leistungs-daten der Baumuster an. Für den Passagier ist die Wahl der Airline und des Flugzeugs nicht mehr entscheidend, wie schnell und wie sicher er ankommt. Entscheidend ist der Preis.

- Durch die Ölkrise und die damit verbundenen massiven Preiserhöhungen beim Treibstoff verschwinden „Exoten" wie die Überschall schnelle „Concorde". Nur die ökonomischsten Modelle bleiben bestehen. Das Design der Flugzeuge wird sich immer ähnlicher.

- Die Deregulierung des Luftfahrtmarktes führt zu mehr Konkurrenz, zu sinkenden Preisen und sinkenden Renditen. Im Mittelpunkt steht die Kostenoptimierung. Komfort (in der Economy) und Design treten in den Hintergrund.

- Die operativen Kosten sinken kontinuierlich und erreichen ihren Tiefstand.

- Passagiere sind nicht bereit, für stagnierenden oder sinkenden Komfort zu zahlen. Airlines fehlt durch sinkende Ticketpreise im Gegenzug das Geld, in die veraltete Economy Klasse zu investieren. Ein Teufelskreis.

- Die Luftfahrt beginnt, durch stagnierenden Komfort in der Economy Klasse an Exklusivität zu verlieren.

- Neue Konkurrenz wie Hochgeschwindigkeitszüge und Telekonferenz-systeme sowie neue Reisegewohnheiten gewinnen an Bedeutung.

Designoffensive Kabine und Sitz

Die operativen Kosten werden nicht mehr wesentlich sinken, sondern durch steigende Treibstoffpreise ansteigen. Airlines, die rentabel arbeiten wollen, müssen Wege finden, die steigenden Kosten an den Kunden weiterzugeben.

Damit die Luftfahrt nicht an Boden verliert, muss Fliegen insbesondere in der bezahlbaren Economy Klasse zeitgemäßer, attraktiver und komfortabeler werden. Problematisch werden in Zukunft vielleicht nicht die Passagiere, die zu einer anderen, billigeren Airline abwandern. Problematisch werden für die zivile Luftfahrt die Passagiere, die zu hause bleiben!

Mit dem neuen Großraumflugzeug Airbus A-380, den neuen Landstreckenflugzeugen Airbus A-350 und Boeing B-787 wird neben einer Reihe von technischen Neuerungen auch eine Designoffensive gestartet. Airlines und Hersteller reagieren mit Neuerungen, die besonders Sitze und Kabinenausstattung betreffen.

Kabine

Eine Flugzeugkabine komfortabel zu gestalten, ist ein Kampf um Millimeter. Die beiden entscheidenden Faktoren des Kabinenkomforts sind der Sitzabstand und die Sitzbreite. Die Wahl des Abstandes wird von den Airlines frei nach ihren Marketingzielen entschieden. Die Sitzbreite ist deutlich schwieriger zu beeinflussen. Die Rumpfröhre gibt einen definierten Durchmesser vor. Vom Außendurchmesser müssen noch etwa zehn Zentimeter für die Rumpfstruktur, die Lärm- und Wärmedämmung sowie die Verkleidungen abgezogen werden. Der verbleibende Raum steht für Sitze und Gänge zur Verfügung.

Kabinen von Kurz- und Mittelstreckenflugzeugen sind kleiner und haben einen kleineren Rumpfdurchmesser mit nur einem mittigen Gang. In der Regel ist der Aufbau des Querschnitts symmetrisch. Dreiersitze werden jeweils rechts und links des Gangs montiert. Selten sind reine Business Klasse Bestuhlungen mit je zwei Doppelsitzen rechts und links des Gangs. Diese sogenannten „Single-Aisle" Flugzeuge sind durch die effiziente Raumausnutzung besonders wirtschaftlich zu betreiben. Das Boarding ist durch den einzelnen Gang jedoch zeitraubender als bei Großraumflugzeugen. Langstreckenflugzeuge mit zwei Gängen bieten größeren Freiraum. Bestuhlungen mit Doppelsitzen, Dreiersitzen und Vierersitzen sind möglich.

Für beide Flugzeugtypen gilt, dass der Querschnitt neben dem Komfort einen entscheidender Faktor für die Betriebskosten darstellt. Die Vergrößerung der Rumpfbreite wirkt sich deutlich auf den Luftwiderstand und resultierend auf den Verbrauch aus.

Wie wichtig der Faktor Komfort dennoch ist, zeigt die Entwicklung des neuen Airbus A-350 XWB „Extra Wide Body". Die ursprüngliche Planung wurde unter anderem zugunsten eines größeren Rumpfquerschnitts überarbeitet.

IFE, Mood Light, Quite Cabin

"Wir weisen Sie darauf hin, dass der Gebrauch von elektronischen Geräten während des gesamten Fluges nicht gestattet ist!" Was überall selbstverständlich ist, ist im Flugzeug noch verboten. Vielleicht ist es während eines Nachtfluges nach einem anstrengenden Meeting eine Wohltat, keine permanent telefonierenden Nachbarn zu haben. Meistens jedoch stellt es eine unangenehme Einschränkung dar, Laptop und Handy in der Tasche lassen zu müssen. In Zukunft wird es jedoch möglich sein, auch im Flugzeug an jedem Platz zu arbeiten, und wenn der Nachbar es zulässt, auch zu telefonieren.

Dem, wer nicht arbeiten muss, werden sich neue Unterhaltungssysteme wie die Auswahl aus mehreren Filmen, das Surfen im Internet und vieles weitere anbieten.

Grundsätzlich gibt es zwei verschiedene Systeme: Fest eingebaute Geräte und Geräte, die autark arbeiten und nach Wunsch oder gegen Gebühr an die Passagiere verteilt werden.

Die Fluggeschwindigkeit und die Triebwerke führen zu extremen Lärm, der mit aufwändigen Maßnahmen eingedämmt wird. Lärm hat besonders gravierende Auswirkungen auf den Diskomfort. So wird bei neuen Flugzeugen besondere Aufmerksamkeit auf die Dämmung gelegt. Der ab 2008 in Dienst gestellte A-380 gilt zur Zeit als die leiseste Flugzeug.

Mood Light ist das Zauberwort der Beleuchtungsdesigner in der Kabine. Die Mood Light Kabinenbeleuchtung stellt das Licht automatisch auf die jeweilige Situation ein. Zum Frühstück erzeugen verbrauchsarme und langlebige LED Leuchten helles Tageslicht, beim Abendessen wird das Licht gedämpft und erhält Rottöne um die Farbe des Essens und des Bordeaux besser zur Geltung kommen zu lassen. Gegen Abend wird das Licht gedimmt, erhält beruhigende Blautöne und wiegt die Passagiere in den Schlaf.

Business und First Class Sitze

Diskutieren Airline Manager in der Economy Klasse über einen Sitzabstand von 30 oder 31 Zoll, so geht es in den höheren Klassen deutlich spendabler zu.

Die *Erste Klasse* lässt keine Wünsche offen. Ein flaches, waagerechtes Bett ist in der Ersten Standard. Die neuesten Entwicklungen zeigen geschlossene Kabinen, die bei zugezogener Tür ein Maximum an Privatsphäre bieten. Fernsehbildschirme mit 15 oder mehr Zoll Bildschirmdiagonale gehören ebenso wie freie Menüwahl, Polster mit Massagefunktion und Schuhablagefächer zur Ausstattung. Der Sitzabstand stieg von etwa 60 Zoll um 1980 auf bis zu 90 Zoll um das Jahr 2000.

Ursache der Komfortoffensive ist die neue Konkurrenz in Form von Business Klasse Sitzen, die sich per Knopfdruck von einem Sessel in eine flache, wenn auch leicht geneigte Liege umwandeln lassen. Der Komfort der Business Klasse ist kontinuierlich gestiegen. Waren circa 40 Zoll bis 1990 das Maß der Dinge, ist der Abstand bis zum Jahr 2000 auf etwa 70 Zoll angestiegen. Diese neue Generation von „Full-Flat" Sitzen ist deutlich komfortabler als die Business Klasse Sitze der alten Generation, die sich lediglich durch etwas größeren Sitzabstand, größere Sitzbreite und die obligatorische Beinauflage von der Economy Klasse unterschieden.

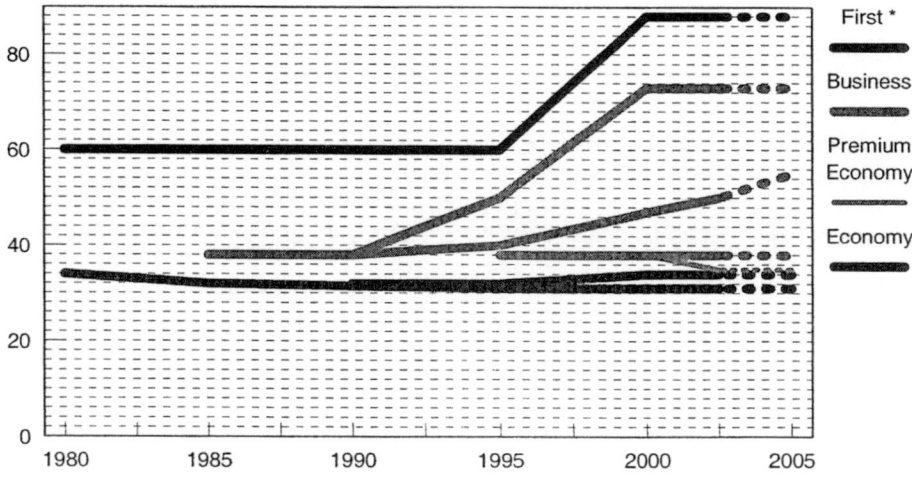

Abbildung 6:   Entwicklung der Sitzabstände 1980 – 2005 (in Zoll, Brauer 2004)

Premium Economy Class

Augenfällig wird die offensichtliche Lücke zwischen der Economy Klasse mit einem Sitzabstand von etwa 31 Zoll und der neuen Business Klasse mit einem Sitzabstand von 70 Zoll. Diese Nische wird inzwischen von einigen Airlines, wie der British Airways oder der Virgin Atlantic durch eine Premium Economy Klasse bedient. Sie lehnt sich an die Touristenklasse an. Die Sitze haben jedoch einen größeren Abstand zum vorderen Sitz und sind etwas breiter.

Einen Sonderweg geht der „Convertible Seat" der Recaro Aircraft Seating. Für Kurz- und Mittelstrecken ausgelegt, dient er besetzt mit drei Passagieren als Touristenklasse Sitz. Als Business Klasse Sitz, werden nur der gangseitige und fensterseitige Platz besetzt. Ein über den mittleren, leer bleibenden Sitz hochgeklappter Tisch kann von beiden Passagieren benutzt werden.

Literaturangaben

Air Transport Association, 2008:
http://www.airlines.org/economics/finance/AirTravelVersusAverageBasket.htm
10.02.2009

Brauer, K. 2003: Nices Touches, Comfort Standards for Economy Class Seating

Brauer, K. 2004: Reinventing Economy Class - Improving intercontinental
passenger satisfaction and yield by better matching seating and feares

Brauer, K. 2004: Convenience, Comfort & Cost - The Boeing perspective on
passenger satisfaction

Holloway, S. 2003: Straight and Level, Practical Airline Economics, 2nd Edition,
Ashgate Publishing Company, Burlington, USA

Shevell, R.S., 1989: Fundamentals of Flight

Shaw, S. 2007: Airline Marketing and Management", 6th Edition, Ashgate
Publishing Company, Burlington, USA

Von Vegesack, A, Eisenbrand, J.: Airworld, 2004 Vitra Design Stiftung gGmbH

Kontakt

Jörg Heuser
Dipl. Designer (FH)
Gelbinger Gasse 38
74523 Schwäbisch Hall
HeuserJoerg@aol.com

AIDA Development GmbH
Karl-Kurz-Straße 36
74523 Schwäbisch Hall
Telefon: 0791 93 110 37
j.heuser@aida-development.de
www.aida-development.de

Innovative adaptive Stellteile – Analyse der funktionalen und formalen Eigenschaften

Aleko Petrov und *Thomas Maier*

1 Einleitung

Die adaptiv variablen Stellteile haben die Aufgabe bei der Interaktion mit techni-schen Geräten durch benutzer- und systeminitiierte Änderung der Teilgestalten Aufbau und Form, dem Benutzer weitere Informationen zu vermitteln, die über mehrere Wahrnehmungskanäle registriert und aufgenommen werden. Durch die Verteilung der Informationen über mehrere Sinnesmodalitäten, bzw. Sinnessubmo-dalitäten wird die Wahrnehmungsleistung des Benutzers erhöht, wodurch die Steigerung der Bediensicherheit durch die Reduktion der Fehlbedienung begrün-det werden kann, nach (Pfeffer 2007).

Solche Stellteile ermöglichen redundante, rein taktil (passiv) sowie tak-til/kinästhetisch (aktiv) wahrnehmbare Informationen über den Systemzustand und -zustandsänderung dem Benutzer weiterzuleiten. Im Rahmen der Forschungsarbeit auf dem Gebiet "Adaptive Bediensysteme" am Institut für Konstruktionstechnik und Technisches Design, Forschungs- und Lehrgebiet Technisches Design, wurden drei Kategorien von adaptiv variablen Stellteilen bezüglich der Anzahl der Betäti-gungsfreiheitsgrade definiert: nach Variation des Ortes/Lage, nach Relation Be-dienaufgabe/Betätigungsart sowie nach Variation der Form- und Oberflächenele-mente, (Schmid, Petrov, Maier 2008a), (Schmid, Petrov, Maier 2008b), (Petrov, Maier 2008).

Die adaptiv variablen Stellteile lassen sich in zwei Hauptgruppen unterteilen:

- Vermittlung von taktil und kinästhetisch wahrnehmbaren Informationen über den erreichten Systemzustand durch aktives Abtasten,

- Vermittlung von taktil und taktil/kinästhetisch wahrnehmbaren Informationen mit sofortiger Rückmeldung durch die Kombination von passivem und aktivem Abtasten.

Hinsichtlich der Gestaltänderung der adaptiv variablen Stellteile lautet die Fragestellung nach den geometrischen Grenzen der Betätigungsflächen sowie nach den sequenziellen geometrischen Grenzbereichen (Stufensprünge, Unterscheidungsfaktoren) die es zu klären gilt.

2 Aufgaben und Ziele

Der Begriff „adaptiv variables" Stellteil setzt sich aus den lateinischen Begriffen „adaptare" und „varius" zusammen, deren Kombination die Eigenschaften des Stellteils durch seine abwechselnde Verschiedenartigkeit, hinsichtlich der Teilgestalten Aufbau/Form/Oberfläche, und seine Anpassungsfähigkeit nach der Bediensituation beschreiben lässt. Die Variation des Ortes und der Lage der Greifflächen bzw. der funktionalen Teilgreifflächen erfolgt sowohl benutzerinitiiert als auch systeminitiiert, wodurch weitere Möglichkeiten – gemäß der Hypothese dieser Forschungsarbeit – zur Informationskodierung entstehen. Durch das Zusammenspiel zwischen dem aktiven und passiven Abtasten lassen sich die genannten Hauptgruppen von adaptiv variablen Stellteilen argumentieren: beim passiven Tasten werden die Mechanorezeptoren aktiviert (taktile Wahrnehmung), und bei den aktiven werden zusätzlich die propriozeptiven Sensoren erregt (taktile und kinästhetische Wahrnehmung), nach (Grunwald, Beyer 2001), (Schmidt, Lang 2007).

Bei der ersten Kategorie der adaptiv variablen Stellteile wird das Stellteil benutzerinitiiert aktiv abgetastet – betätigt oder exploriert – bei den anderen „tastet" das Stellteil kontextbedingt die menschliche Hand ab, wodurch mechano- und propriozeptive Sensoren systeminitiiert aktiviert werden.

Nach diesen Überlegungen entsteht die Frage an die sequenziellen geometrischen Variationen der Lage der funktionalen Betätigungsflächen, bei der eine Änderung des Systemzustandes durch die veränderte Geometrie des Stellteils wahrnehmbar ist. Unter der Annahme, dass sich die Empfindungsstärken um gleich viel ändern, wie die Glieder einer arithmetischen Reihe, müssen die Reize nach einer geometrischen Reihe geändert werden (Kienzle 1950). Forschungsziel ist festzustellen, wie groß der Quotient bzw. Stufensprung der geometrischen Reihe sein muss, um einen eindeutigen Unterschied zwischen den veränderten Geometrien zu erkennen.

3   Stand der Forschung und Technik

Tabellen 1-3 fassen Beispiele für aktive Ein- und Ausgabegeräte aus dem Stand der Forschung und Technik sowie der Patentsituation zusammen. Als Hauptkriterium der Recherche über neuartige Stellteile wurde die Veränderlichkeit der Teilgestalten Aufbau, Form und Oberfläche – benutzer- oder/und systeminitiiert – festgelegt.

Es wurden keine Angaben, bezogen auf die Höhe der Prägnanz der Änderung des Ortes und Lage der Teilgreifflächen bzw. von veränderlichen Teilgestaltmerkmalen der funktionalen Greifflächen und deren Unterscheidungsfaktoren aus wahrnehmungspsychologischer Sicht festgestellt.

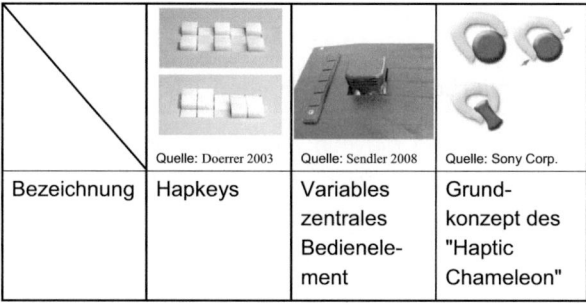

	Quelle: Doerrer 2003	Quelle: Sendler 2008	Quelle: Sony Corp.
Bezeichnung	Hapkeys	Variables zentrales Bedienelement	Grundkonzept des "Haptic Chameleon"

Tabelle 1:   Stand der Forschung

	Quelle: Jaguar	Quelle: Sony Corp.	Quelle: SensAble Technologies, Inc.	Quelle: ALPS	Quelle: BMW	Quelle: BMW
Bezeich-nung	Drive Selector	Haptic Chameleon	Phantom 6 DOF	Haptic Steering Wheel	iDrive Controller	Gear selection lever

Tabelle 2:   Stand der Technik

Patent Nr.	EP 1 524 578 A1	WO 2006 100067 A1	US 4 195 802	EP 1 818 764 A2	US 7 245 292 B1	US 4 947 097
Bezeich-nung	Formver-änderliches drehbares Stellteil	Formver-änderlicher Schalthe-bel mit mehreren Zuständen	Steuer-knüppel für Fluggeräte	Oberflä-chenver-änderliches Stellteil	Ein- und Ausgabe-gerät mit taktiler Rückkopp-lung	Drehschal-ter mit mehreren Zuständen

Tabelle 3:   Patentsituation

4   Explorative Voruntersuchung mit rudimentären Mustern

Im Rahmen dieser Forschungsarbeit wurde die rein funktionale Anordnung der Betätigungsflächen von Stellteilen unter Berücksichtigung der Betätigungsarten und -richtungen systematisch nach dem geometrischen Freiheitsgrad der Variatio-nen analysiert und systematisiert (s. Abbildung 1). Dadurch lassen sich Kombinati-onen von Variationen der Teilgestaltmerkmale wie z. B. Neigung der Betätigungs-flächen, Kantenlängen, Kopplungsgrad etc. bei der Erstellung der Konzeptvarianten von adaptiv variablen Stellteilen ableiten (s. Abbildung 2).

Aufgabe dieser Voruntersuchung war die Festlegung des Quotienten bzw. des Stufensprungs der geometrisch gestuften Teilgestaltmerkmale von rudimentären Stellteil-Mustern. Durch aktives Abtasten von Probanden, ohne visuellen Kontakt mit dem Versuchsobjekt, wurde gefragt, ob ein geometrischer Unterschied wahr-genommen und erkannt werden kann. Ziel dieser Untersuchung ist es, durch den ermittelten Quotienten die Anzahl der geometrischen Variationen der Teilgestalt-merkmale zu bestimmen. Dies dient als Basis für eine weitere umfangreiche, statistisch abgesicherte Probandenuntersuchung der Erkennung von geometri-schen Unterschieden bzw. der Erkennung unterschiedlich ausgeprägter Teilges-taltmerkmale.

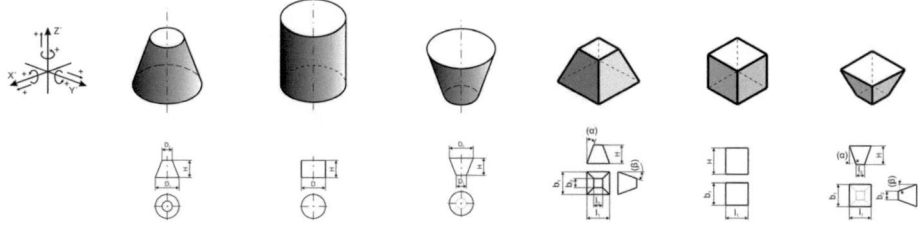

Abbildung 1:   Abstrakte Darstellung der funktional betrachteten Betätigungsflächen eines Stellteils und dessen geometrische Parameter und Bewegungsrichtungen (Auszug)

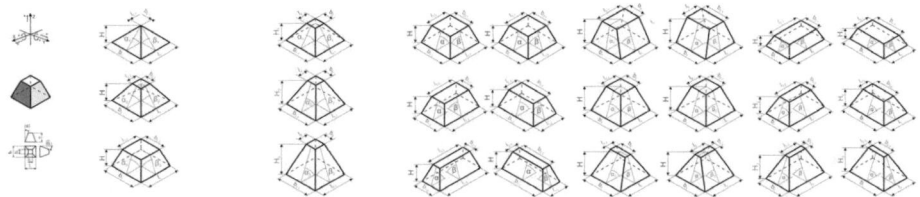

Abbildung 2:   Funktionale Anordnung der abstrakten Betätigungsflächen und Definition des geometrischen Variationsfreiheitsgrades eines adaptiv variablen Stellteils, Beispiel

Nr.	Referenz	R40	R20	R10	R5
1					
2					
3					
4					
5					

Tabelle 4:   Die rudimentären Muster und deren normierten Stufensprünge

Tabelle 4 umfasst die gestuften Reihen der untersuchten rudimentären Stellteil-Muster und deren normierten Stufungen — R5, R10, R20, R40, d. h. in gerundeten Werten 1,6, 1,26, 1,12, und 1,06. Das als Referenz bezeichnete Muster wurde mit den einzelnen Variationen verglichen und vom Probanden als kleiner, eher kleiner, gleich, eher größer oder größer bewertet.

In den Reihen 1 und 2 werden die Querschnittskanten-Längen bzw. Querschnitts-durchmesser des Körpers variiert und in Reihe 4 die Länge zweier Kanten der Stumpffläche. In den Reihen 3 und 5 wird der ganze Körper der Stellteilmuster skaliert (s. Tabelle 4).

Die Versuchsobjekte sind aus Kunststoff auf Polyurethan-Basis gefräst und weisen die gleichen Oberflächeneigenschaften auf. Die Kantenverrundungen von 0,5 mm sind wiederum konstant gehalten. Jedes Muster verfügt über eine quadratische Bodenplatte, die zur Positionierung in die Fixiervorrichtung dient und einen schnel-len Austausch ermöglicht.

Abbildung 3 zeigt die Versuchsumgebung und den Ablauf der Untersuchung. Diese wurde mit fünf Versuchspersonen durchgeführt bei einer Versuchsdauer pro Person von ca. 35 min. Die Variation der geometrischen Größenunterschiede der rudimentären Muster und die haptische Wahrnehmung sind unabhängige Variab-len. Die Erkennung der geometrischen Größenunterschiede durch aktives Abtasten ist die abhängige Variable.

Die folgenden Bedingungen (s. Abbildung 3) wurden vor der Versuchsdurchfüh-rung definiert:

- Körperstellung der Versuchsperson im Sitzen,

- Zweifingerzufassungsgriff,

- Aktives Abtasten ohne visuellen Kontakt,

- Zwei fixierte Stellteilmuster im paarweisen Vergleich.

Abbildung 3:   Versuchsumgebung und Versuchsbedingungen mit Probandin

Aleko Petrov und Thomas Maier

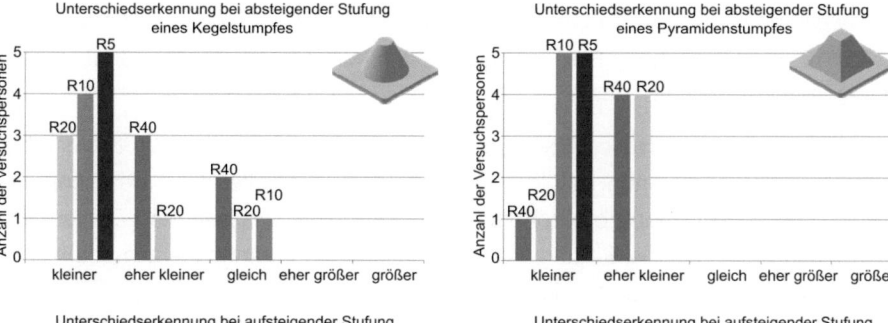

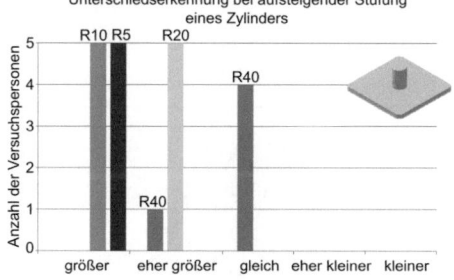

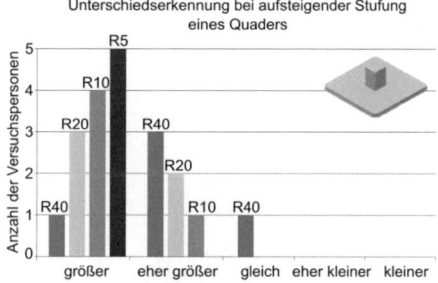

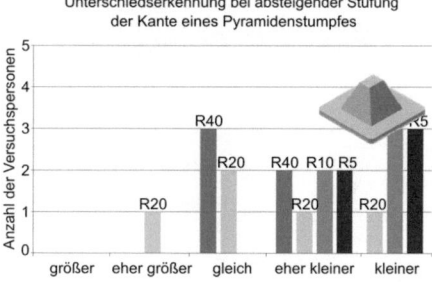

Abbildung 4:   Ergebnisse der Voruntersuchung

Eine erste Versuchsauswertung ist Abbildung 4 zu entnehmen. Die mit R40 gestuften geometrischen Größen konnten nicht eindeutig voneinander unterschieden
werden. Bei den rotationssymmetrischen Mustern ist dieses Ergebnis deutlich zu
sehen. Es wird behauptet, dass durch die spezifische Flächenpressung beim
Abtasten von solchen Körpern die Prägnanz der Greiffläche bzw. der Kanten als
charakteristische Merkmale vom Probanden niedriger als diese des Quaders und
der Pyramide bewertet wird. Bei der R20 Stufung wurde festgestellt, dass die
geometrischen Unterschiede teilweise erkannt werden. Ergo wird behauptet, dass

der optimale Stufensprung zur Erkennung von geometrischen Unterschieden beim aktiven Abtasten ohne visuellen Kontakt zwischen R20 und R10 liegt. Dafür ist aber eine weitere, statistisch nachgewiesene Untersuchung notwendig. Prägnant ist, dass R10 und R5 Stufungen als eindeutig erkennbare geometrische Größenänderungen erkannt wurden.

Aus den ersten Ergebnissen der zwei Kantenlängenvariationen der Stumpffläche (Abbildung 4, unten) kann gefolgert werden, dass die Erkennung der geometrischen Unterschiede auch bei höheren Stufungen nicht eindeutig ist. Demzufolge wird behauptet, dass die Reizintensität beim Abtasten dieses Gestaltmerkmals im Kontext der Gesamtgestalt zu niedrig ist.

Abbildung 5: Beispiele für adaptiv variable Stellteile und ihre funktionalen
              und formalen Eigenschaften bei R10-Stufung

6 Ausblick

Beispiele für mögliche Realisierung von adaptiv variablen Stellteilen sind der Abbildung 5 zu entnehmen. In den beiden Fällen ist der Stufensprung R10, der im ersten Fall den gesamten Körper betrifft und beim zweiten den Durchmesser der Greiffläche. Der Aufbau der Betätigungsflächen weist einen hohen Ähnlichkeitsgrad mit den bereits rein funktional betrachteten Stellteilmustern auf, um die Übertragung der Abstraktion auf realisierbare Stellteilkonzepte zu verdeutlichen. Die variablen Eigenschaften des ersten Beispiels sind durch radial und axial translierende Lamellen gelöst, beim zweiten durch rotierende, exzentrisch bezüglich der Drehachse des Stellteils, gelagerte Teilflächen. Charakteristisch für die zwei Lösungen sind die unterschiedlichen Oberflächeneigenschaften im Zustand 1 und 2. Beim zweiten Konzept ist es auch denkbar, durch die variable Anordnung der die Betätigungsfläche bildenden Lamellen, die Betätigungsrichtung zu kodieren.

Literaturverzeichnis

DIN 33417 1987: Beschreibung von Ort, Lage und Bewegungsrichtung von Gegenständen

Doerrer, C. 2003: Entwurf eines elektromechanischen Systems für flexibel konfigurierbare Eingabefelder mit haptischer Rückmeldung. Dissertation. Technische Universität Darmstadt, Darmstadt, 23.10.2003

Grunwald, M.; Beyer, L. 2001: Der bewegte Sinn. Basel, Schweiz: Birkhäuser Verlag

Kienzle, O. 1950: Normungszahlen. Berlin: Springer Verlag

Petrov, A.; Maier, T. 2008: Neue adaptive Bediensysteme im Fahrzeugcockpit - Interfacedesign mit selbsterklärender Bedienung. In: 54. Kongress der Gesellschaft für Arbeitswissenschaft, S. 129-132, München, 9.-11. April 2008

Pfeffer, St. 2007: Wahrnehmungspsychologische Untersuchung zum Thema visueller, haptischer und akustischer Kanal, Studienarbeit, IKTD, Universität Stuttgart

Schmidt, R. F.; Lang, F. 2007: Physiologie des Menschen. 30. neu bearbeitete und aktualisierte Auflage. Heidelberg: Springer Medizin Verlag

Sendler, J. 2008: Entwicklung und Gestaltung variabler Bedienelemente ein Bedien- und Anzeigesystem im Fahrzeug. Dissertation. Technische Universität Dresden, Dresden, 31.03.2008

Schmid, M.; Petrov, A.; Maier, T. 2008b: HMI with Adaptive Control Elements. In: ATZ autotechnology, Volume 8, S. 50-55, Wiesbaden, Juli 2008

Schmid, M.; Petrov, A.; Maier, T. 2008a: User-friendly interface design with new adaptive operating systems in vehicle cockpits. In: 8. Internationales Stuttgarter Symposium Automobil- und Motorentechnik, Band 2: S. 165-179, 11.-12. März 2008

Kontakt

Dipl.-Ing. A. Petrov
Universität Stuttgart
Institut für Konstruktionstechnik und Technisches Design
Forschungs- und Lehrgebiet Technisches Design
Pfaffenwaldring 9, 70569 Stuttgart
www.iktd.uni-stuttgart.de

Prof. Dr.-Ing. T. Maier
Universität Stuttgart
Institut für Konstruktionstechnik und Technisches Design
Leiter des Forschungs- und Lehrgebiets Technisches Design
Pfaffenwaldring 9, 70569 Stuttgart
www.iktd.uni-stuttgart.de

Industrielle Emotion: Emotionale Differenzierung von Investitionsgütern als Designleistung für den Innovationserfolg

Markus Kretschmer

Designleistung für den Innovationserfolg

Die Entwicklung von Innovationen, also die erfolgreiche Umsetzung von Ideen in Markterfolg, gilt allgemein als ein entscheidender Erfolgsfaktor für Unternehmen im Wettbewerb. Die Qualität des Innovationsprozesses hat hierbei für den Gesamterfolg der Innovation herausragende Bedeutung (vgl. Cooper, Kleinschmidt 1990).

Der Beginn eines Innovationsprozesses ist gekennzeichnet durch den Impuls für ein neues Produkt. Die Marktdurchdringung, welche vorangegangene Beschaffungsentscheidungen durch den Nachfrager voraussetzt, markiert das Ende des Innovationsprozesses (vgl. Herstatt, Verworn 2007). Das *Front End* des Innovationsprozesses sowie die Markteinführung haben als Start- und Endphasen im Innovationsprozess herausragende Bedeutung für den Gesamterfolg einer Innovation. Unter *Front End* werden hierbei alle Aktivitäten vom ersten Impuls für ein neues Produkt bis zur Umsetzungsentscheidung des Produktkonzeptes und der Aufnahme eigentlicher Produktentwicklung verstanden. (vgl. Herstatt, Verworn 2007). Die Qualität dieser frühen Phasen des Innovationsprozesses hat direkte Auswirkungen auf die *Entwicklung einer Invention*. Die Qualität der Markteinführung als Endphase des Innovationsprozesses entscheidet maßgeblich über den *Erfolg der Innovation*. Ziel einer Innovation ist die Markteinführung und -bewährung der zugrunde liegenden Invention (Erfindung) (vgl. Vahs, Burmester 2005). Innerhalb der Markteinführungsphase ist die Beschaffungsentscheidung durch den Nachfrager der entscheidende Schritt auf dem Weg zum Markterfolg.

Welche Beiträge kann Produktdesign zur Qualität des Innovationsprozesses und somit zu Wettbewerbsfähigkeit und Markterfolg von Gebrauchsgütern im Investitionsgüterbereich leisten? Es verdichten sich die Hinweise auf eine Art Paradigmenwechsel im Industriegüterbereich – nicht im Ausmaß einer *„Industriellen Revolution"*, jedoch mit sichtbarer Tendenz: Industrielle Nachfrager agieren bei Beschaffungsentscheidungen sowie bei der Adoption von Innovationen nicht ausschließlich rational, sondern entscheiden zunehmend auch emotional (vgl. Gelbrich 2007). Emotionale Kriterien, und mit Ihnen die gezielt gestaltete Emotionalität von Investitionsgütern durch Produktdesign, haben somit zunehmend auch Einfluss auf Investitions- und Innovationsentscheidungen und in Folge hohe wirtschaftliche Relevanz. Design wird somit auch im Investitionsgüterbereich mehr und mehr zu einem entscheidenden Wettbewerbsfaktor – in Hinblick auf rationale Produktvorteile und auch durch Schaffung von emotionalem Mehrwert.

Es soll daher in erster Linie auf die *emotionalen* Aspekte von Produktdesign im Innovationsprozess von Investitionsgütern eingegangen werden. Aufgrund ihrer herausragenden wirtschaftlichen Bedeutung für den Erfolg der Innovation bilden hierbei die Einflussgrößen auf die Beschaffungsentscheidung industrieller Nachfrager den Schwerpunkt der Betrachtung.

Emotion und emotionale Produktdifferenzierung

Zur Erklärung von Emotionen existieren verschiedene Ansätze und wissenschaftliche Theorien, auf die an dieser Stelle nicht vertiefend eingegangen werden kann. Vereinfacht erklärt sich die Entstehung von Emotionen aus der Wahrnehmung eines Reizes und der darauf aufbauenden Auslösung eines Gefühls. In Abgrenzung zum Gefühl beinhaltet Emotion jedoch zusätzlich auch eine Art von Verständnis, Interpretation oder Bewertung des Wahrgenommenen, also eine kognitive Komponente. Des Weiteren können physiologische Anzeichen (körperlich wahrnehmbare Komponenten wie etwa Pupillenerweiterung) hinzukommen. Nach verbreiteter Auffassung sind folgende Merkmale kennzeichnend für jede Emotion (vgl. Kroeber-Riel, Weinberg 2003):

- die Aktivierung (die Stärke der Emotion)

- die Richtung der Emotion (ihre Bewertung als angenehm oder unangenehm)

- die Qualität der Emotion (ihr Erlebnisinhalt)

- das Bewusstsein über die Emotion

In der Theorie wird verbreitet davon ausgegangen, dass Emotionen zumindest mit einer Handlungstendenz einhergehen. So lassen sich für verschiedene Emotionen spezifische Handlungstendenzen nachweisen (vgl. Frijda 1989). In diesem Zusammenhang erklärt sich die Bedeutung *emotionaler Produktdifferenzierung*, also der zielgerichteten Erzeugung sinnlich wahrnehmbarer Unterscheidbarkeit von Produkten durch Design: Mindestens die drei Hauptmerkmalsdimensionen von Emotionen (Stärke, Richtung und Qualität) lassen sich über Gestaltung aktiv beeinflussen, indem Design direkt die Anmutungsqualität des Produktes und damit das Wahrgenommene verändert. In Entscheidungsprozessen können diese durch unterschiedliche Anmutungsqualitäten beeinflussten Emotionen kauf- beziehungsweise innovationsentscheidend für ein Produkt im Sinne einer Handlung oder Handlungstendenz sein.

In Bezug auf Beschaffungs- und Innovationsentscheidungen scheint der Begriff der *antizipierten Emotion* (vgl. Bagozzi, Lee 1999) von besonderem Interesse. Antizipierte Emotionen werden definiert als Emotionen, die sich aus der Beurteilung der vermuteten Konsequenzen einer Entscheidung ergeben. Hierzu können weitgehend rationale, wirtschaftliche Auswirkungen ebenso gezählt werden, wie beispielsweise vermutete Einflüsse auf das soziale Erscheinungsbild des beschaffenden Unternehmens. Die Hoffnung auf strategische Marktführerschaft aufgrund einer Beschaffungsentscheidung mag also bei einem Unternehmer positive Emotionen auslösen und somit die Entscheidung beeinflussen (vgl. Gelbrich 2007).

Produkte als Kommunikationsmittel

Produkte sind in Konsumgesellschaften längst auch Kommunikationsmittel und Vehikel nonverbaler Interaktion. Über Produkte können Einzelpersonen wie auch Organisationen Bedeutungen codieren und übermitteln, die von anderen Gesellschaftsteilnehmern decodiert werden können - mithin seit ersten menschlichen Erfindungen eine Funktion von materiellen Gütern in allen Kulturen (vgl. Karmasin 2007). Produkte geben über derartig zeichenhafte Codierungen Auskunft darüber, aus welchen Kontexten sie stammen und „erzählen" einiges über Benutzer, deren Lebensweisen, Zugehörigkeiten zu sozialen Gruppen, über Werthaltungen (vgl. Bürdek,2005).

Produktdesign, als wahrnehmbare Produktgestalt, ist nicht zuletzt aufgrund dieser emotionalen Kommunikationsfunktion zu einem in vielen Konsumgütermärkten mittlerweile entscheidenden Differenzierungsmerkmal geworden. Die besondere Leistung von Design besteht hierbei in der emotionalen Differenzierung, denn das menschliche Wertesystem vergleicht stets Neues mit Bekanntem oder setzt Alternativen zueinander in Verhältnis. Produkte als nonverbale Kommunikationsmittel dienen dabei wesentlich der Unterscheidbarkeit eigener Leistung von der anderer, sowie der unterscheidbaren Zuordnung von Rang, Status, sozial erwünschten Eigenschaften und vielem mehr.

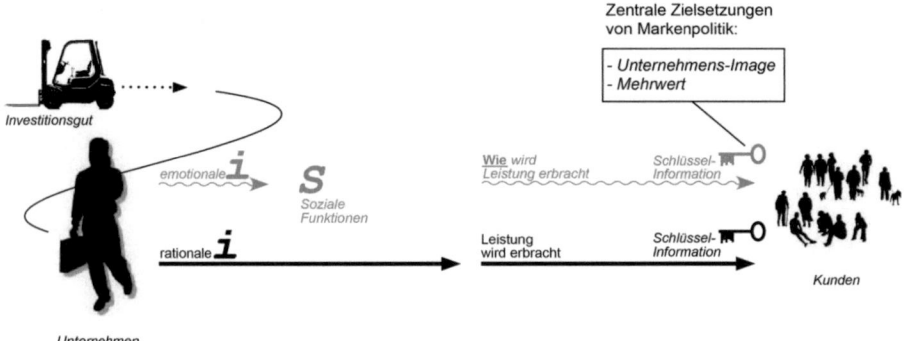

Abbildung 1:   Die Kommunikation von Unternehmensleistung über Produkte (Kretschmer)

Im Falle eines Investitionsgüter beschaffenden Unternehmens bedeutet dies: Das Unternehmen kommuniziert über das beschaffte Investitionsgut seinerseits auf rationaler und emotionaler Ebene nonverbal mit seinem Umfeld, beispielsweise mit seinen Kunden (s. Abbildung 1). Durch das Produktdesign des Investitionsgutes codierte, vorwiegend visuelle Informationen werden durch den Kunden wiederum decodiert und emotional interpretiert (vgl. Encoding/Decoding-Modell nach Hall). Die transportierten visuellen Informationen haben somit auch immer soziale Funktion: Indem sie unterschwellig darauf verweisen, wie Leistungen durch das Produkt bzw. das Unternehmen erbracht werden. Zentrale Zielsetzungen von Markenpolitik, wie die Schaffung und Kommunikation von unverwechselbaren Images, Markenloyalität oder sozialer Akzeptanz, werden so unterstützt.

Rationale und emotionale Informationen

Die Verbesserung technisch-wirtschaftlicher Produktaspekte, wie die Optimierung von Produktionsabläufen, die Reduktion von Teilevielfalt oder die Minimierung der

Markus Kretschmer

Total Costs of Ownership, gehört zweifellos zu den zentralen Leistungsbereichen von Produktdesign bei Investitionsgütern. Eines der mächtigsten Potenziale von Design besteht jedoch in der Sichtbar- und Erlebbarmachung von Produkteigenschaften und der gezielten Erzeugung von Produktwirkungen auf den Betrachter – also in der Kommunikationsfunktion. Bezogen auf die Entstehung von Emotionen erzeugt Produktdesign unterscheidbare Reize, welche das Individuum wahrnimmt. Diese Reize werden aufgrund verschiedener Einschätzungsdimensionen kognitiv bewertet, also gedanklich mit Vorstellungen, Werten und Erfahrungen über die Umwelt abgeglichen. Angebotsalternativen werden somit im Sinne einer emotionalen Produktdifferenzierung unterschiedlich wahrgenommen und in Folge unterschiedlich bewertet. Reize mit hohem Aktivierungspotenzial werden dabei leichter wahrgenommen und emotional wirksam, als solche mit geringem. Beispiele für Reize mit hohem Aktivierungspotenzial sind physisch intensive Reize (Größe, Farbe, usw.), emotional intensive Reize (Schlüsselreize wie das Kindchenschema oder verfestigte kulturelle Bedeutungen) oder überraschende Reize (Verstöße gegen die Wahrnehmungserwartung). Wie stark beispielsweise Farbreize die Wahrnehmung beeinflussen, belegt das Beispiel von Verpackungen in unterschiedlichen Farben, deren von Probanden geschätztes Gewicht in Abhängigkeit von der Farbe um mehr als 90% variiierte. (vgl. Slany 1988)

Im Prozess der Kauf- bzw. Beschaffungsentscheidung nimmt der Kunde über ein Produkt stets rationale und emotionale Informationen (Reize) wahr: Rationale Informationen sind hierbei vorwiegend technisch-wirtschaftlicher Natur und werden bevorzugt über Schlüsselinformationen wie Preise, technische Merkmale oder Kosten-Nutzen-Relationen zum Kunden transportiert. Der Rationalität sind hierbei allerdings durch die kognitive Verarbeitungskapazität des Individuums Grenzen gesetzt. Dies gilt vor allem bei zunehmend komplexen technischen Produkten, die eine detaillierte Informationsbeschaffung und -verarbeitung unmöglich machen. Solche Informationsüberlastung führt dazu, dass Entscheidungsprobleme vereinfacht und rationale Detailinformationen im Beschaffungsprozess durch zusammenfassende Schlüsselinformationen wie Markenimage oder äußere Produktmerkmale ersetzt werden (vgl. Geipel 1990).

Emotionale Informationen nimmt der Betrachter primär über Produktsprache und Praktische Funktion des Produktes wahr (vgl. Gros 1983). Diese Informationen sind dem Produkt im Wesentlichen immanent und durch seine Gestaltung beeinflusst. Die von *Gros* entwickelte Theorie der Produktsprache („Offenbacher Ansatz") geht hierzu, bezogen auf die Produktwahrnehmung durch das Individuum, von *ästheti-*

schen und *zeichenhaften* Funktionen eines Produktes aus. Gezielte bildhafte (aber beispielsweise auch haptische) Schlüsselinformationen spielen als dargestellte Produkteigenschaften eine entscheidende Rolle, wenn es um die Produktwahrnehmung geht (vgl. Geipel 1990). Abbildung 2 zeigt am Beispiel eines Gabelstaplers einige emotionale Schlüsselfunktionen: So werden hier eine niedrige Trittstufe und ein niedriger Gesamtschwerpunkt durch den Gestaltaufbau des Staplers visualisiert. Die optische Unterteilung in klar definierte Funktionsbereiche reduziert wiederum die wahrgenommene Gesamtkomplexität des Produktes. Darüber hinaus eröffnet die Formensprache Bezüge zu emotional hoch aufgeladenen Produkten des Konsumgüterbereiches und deren Kontexten. Für die Wahrnehmung ist dabei zunächst einmal unerheblich, ob das Produkt diese dargestellten, visualisierten Eigenschaften tatsächlich besitzt oder nicht.

Abbildung 2:   Still RX 70 (Foto: Still)

Markus Kretschmer

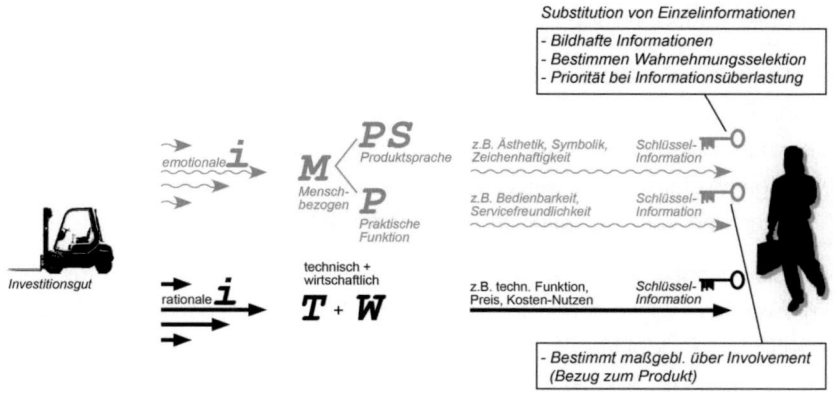

Abbildung 3:   Rationale und emotionale Produktinformationen (Kretschmer)

Bei Informationsüberlastung erhält die Verwendung solcher vereinfachender, bildhafter Aussagen in der Kommunikation von Produkteigenschaften jedoch entscheidende Bedeutung: Das Produktdesign kann über Anmutungs- und Nutzungsqualitäten des Produktes diese Schlüsselinformationen wesentlich schneller und effektiver übermitteln, als es beispielsweise durch technische Fakten möglich wäre (vgl. Geipel 1990).

Emotionale Schlüsselinformationen werden umso mehr zur Beurteilung im Beschaffungsprozess herangezogen, je komplexer die zu beurteilenden Eigenschaften des Produktes sind. Bei Investitionsgütern sind derart komplexe technische Produkteigenschaften vergleichsweise häufig anzutreffen. Der Nachfrager geht unbewusst davon aus, über den Umweg dieser Schlüsselinformationen wesentliche Hinweise auf die Produktqualität zu bekommen. Gerade bei vielfach technisch komplexen Investitionsgütern ist demnach davon auszugehen, dass solche Schlüsselinformationen zur Substitution detaillierter, schwer zu beschaffender Einzelinformationen herangezogen werden und die Kaufentscheidung wesentlich beeinflussen (vgl. Baaken 1987). Bedingung für die Wirkung emotionaler Schlüsselinformationen ist immer der Kontakt des Menschen mit dem Produkt, sei es als direkter Nutzer, bei Präsentationen oder etwa über Produktdarstellungen. Emotionale Wirkung auf das Individuum entfalten Produkte also nicht erst im Rahmen der Nutzung, sondern bereits während weiter Teile der Beschaffungsentscheidung. Die Bedeutung von Gestaltung auf die *wahrgenommene* Qualität einer Leistung wird hier offensichtlich.

Durch die Kommunikationswirkung ihrer rationalen und emotionalen Produktfunktionen sind Produkte somit wichtiger Bestandteil der Kommunikationsleistung eines Unternehmens und dienen als solche der "Übermittlung von Informationen und Bedeutungsinhalten zum Zweck der Steuerung von Meinungen, Einstellungen, Erwartungen und Verhaltensweisen" (vgl. Meffert 2006).

Als investitionsentscheidende Faktoren im Beschaffungsprozess von Investitionsgütern werden vorwiegend leistungs- und gebrauchsbezogene (technisch-wirtschaftliche) Produktmerkmale angesehen (vgl. Mayer 1996). Technologische oder wirtschaftliche Produktinnovationen alleine sind jedoch in zunehmend dynamischen, wettbewerbsintensiven Märkten längst nicht mehr ausreichend, um Leistungsangebote für den Kunden differenziert wahrnehmbar zu machen. Erfolgreiche Marktpositionierung rein über technisch-wirtschaftliche Merkmale zu betreiben ist in weiten Teilen des Investitionsgüterbereiches mittlerweile fast nicht mehr möglich. Vergleichbar dem Konsumgüterbereich führt eine Annäherung technischer und wirtschaftlicher Leistungsprofile auch bei Investitionsgütern dazu, dass sich unternehmensseitig über technisch-wirtschaftliche Innovationen zunehmend nur sehr aufwändig echte Alleinstellungsmerkmale generieren lassen, über die sich Produktangebote vom Wettbewerb abheben. Neben Technologieinnovationen nimmt dementsprechend auch die Bedeutung von ästhetischen Innovationen weiter zu (vgl. Buck, Herrmann, Lubkowitz 2002). Die ästhetische und somit auch emotionale Unterscheidbarkeit wird zu einem zunehmend wichtigen Positionierungsmerkmal. Am Ende des Innovationsprozesses dient diese sinnlich wahrnehmbare Unterscheidbarkeit von Produkten somit der erfolgreichen Kommunikation von Inhalten und damit letztlich dem Gesamterfolg der Innovation.

Der Einfluss von Produktgestaltung auf die Kauf- bzw. Beschaffungsentscheidung im Konsumgüterbereich ist weithin unbestritten (vgl. Kohler 2003). Durch Vergleichbarkeit von Produkteigenschaften hat sich die gezielte emotionale Kundenansprache durch die Gestaltungsmittel des Designs hier als überaus erfolgreiche Marktstrategie zur Produktdifferenzierung herausgestellt (vgl. Loewy, Weseloh 1953). Seit Langem funktioniert in vielen Konsumgüterbranchen das Prinzip, nach dem sich technisch nahezu identische Produkte rein durch Gestaltungsmerkmale in der Wahrnehmung des Kunden emotional unterschiedlich verankern lassen.

Die Vergleichbarkeit von rationalen Produkteigenschaften führt zunehmend auch im Investitionsgüterbereich zum Einsatz von Design als Positionierungswerkzeug. Bei gleichwertiger technischer Qualität von Produkten kann das kommunizierte Firmen- und Produktimage auch hier als emotional wirksame Komponente des Produktangebots Vertrauen in das Anbieterunternehmen herstellen (vgl. Strothmann 1979) und so Beschaffungsentscheidungen beeinflussen. Analog dazu lässt sich beobachten, dass der Konsumgüterbereich vielfach die gestalterischen Standards für den Investitionsgütersektor setzt: Für den Investitionsgüterbereich ist eine „Ästhetisierung" ganzer Produktsparten innerhalb weniger Jahre deutlich feststellbar. Bewusst werden hierbei durch Übertragung bestimmter Gestaltungsmerkmale von Konsumgütern auf Investitionsgüter emotionale Bezüge zu außerindustriellen, privaten Kontexten und Wertmustern hergestellt (vgl. auch *Buying-Center und Einflussgrößen*). Die Abbildungen 4 und 5 sollen am Beispiel von Computer und CNC-Drehmaschine die prinzipielle Übernahme von Gestaltmerkmalen des Konsumgüterbereichs verdeutlichen. Formale Gestaltelemente, Farben, Materialien und Oberflächen werden dabei ebenso wie Prinzipien des Gestaltaufbaus – beispielsweise der gestalterische Umgang mit Flächen – adaptiert. Emotional lässt sich das Investitionsgut dadurch deutlich näher zum außerindustriellen Kontext positionieren. So zeigt das Beispiel der CNC-Drehmaschine weiße Flächen als wesentliches Gestaltmerkmal – eine Farbwahl, welche im relevanten industriellen Kontext eher unüblich ist, die aber bewusst auf assoziierte Eigenschaften wie etwa „reduziert" oder „sauber" verweist. Über ästhetische, symbolische und zeichenhafte Schlüsselinformationen können somit Reize erzeugt werden, die den herkömmlichen Erwartungen über das Investitionsgut weitere, beispielsweise aus dem außerindustriellen Kontext bekannte und emotional tendenziell positiv bewertete Informationen hinzufügen.

 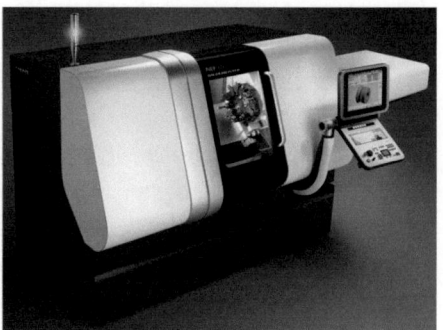

Abbildung 4: Apple MacBook Pro mit Apple LED Cinema Display (Foto: Apple)
Abbildung 5: Gildemeister NEF 400 (Foto: Gildemeister)

Emotionale Komponenten von industriellen Beschaffungsprozessen sind zunehmend auch von erheblichem wirtschaftlichem Interesse, denn die Beschaffungsentscheidung ist ein entscheidender Schritt auf dem Weg zum Innovationserfolg.

Organisationales Beschaffungsverhalten im Investitionsgüterbereich unterscheidet sich in vielen Merkmalen vom Kaufverhalten im Konsumgüterbereich. Wesentliches Unterscheidungsmerkmal ist hierbei das *Buying-Center*: Treffen im Konsumgüterbereich fast ausschließlich Einzelpersonen (Käufer) die Kaufentscheidung, so bestimmen im Investitionsgüterbereich fast immer mehrere Personen mit unterschiedlichen Rollen, Funktionen und Typologien über eine Beschaffung. Trotz dieser strukturellen Unterschiede ist ein signifikanter Einfluss von emotionaler Produktdifferenzierung auch auf Beschaffungsentscheidungen im Industriegütersektor anzunehmen. Verschiedene Quellen legen die Vermutung nahe, dass industrielle Nachfrager auch emotionale, beziehungsweise nicht nur rationale Beschaffungsentscheidungen treffen (vgl. Geipel, 1990, Gelbrich 2007). Strukturmodelle zum Beschaffungsverhalten in Investitionsgütermärkten (vgl. Webster/Wind-Modell) nennen zudem mehrere Einflussfaktoren auf die Beschaffungsentscheidung, welche als potenziell nicht rational angesehen werden können, wie beispielsweise kulturelle Restriktionen oder individuelle Motivationen und ästhetische Präferenzen von Buying-Center-Mitgliedern.

Bezogen auf die emotionale Wirkung von Produktdesign im Beschaffungsprozess interessiert zunächst, welche Entscheidertypen im Buying-Center vertreten sind, und dies primär in Bezug auf ihre unterschiedliche Art der Informationsselektion. Rollenmodelle zu organisationalem Beschaffungsverhalten versuchen unterschiedliche Entscheidertypen zu klassifizieren, so beispielsweise den Typus des „Fakten-Reagierers" und den „Image-Reagierer" (vgl. Strothmann 1979). Im Beispiel beurteilt der „Fakten-Reagierer" Einzelinformationen über das Produkt demnach in Hinblick auf ihre gegenseitige Stimmigkeit und die unternehmensspezifischen Bedürfnisse. Unsicherheiten in der Entscheidungsfindung sollen bei ihm durch möglichst viele gesammelte Fakten herabgesetzt werden. Beim „Image-Reagierer" werden Einzelinformationen zu komplexen Gesamteindrücken und Images verdichtet, wobei auf Vollständigkeit wenig Wert gelegt wird. Emotionale Komponenten spielen bei der Bewertung von Produktalternativen eine große Rolle. Visualisierte Produkteigenschaften, wie sie das Produktdesign über gestaltete emotionale Schlüsselinformationen transportiert, werden demnach primär den „Image-Reagierer" in seiner Informationsaufnahme und somit letztlich in seiner Beschaffungsentscheidung beeinflussen. Aber auch der primär an Fakten interessierte Entscheidertyp wird bei der Beurteilung von Produktalternativen im Falle von gleichwertigen rationalen Produktinformationen die emotionalen Informationen zur Entscheidungsfindung hinzuziehen: Im Sinne einer Überprüfung der wechselseitigen Stimmigkeit rationaler und emotionaler Informationen. So werden als Beispiel Preisvorstellungen über ein Produkt auch erheblich von der Wahrnehmung und Beurteilung seiner Erscheinung – seines Designs – abgeleitet. Ist diese emotional abgeleitete Preisvorstellung für den Entscheider nicht mit dem real geforderten Preis in Einklang zu bringen, so entsteht ein Zustand *kognitiver Dissonanz*: Negative Gefühlszustände, ausgelöst durch die Wahrnehmung von miteinander unvereinbaren Reizen (vgl. Theorie der kognitiven Dissonanz nach Festinger). Bezogen auf die am Beschaffungsprozess beteiligten Personen ist davon auszugehen, dass diese bestrebt sind, im Zuge einer Beschaffungsentscheidung kognitive Dissonanzen möglichst zu vermeiden und so folglich vor allem solche Produkte präferieren, welche die geringsten Dissonanzen hervorrufen: Im Beispiel emotional abgeleiteter Preisvorstellungen sollte die Gestaltung also auch einen entsprechenden Wert des Produktes visualisieren.

Emotionale Produktinformationen üben, je nach Typus des Entscheiders und seiner Rolle im Beschaffungsprozess, unterschiedlichen Einfluss auf die einzelnen Mitglieder eines Buying-Centers aus. Wie Abbildung 3 zeigt, lassen sich emotionale Produktinformationen wesentlich als *produktsprachlich* und *praktisch* klassifizieren. Praktische Komponenten, wie beispielsweise Aspekte der Bedienbarkeit oder besondere Servicefreundlichkeit, werden naturgemäß eher jene Mitglieder des Buying-Centers in ihren Entscheidungen beeinflussen, welche einen direkten Kontakt zum Produkt aufbauen können. Hierunter fallen beispielsweise Maschinenbediener oder Servicefachleute. Produktsprachliche Informationen – und somit auch ästhetische Aspekte – üben hingegen nicht erst beim direkten Kontakt mit dem Produkt einen emotionalen Einfluss aus, sondern großteils bereits auch bei Erstkontakten wie beispielsweise über Darstellungen in Verkaufsprospekten, Filmen oder online. Bei der Betrachtung unterschiedlicher Entscheidertypen im Buying-Center sind außerdem weitgehend private, beziehungsweise außerhalb des Unternehmens liegende Einflüsse auf die Beschaffung zu berücksichtigen: Kulturelle, soziale und psychologische Faktoren beeinflussen jede Kaufentscheidung. So sind die am industriellen Kaufprozess beteiligten Personen in Ihrem privaten Umfeld einzelnen Milieus zuordenbar und dementsprechend durch spezifische kulturelle oder soziale Wertvorstellungen geprägt, welche ihren Ausdruck auch in ästhetischen Präferenzen finden (vgl. Steinmeier, 1999). Diese Werte und Präferenzen haben gegebenenfalls auch Einfluss auf Kaufentscheidungsprozesse in der Arbeitswelt (vgl. Hensel, 2005). Soziologische Trends, wie die Abkehr von Pflicht- und Akzeptanzwerten zugunsten von Selbstentfaltung oder die zunehmende Verschmelzung von Privat- und Arbeitswelt, lassen auf eine verstärkte Übernahme von Werten und ästhetischen Präferenzen aus dem Privatbereich in die Arbeitswelt schließen (vgl. auch Abbildung 4 und 5). Im Sinne eines merklichen Beitrages zum Innovationserfolg sollte die Leistung von Design demnach auch darin bestehen, gezielt visualisierte kulturelle und soziale Bezüge herzustellen.

Ergebnis- und prozessbezogene Designleistung für den Innovationserfolg

Die Darstellung der aufgeführten emotionalen Aspekte von Produktdesign auf den Innovationserfolg fokussiert primär auf die Beschaffungsentscheidung durch industrielle Nachfrager. Sie ist somit als ergebnisbezogene Betrachtung des Beitrags von Design zum Innovationserfolg zu verstehen. Unterschiedliche Quellen, laufende Untersuchungen, sowie die Natur der Wirkungszusammenhänge an sich lassen auf einen Einfluss von emotionaler Produktdifferenzierung bei Beschaffungsprozessen im Industriegüterbereich schließen.

Neben dieser auf das Innovations*ergebnis* fokussierenden Betrachtung stellt sich die Frage nach den erfolgsrelevanten Beiträgen emotionaler Designaspekte im gesamten Prozess der Innovations*entwicklung*. Aufgrund ihrer direkten Auswirkungen auf die erfolgreiche Entwicklung einer Invention ist die genauere Betrachtung von Designaspekten der frühen Phasen des Innovationsprozesses hierbei von besonderem Interesse. Im Zuge intensiverer Kundeneinbindung in Innovationsprozesse *(Open Innovation)* gewinnt auch am Front End des Innovationsprozesses emotionale Differenzierung an Bedeutung: Industriegüterhersteller kommunizieren beispielsweise vermehrt über visuell präsente und einzigartige Projekte oder Prototypen ihre Innovationsbereitschaft und –fähigkeit und machen sie somit auch emotional stärker erfahrbar. Vor allem progressive Lead User lassen sich so zu Innovationszwecken leichter an das Unternehmen binden. Viele Befunde deuten darauf hin, dass auch hier bildhafte Schlüsselinformationen – ähnlich den emotionalen Designaspekten bei Beschaffungsentscheidungen – in der Kommunikation zunehmend eine entscheidende Rolle spielen.

Literaturverzeichnis

Baaken, T. 1987: Besonderheiten des Technologie-Marketing – Veränderungen im Marketing durch technologische Entwicklungen. In: Baaken, T., Simon, D. (Hrsg.): Abnehmerqualifizierung als Instrument des Technologie-Marketing

Bagozzi, R. P., Lee K. H. 1999: Consumer Resistance to, and Acceptance of, Innovations. In: Advances in Consumer Research Vol.26, 218-225

Buck, A., Herrmann, C., Lubkowitz, D. 2002: Handbuch Trendmanagement, Innovationen und Ästhetik als Grundlage unternehmerischer Erfolge. Frankfurt/M: Frankfurter Allgemeine Zeitung, Verlagsbereich Buch

Bürdek, B. E. 2005: Design, Geschichte, Theorie und Praxis der Produktgestaltung. Basel: Birkhäuser

Cooper, R. G., Kleinschmidt, E.J. 1990: New Products, the key factors in sucsess. Chicago: American Marketing Association

Frijda, N. H., Kuipers, P., ter Schure, E. 1989: Relations among emotion, appraisal, and emotional action readiness. In: Journal of Personality and Social Psychology Vol.57, 212-228

Geipel, P.; Leitherer, E. (Hrsg.) 1990: Industrie-Design als Marktfaktor bei Investitionsgütern. München: GBI-Verlag

Gelbrich, K. 2007: Innovation und Emotion, Die Funktion von Furcht und Hoffnung im Adoptionsprozess einer technologischen Neuheit für die Kunststoffbranche. Göttingen: Cuvillier Verlag

Gros, J. 1983: Einführung - Grundlagen einer Theorie der Produktsprache. In: Grundlagen einer Theorie der Produktsprache Heft 1, Offenbach: Hochschule für Gestaltung

Herstatt, C., Verworn, B. (Hrsg.) 2007: Management der frühen Innovationsphasen, Grundlagen – Methoden – Neue Ansätze. Wiesbaden: Gabler Verlag

Karmasin, H. 2007: Produkte als Botschaften, Konsumenten, Marken und Produktstrategien. Landsberg: mi-Fachverlag

Kohler, T. C; Forschungsgruppe Konsum und Verhalten (Hrsg.) 2003: Wirkungen des Produktdesigns, Analyse und Messung am Beispiel Automobildesign, Wiesbaden: Deutscher Universitäts-Verlag

Kroeber-Riehl, W., Weinberg, P. 2003: Konsumentenverhalten. München: Verlag Franz Vahlen

Loewy, R., Weseloh, H. A. 1953: Hässlichkeit verkauft sich schlecht, Die Erlebnisse des erfolgreichsten Formgestalters unserer Zeit. Düsseldorf: Econ Verlag

Mayer, S. 1996: Wettbewerbsfaktor Design, Zum Einsatz von Design im Markt für Investitionsgüter. Hamburg: S + W Steuer- und Wirtschaftsverlag

Meffert, H., Bruhn, M. 2006: Dienstleistungsmarketing, Grundlagen – Konzepte – Methoden. Wiesbaden: Gabler Verlag

Slany, H. E. 1988: Erlebniskomponenten im Investitionsgüter-Design. In: Marktforschung & Management, 1/1988, 15-18

Steinmeier, I. 1999: Strategische Designplanung. In: Tintelnot, C., Meißner, D., Steinmeier, I. (Hrsg.): Innovationsmanagement, 187 ff., Berlin: Springer

Strothmann, K.-H. 1979: Investitionsgütermarketing. München: Verlag Moderne Industrie

Vahs, D., Burmester, R.; Vahs. D., Pietschmann, B.P. (Hrsg.) 2005: Innovationsmanagement, Von der Produktidee zur erfolgreichen Vermarktung. Stuttgart: Schäfer-Poeschel-Verlag

Kontakt

Dipl.-Des. Markus Kretschmer
Prof. für Produktdesign und Designmanagement
Studiengang Innovations- und Produktmanagement
Fakultät für Technik und Umweltwissenschaften
FH OÖ Studienbetriebs GmbH
Stelzhamer Str. 23
A-4600 Wels

markus.kretschmer@fh-wels.at
www.fh-ooe.at/ipm

Nachhaltige Bedienoptimierung durch innovatives Interface- und Corporate-Design

Markus Schmid und *Thomas Maier*

1   Einleitung

Die systematische Entwicklung eines guten und firmentypischen Corporate-Designs wird immer wichtiger, stellt diese doch das gewollte Selbstverständnis eines Unternehmens dar und legt das optische Erscheinungsbild fest. Nach (Koppelmann 2001) wird die Corporate Identity in die vier Gruppen Corporate Culture, Corporate Communication, Corporate Design und Corporate Image unterteilt. Das Corporate Design wird darin wie folgt definiert:

„*Corporate Design* legt die Rahmenbedingungen für das optische Erscheinungsbild des Unternehmens fest, das vom Briefbogen bis zur Architektur reichen kann. Damit sind auch Grundüberlegungen der Produktgestaltung verbunden."

Eine weitere Definition des Unternehmenserscheinungsbildes wird in Birkigt, Stadler, Funck 2000 aufgeführt:

„Die Unternehmenspersönlichkeit stellt sich dar in ihrem Erscheinungsbild, das zu optimaler Geschlossenheit gebracht wird durch das einheitliche Zusammenwirken von Marken-Design, Grafik-Design, Architektur-Design – als *Corporate Design*."

Bürdek (2005) definiert das Corporate Design folgendermaßen: „Darunter versteht man sämtliche Maßnahmen, die zum gestalterischen Bild beitragen, und zwar auf der materiellen Ebene, das heißt zwei- und dreidimensionale Erscheinungsformen (vom Logo zum Firmengebäude). Dieses klassische Feld von Corporate-Aktivitäten ist stark davon geprägt worden, dass für Unternehmen oder Institutionen gestalterische Konstanten und Variablen festgelegt werden, um den gewünschten ganzheitlichen visuellen Eindruck zu gewährleisten. Dazu gehören auch verbindliche Instrumentarien, wie die oben erwähnten Corporate-Design-Manuale."

In anderen Quellen, wie z.B. von (Abdullah 2002) wird nach wie vor unter dem *Corporate Design* die Dokumentation von Signets, Hausfarben, Piktogrammen, Formaten, Bildkonzepten, u. a. verstanden. Das Produktdesign als eigene Kategorie wird darin häufig nicht oder nur am Rande erwähnt.

Schwierigkeiten ergeben sich aber immer dann, wenn bei dieser Entwicklung nur die einheitliche Maschinengestaltung bzw. -uniformierung berücksichtigt wird. Die Gefahr des „Stylings" (siehe Abbildung 1) ist dann gegeben, wenn funktionale Kriterien (z. B. ergonomische Kriterien) von formalen Kriterien verdrängt werden. Dadurch werden dann nicht alle Kriterien, die das Technische Design vertritt berücksichtigt, wie z. B. die der Mensch-Maschine-Schnittstelle. Weiterhin wird bei Produktsystemen häufig das Corporate Design *nur* im Bereich der Farbgebung umgesetzt. Ein starkes Corporate Design wird aber erst durch eine konsistente Formgebung umgesetzt und in einem weiteren Schritt durch die Farbgebung und Produktgrafik verstärkt werden.

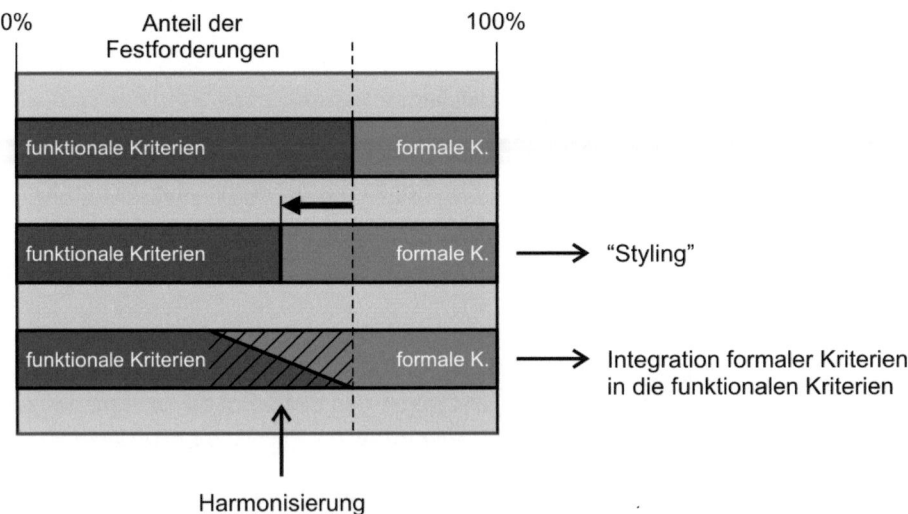

Abbildung 1:   Funktional-formaler Zusammenhang der Kriterien bei einer Produktgestaltung

In diesem Beitrag wird eine ganzheitliche Methode vorgestellt, wie aus der nachhaltigen Bedienoptimierung ein benutzergerechtes Interface-Design und daraus ein neues Corporate-Design abgeleitet wird. Das zukünftige Corporate Design basiert

Markus Schmid und Thomas Maier

somit sowohl auf funktionalen als auch formalen Kriterien, was sich in einem deutlich gestiegenen Mehrwert zeigt. Diese Wechselwirkungen zur Bedienoptimierung führen zu Innovationen für das Interface- und Corporate-Design, die sich noch viel prägnanter zur Produkt- und Herstellerdifferenzierung einsetzen lassen.

Die Evaluation dieser Methode für das neue Corporate-Design eines Druckmaschinenherstellers zeigt die Praxisrelevanz sehr gut. Alle Maschinen wurden realisiert und die Präsentation dieses neuen Corporate-Designs führte zu einem imposanten Auftritt auf der Messe DRUPA 2008 in Düsseldorf.

Für solch eine systematische Entwicklung eines Corporate-Designs für einen Hersteller verschiedener Produktsegmente gibt es nahezu keine Fachliteratur.

Der im Folgenden beschriebene Design- und Entwicklungsprozess wurde in folgende Phasen (P. 1 bis P. 5) unterteilt.

- *Phase 1:* Benchmark und Semantisches Differential
- *Phase 2:* Bedien- und Ergonomieanalyse, Stärken-Schwächen-Profil, Design-Pflichtenheft → Informationen für den Interface-Styleguide
- *Phase 3:* Konzeptentwicklung auf Basis der Bedienoptimierung
- *Phase 4:* Konzeptbewertung und detaillierter Entwurf → Informationen für den Maschinensytyleguide
- *Phase 5:* Designbetreuung während der Konstruktions- und Serieneinführungsphase

2   Integrierter Design- und Entwicklungsprozess

Bei diesem Corporate-Design-Projekt wurden 4 unterschiedliche Anlagesysteme (AS1–AS4) zur Neugestaltung festgelegt. Da ein gleichzeitiger Entwicklungsstart aller Anlagesysteme sowohl aus kapazitiver als auch terminlicher Sicht *nicht* möglich war, wurde mit einer Referenzanlage (AS1) gestartet (siehe Abbildung 2).

2.1 Benchmark und Semantisches Differential

Der Benchmark und das Semantische Differential in Phase 1 war bindende Grundlage aller Anlagesysteme. Im Benchmark wurden die Benchmarkkriterien festgelegt und eine Konkurrenzanalyse mit Prospektmaterial durchgeführt. Die Anlagen der Konkurrenten wurden in die Teilgestalten Aufbau, Form, Farbe und Grafik systematische gegliedert. Aus dieser Analyse konnten schon erste Erkenntnisse auf den gestalterischen Freiheitsgrad des zukünftigen Corporate-Designs gewonnen und die fixen und variablen Elemente festgelegt werden.

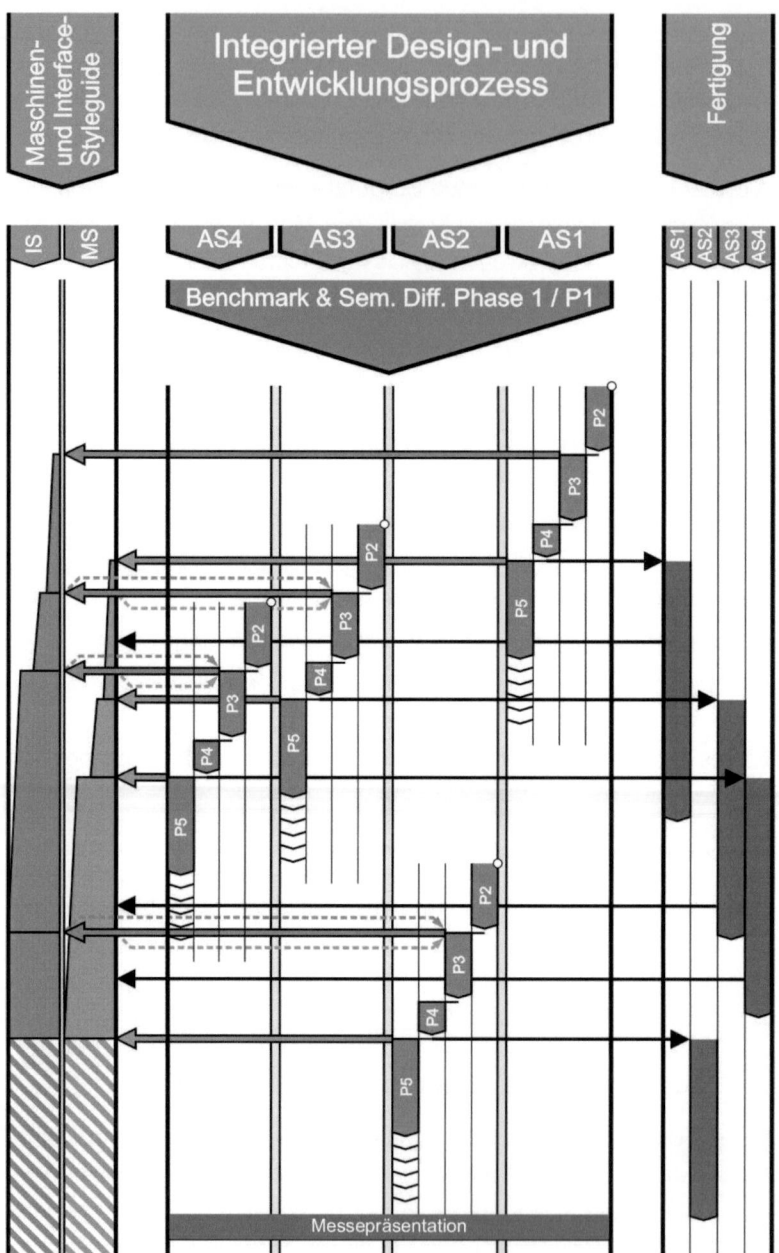

Abbildung 2:   Integrierter Design- und Entwicklungsprozess eines Corporate Designs
und der systematische Aufbau eines Maschinen- und Interfacestyleguides

Markus Schmid und Thomas Maier

Das Semantische Differential bzw. Bedeutungsprofil ist eine einstellungsorientierte Kombination und Rangfolge von positiven und negativen Erkennungsinhalten eines Produktes, Produktprogramms oder Produktsystems. Das semantische Differential präzisiert damit die einstellungstypischen Designs durch die Betonung kennzeichnender Erkennungsinhalte. Die allgemeinen Erkennungskategorien werden in die vier Hauptgruppen Eigenschaften oder Qualität, Herkunft, Anmutungsqualitäten und formale Qualitäten einer Produktgestalt unterteilt. In das semantische Differential wurden das Ist- und Sollprofil der Anlagesysteme eingetragen. (Maier, Schmid 2008). Das Sollprofil stellte für die Evaluation der neu gestalteten Maschinen die Basis dar.

2.2 Bedien- und Ergonomieanalyse, Stärken-Schwächen-Profil, Design-Pflichtenheft

Um die Funktionsweise der komplexen Anlagesysteme zu verstehen, wurde in dem jeweiligen Trainingscenter mit einem Trainer eine Vorführung jeder Einzelmaschine durchgeführt. Diese sehr detaillierte Vorführung und die daraus resultierende Analyse wird *Mikroergonomie* genannt. Der gesamte Ablauf wurde mit Videoaufnahmen für spätere Analysen dokumentiert und die einzelnen Schritte in einer auf der *Mensch-Maschine-Kommunikation* aufbauenden Basisstruktur protokolliert.

Der zweite Teil der Analyse, die so genannte *Makroergonomie*, wurde jeweils vor Ort bei einem Kunden durchgeführt. Hier konnte verstärkt das Augenmerk auf den Gesamtprozess bei der Bedienung des Anlagesystems gelegt werden. Interessant waren dabei auch die realen Umgebungs- und Einsatzbedingungen, die im Trainingscenter nicht beobachtet werden konnten.

Sowohl in der Mikro- als auch Makroergonomie wurde der Prozess in die Phasen *Einrichten*, *Produktion* und *Wartung* unterteilt. Die ergonomischen Untersuchungen wurden in die klassische Ergonomie und die Informationsergonomie unterteilt:

Die klassische Ergonomie basierte auf:

- Seh- und Greifräume von Benutzern unterschiedlicher Körpergröße

- Bewegungsabläufe, Bedienkräfte

- Sicherheitsrelevante Bereiche

Die Informationsergonomie basierte auf:

- Interfacegestaltung (Interfacestyleguide)

- Bedienelemente (Anzeiger und Stellteile), Position, Anordnung, Konsistenz
- Benutzerqualifikation

Die Videoaufnahmen der beiden Gebrauchsanalysen wurden evaluiert und in ein Stärke-Schwächen-Profil überführt. Anhand der wichtigsten Bedienschritte wurden die Stärken und Schwächen visualisiert und beschrieben. Die daraus entstandenen Designkriterien waren Grundlage für das Designpflichtenheft. Auf der Basis dieser Anforderungen wurden mit einem *Usability-Faktor* (Maier, Schmid 2005) die Konzepte evaluiert. Das Designpflichtenheft mit den Mensch-Produkt-Anforderungen war in folgende Kategorien unterteilt:

- Benutzergruppe: demografische und geografische Merkmale
- *Makro-Ergonomie:* Wahrnehmbarkeit und Erkennbarkeit, Betätigung und Benutzung
- *Mikro-Ergonomie:* Wahrnehmbarkeit und Erkennbarkeit, Betätigung und Benutzung
- Allgemeine Anforderungen

Aus dieser Phase konnten erste Informationen für den Interfacestyleguide gewonnen werden.

2.3 Konzeptentwicklung auf Basis der Bedienoptimierung

Die Konzepte für die Referenzanlage (AS1) basierten auf dem Designpflichtenheft und wurden auf einem Baukastenprinzip aufgebaut. Dieser Baukasten war die Grundlage für das gesamte Corporate Design. Darin wurden die Gleichteile zur Herstellerkennzeichnung (Tragwerk, Interface) und die Ungleichteile für die unterschiedlichen Maschinentypen verwendet. Aus der Bedienanalyse wurde ein ergonomisches Höhen- und Tiefenraster für unterschiedliche Arbeitsbereiche (siehe Abbildung 3) festgelegt, welches das zentrale Element für das Corporate-Design aller Anlagesysteme war.

Die Konzepte wurden in die Funktions-, Tragwerks- und Interfacegestalt aufgeteilt. Diese wurden jeweils in Aufbau, Form, Farbe und Grafik weiter systematisiert. In der Konzeptphase wurde der Aufbau der Funktionsbaugruppen und der darauf aufgebauten Einzelmaschinen nach entsprechend ergonomisch günstigen Anordnungen ausgelegt. Hierzu war der gestalterische Freiheitsgrad zu ermitteln und die fixen und variablen Elemente festzulegen. Die nachgeordnete Formgestaltung bezog sich dann auf herstellertypische Merkmale.

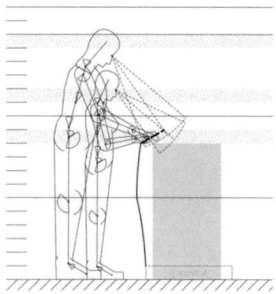

Niedrige Bedienposition
30° Winkel des Interface zur Horizontalen

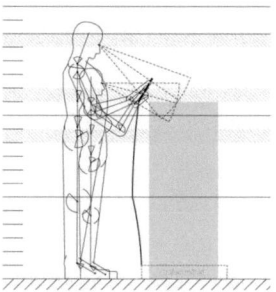

Mittlere Bedienposition
60° Winkel des Interface zur Horizontalen

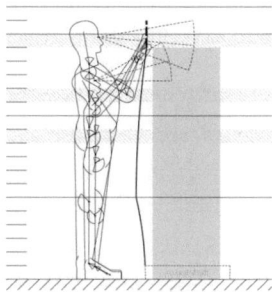

Hohe Bedienposition
90° Winkel des Interface zur Horizontalen

95 Perzentil Mann
Kopfneigung 25° Oberkörperneigung 10°

95 Perzentil Mann
Kopfneigung 20° Oberkörperneigung 0°

95 Perzentil Mann
Kopfneigung -10° Oberkörperneigung 0°

5 Perzentil Frau
Kopfneigung 25° Oberkörperneigung 0°

5 Perzentil Frau
Kopfneigung 0° Oberkörperneigung 0°

5 Perzentil Frau
Kopfneigung -30° Oberkörperneigung 0°

Abbildung 3:   Ergonomische Höhenraster als Grundlage
für die Gestaltung aller Anlagensysteme

2.4 Konzeptbewertung und detaillierter Entwurf

Mit den Kriterien des Designpflichtenheftes wurden die Konzepte evaluiert und diese mit einem Usability-Faktor (Maier, Schmid 2005) gekennzeichnet. Das ausgewählte Konzept wurde in folgenden Bereichen zu einem detaillierten Entwurf vervollständigt:

- Farbe (Farbkonzept: Herstellertypische Farben, benutzergerechte Farbgestaltung)

- Grafik (Herstellertypische und maschinentypbezogene Produktgrafik, Piktogrammgestaltung)

2.5 Interface- und Maschinenstyleguide

Ein wichtiger Grundsatz bei der Gestaltung eines Styleguides ist die „Reduktion auf das Wesentliche". Aus Erfahrung werden bei zukünftigen Projekten nur Styleguides mit reduziertem Umfang von den am Gestaltungsprozess Beteiligten genutzt. Der Styleguide beginnt mit einer allgemeinen Einleitung, worin der Sinn und die Bedeutung eines Corporate Designs begründet wird. Weiterhin wird das Leitbild oder die Grundidee, das dem Corporate Design zugrunde liegt, beschrieben.

Die in der Analysephase der Mikro- und Makroergonomie gemachten Erkenntnisse sind in dem Interface- und Maschinenstyleguide festgehalten und allgemeingültig für die Zukunft formuliert.

Dieser Interfacestyleguide ist in zwei Teile unterteilt. Der eine Teil des Interfacestyleguides betrifft die Softwaregestaltung, der andere die Gestaltung und Anordnung von Bedienelementen, die so genannten Stellteile und Anzeigen.

Eine wichtige Grundlage für die Anordnung der Bedienelemente, entsprechend ihrer Bedienhäufigkeit, war folgende Einteilung:

- *Primäres Interface:* Im direkten Seh- und Greifraum jederzeit bedienbar; häufige Bedienungsaufgaben während der Produktion und dem Einrichten
- *Sekundäres Interface:* Hinter Blende oder Verkleidung angeordnet (einfacher Zugang); seltene Bedienungsaufgaben während der Produktion und dem Einrichten
- *Tertiäres Interface:* Hinter Verkleidung angeordnet (Zugang ermöglichen); entsprechend den vorgegebenen Wartungsintervallen

Im Maschinenstyleguide sind alle Gestaltungsrichtlinien, die die Funktions-, Tragwerks- und Verkleidungsgestalten betreffen, berücksichtigt. Das oberste Ziel der Formgebung ist die Ähnlichkeit bei den verschiedenen Anlagesystemen. Die Ähnlichkeit ist definiert durch die Anzahl der gleichen Gestaltmerkmale zu der Anzahl aller Gestaltmerkmale. Der daraus resultierende Anteil der Gleichteile ergibt einen messbaren Wert in der Kostenreduktion.

3   Produktentwicklung im Rahmen des Corporate Designs

Die Einbindung des Technischen Designs vom ersten Projektstart an, ist eine der wichtigen Voraussetzung für das Gelingen des Projektes (Götz 2008). Nur dann kann von einem integrierten Produktentwicklungsprozess gesprochen werden. Die Einführungsstrategie für das Corporate Design eines Unternehmens muss von der Unternehmensleitung mitgetragen und kommuniziert werden.

Die Inhalte des Styleguides zukünftiger Maschinen und Anlagesysteme müssen von den am Gestaltungsprozess Beteiligten mit Überzeugung getragen werden. Dies stellt sicher, dass das Corporate Design auch langfristig in einen Produktentwicklungsprozess integriert ist. D.h., zusätzlich zum Interface- und Maschinenstyleguide muss auch ein Umdenken bei den Ingenieuren und den Gestaltern stattfinden.

In Abbildung 2 ist der gesamte Ablauf eines Corporate Designs schematisch visualisiert. Darin ist der Datenfluss zwischen den einzelnen Projekten und deren Phasen und dem Maschinen- und Interfacestyleguide dargestellt. Da bei einer zentripetalen Vorgehensweise (Maier, Schmid 2008) vom Mensch bzw. Interface zur Maschine entwickelt wird, wurden im Projektablauf zuerst die Informationen aus der Bedien- und Ergonomieanalyse der Phase 2 in den Interfacestyleguide (IS)eingebracht. Nach der 4. Phase wurden dann in einem nachfolgenden Schritt die Informationen bezüglich des Maschinenstyleguides (MS) festgehalten. Nach der 4. Phase begannen auch die ersten Fertigungsschritte des neu gestalteten Anlagesystems. Die in der Fertigung gemachten Erkenntnisse, flossen nach einer gewissen Zeit in den Maschinenstyleguide ein. Da es sich bei diesem Projekt um eine zentrale Fertigungseinheit handelte, konnten erste Erfahrungen direkt in nachfolgende Projekte eingebracht werden. Sowohl der Interface- als auch Maschinenstyleguide wird ständig mit Informationen aktualisiert und konnte nachfolgende Projekte mit objektiviertem Wissen versorgen. Er ist heute eine zwingende Werknorm dieses Unternehmens!

Die Grundlagen des Corporate Designs basieren also in erster Linie auf denen des Interfaces. Damit wird sichergestellt, dass ein stark formal gewichtetes Erscheinungsbild - ein so genanntes „Styling" - vermieden wird. Man kann sogar so weit gehen, dass ein primär auf dem Interface aufgebautes Corporate Design, sich in einer konsistenten Bedienung widerspiegelt und dem Bediener dies bei seinen vielzähligen Bedienschritten jedes Mal „begreifbar" macht. Dieser Corporate-Design-Mehrwert kommt dem Bediener solcher Maschinen im direkten Einsatz zu nutze, reduziert z.B. die Einlern- und Bedienzeiten.

4   Quantifizierbare Bedienoptimierung des neuen Corporate Designs

Häufig steht beim Corporate Design die eindeutige Herstellerkennzeichnung im Vordergrund. Welchen direkten Vorteil dies dem Betreiber oder Benutzer bringt, ist in Zahlen oft nicht messbar. Hingegen ist bei einer ergonomisch fundierten Vorgehensweise, eine quantifizierbare Verbesserung möglich.

In wieweit ein Corporate Design eine quantifizierbare Bedienoptimierung vorweisen kann, wird im Folgenden beispielhaft beschrieben.

4.1 Corporate Design verbessert den Komfort um 32%

Ein wichtiger und grundlegender Aspekt bei der ergonomischen Auslegung von Maschinen ist die Griffstangenposition. Die Griffe an den Maschinen ermöglichen dem Bediener während des Einrichtvorganges den Zugang zu wichtigen Funktions- bzw. Wirkelementen. Dabei spielt die Position bei dem dynamischen Öffnungsvorgang eine wichtige Rolle für einen positiven Komforteindruck. Was einem in der Ausgangsposition noch ein angenehmes Gefühl vermittelt, kann in der

Endposition schon ein Unwohlsein auslösen. Über ein komplexes Anlagensystem addieren sich diese Eindrücke bei der Bedienung insbesondere durch das Verlassen der Komfortbereiche in unangenehmer Weise auf.

Die Aufgabe eines modernen Corporate Designs besteht also auch in der konsistenten Gestaltung von Griffstangenpositionen, die bei einem dynamischen Öffnungsvorgang die Komfortbereiche des Bedieners berücksichtigen. Am Beispiel der Zusammentragmaschine (ZTM 3697) wird diese Neugestaltung an den Griffstangen erläutert.

Um bei geöffneter Schwenktür die alten Griffstangen zu erreichen, muss der Bediener seinen Handgelenkswinkel um 33° (Dorsalextension) (Bullinger 1994) schwenken. Diese Zwangshaltung ist 32 % außerhalb des Komfortbereiches (Dreyfuss 2002). In der Neugestaltung der Maschine wurde die Griffposition so realisiert, dass bei der geöffneten Schwenktür der Griff mit einem idealen Winkel (0°) zur Hand-Arm-Achse gegriffen werden kann. Dieser Winkel kann beim kompletten Schwenkvorgang nahezu innerhalb des Komfortbereichs gehalten werden.

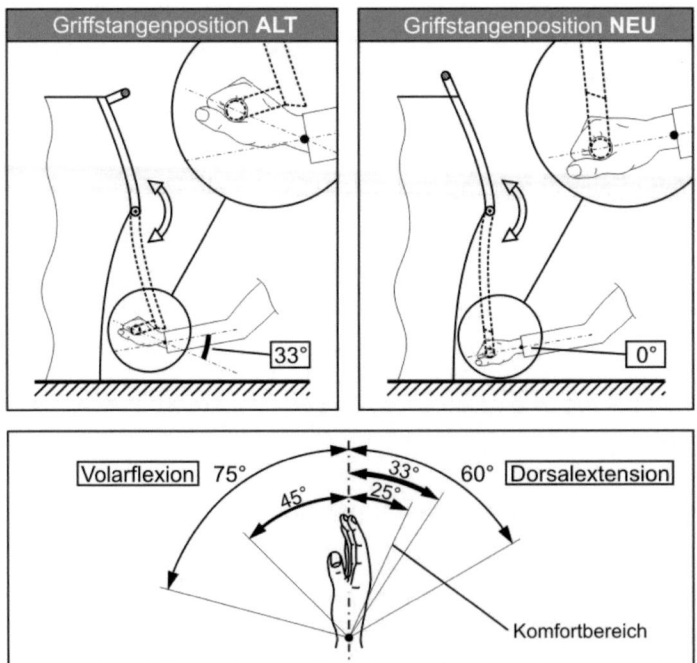

Abbildung 4:   Komfortverbesserung durch Neugestaltung der Griffstangenposition

4.2 Corporate Design verringert die Flächenpressung um 37%

Sowohl im Einrichtvorgang als auch während des Produktionsvorganges wird der erste Kontakt zwischen Mensch und Maschine über die Griffe bzw. Griffstangen realisiert. Beim ersten Zugriff hinterlässt das Corporate Design somit einen bleibenden Eindruck – im positiven als auch negativen Sinne! Im übertragenen Sinne könnte man sagen: „Corporate Design liegt gut in der Hand."

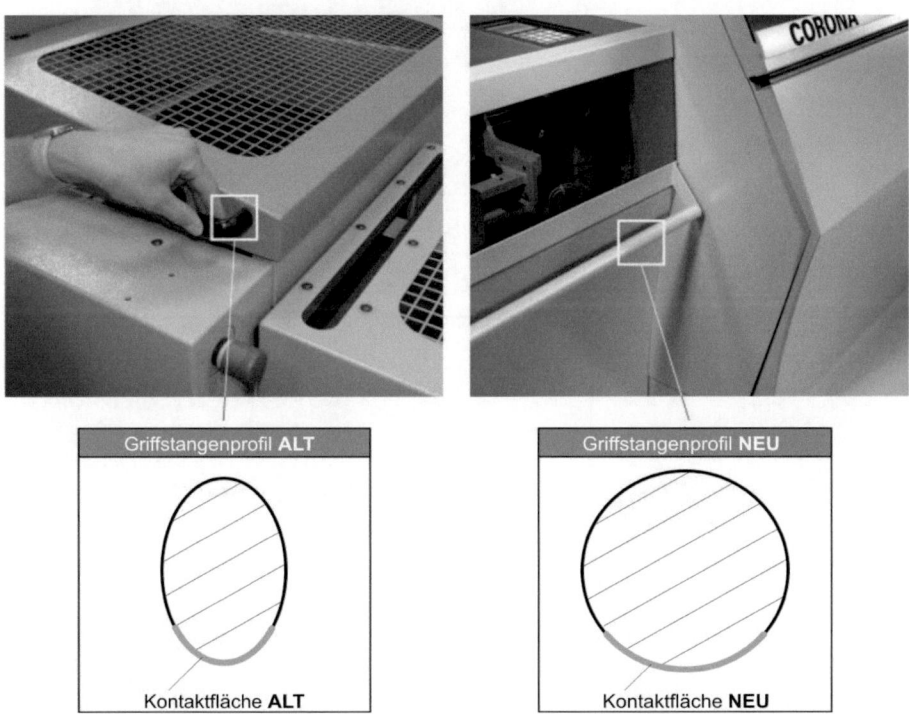

Abbildung 5: Reduzierung der Flächenpressung durch Veränderung des Griffquerschnittes

Bei den Türen handelt es sich meist um die Kategorien der Schwenk- und Schiebetüren. Horizontale und vertikale Griffstangen zeigen dem Bediener die Bedienrichtung an. Durch die Bedienbewegung findet eine Relativbewegung zwischen Hand und Griffoberfläche statt. Diese Bewegung wird durch ein rotationssymmetrisches (kreisrundes) Profil erleichtert. Beim Vergleich zwischen den alten elliptischen und den neuen kreisrunden Griffquerschnitten kann bezüglich der Flächenpressung folgendes festgestellt werden:

Beim Anheben einer Tür wird die Last über die Kontaktfläche zwischen Griff und Hand übertragen. Umso größer diese Fläche, desto geringer die Flächenpressung auf die Hand. Wird eine gewisse Flächenpressung überschritten, ist die Schmerzgrenze erreicht ($p_{FLzul} < 0,2$ N/mm^2) (Maier, Schmid 2008). Wer will schon sein Produkt mit schmerzlichen Erinnerungen in Verbindung bringen?

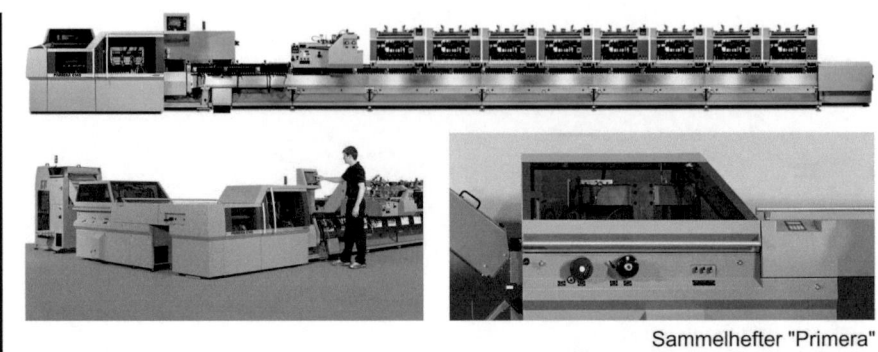

Sammelhefter "Primera"

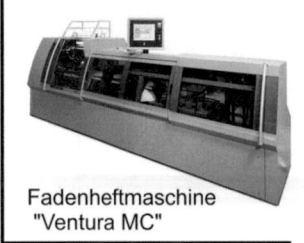

Fadenheftmaschine "Ventura MC"

Rollenoffsetmaschine "Alprinta"

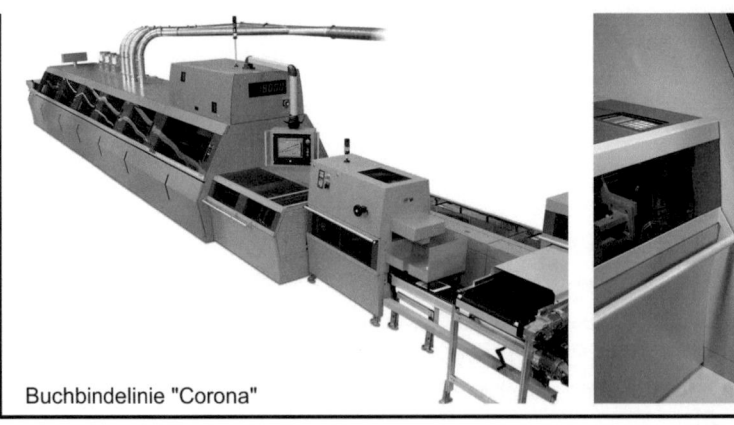

Buchbindelinie "Corona"

Abbildung 6: Aktuelles Erscheinungsbild der Müller Martini Anlagesysteme im neuen Corporate Design (Quelle aller Bilder: *www.mullermartini.com*)

Markus Schmid und Thomas Maier

5   Fazit

Corporate Design ist heutzutage in aller Munde und häufig ein doch sehr inflationär verwendeter Begriff.

Nach unserer Auffassung sollte einem konsequenten Corporate Design eine fundierte Bedien- und Ergonomieanalyse an allen Anlagesystemen als Basis vorausgesetzt werden. Auf diese ersten Interfacegestaltkriterien werden in einem zweiten Schritt die Maschinengestaltkriterien aufgebaut. Damit wird eine formal zu starke Orientierung der Gesamtgestalt vermieden. Die häufig zu starke Gewichtung auf ein formal durchgängiges Maschinendesign, geht letztendlich auf Kosten des Interfacedesigns und damit einer benutzergerechten Bedienung.

Corporate Design im Sinne einer Produktgestaltung sollte sich primär mit den Mensch-Maschine-Kriterien beziehen. Das visuelle Erscheinungsbild dieser Anlagesysteme ist der erste Kontakt und äußert sich im so genannten Gefallensurteil (Maier, Schmid 2008). Diese häufig auf formale Kriterien basierenden Gestalten sind z.B. für einen Messeauftritt von großer Bedeutung. Die Akzeptanz von den Bedienern einer solchen Anlage beruht häufig auf den funktionalen Kriterien, die sich in der direkten Bedienung widerspiegeln. Nur wenn ein Corporate Design, das auf Interfacekriterien basiert, das visuelle Versprechen auch in einer konsistenten, einfachen und intuitiven Bedienung hält, kann von einem erfolgreichen und ehrlichen Design gesprochen werden, was aus unserer Sicht eine echte Innovation darstellt (Maier 2008)!

Literaturverzeichnis

Abdullah, R. 2002: Corporate Design, Kosten und Nutzen. S. 11-18, Mainz: Verlag Hermann Schmidt

Birkigt, K.; Stadler, M.M.; Funck, H.J., 2000: Corporate Identity, Grundlagen - Funktionen - Fallbeispiele, S. 21, München: Verlag Moderne Industrie

Bürdek, B. E. 2005: Design, Geschichte, Theorie du Praxis der Produktgestaltung. S. 349, Basel: Birkhäuser-Verlag

Bullinger, H.-J. 1994: Ergonomie. S. 313, Stuttgart: B.G. Teubner

Dreyfuss, H. 2002: The Measure of Man & Woman. S. 16, New York: John Wiley & Sons

Götz, A. 2008: Ein adaptiver Konstruktionsprozess für Ingenieure und Designer. Dissertation, Bericht Nr. 541. Stuttgart: IKTD, Universität Stuttgart

Koppelmann, U. 2001: Produktmarketing, Entscheidungsgrundlagen für Produktmanager. S. 276-277, Berlin: Springer-Verlag

Maier, T. 2008: Moderne Maschinen müssen nicht nur produzieren, sondern auch kommunizieren. Interview in: panorama - Das Kundenmagazin von Müller Martini Juli, S. 12-14,

Maier, T., Schmid, M. 2008: IDeEnKompakt, Manuskript zu den Vorlesungen Technisches Design I/II und Technisches Design III/IV. Online-Version unter: www.iktd.uni-stuttgart.de/design. Stuttgart: IKTD, Universität Stuttgart

Maier, T., Schmid, M. 2005: Usability-Faktor zu objektiven Bewertung von Interfacekonzeption. In: Zustanderkennung und Systemgestaltung, 6. Berliner Werrkstatt, Fortschritt-Berichte VDI Reihe 22 Nr.22, S. 255-258

Kontakt

Dr.-Ing. M. Schmid,
Universität Stuttgart
Institut für Konstruktionstechnik und Technisches Design
Forschungs- und Lehrgebiet Technisches Design
Pfaffenwaldring 9
70569 Stuttgart
www.iktd.uni-stuttgart.de

Prof. Dr.-Ing. T. Maier
Universität Stuttgart
Institut für Konstruktionstechnik und Technisches Design
Leiter Forschungs- und Lehrgebiet Technisches Design
Pfaffenwaldring 9
70569 Stuttgart
www.iktd.uni-stuttgart.de

Der umgedrehte Kandinsky: Fläche zu Linie und Punkt

Rainer Groh

1   Vorbemerkung

In diesem Aufsatz soll ein Widerspruch, den jeder Entwerfer bei der Benutzung einer CAD-Software auszutragen hat, untersucht werden. Es handelt sich konkret um den Konflikt zwischen dem elementeorientierten Konzept auf welchem die CAD-Systeme beruhen und der ganzheitlich orientierten Zielvorstellung des Entwerfers. Man könnte diesen Konflikt als »kulturgegeben« hinnehmen – nach dem Motto, dass ein jeder, der Werkzeuge benutzt, auch damit rechnen muss, dass diese sich im Werkstück abbilden. Doch ist die Einflussnahme des Werkzeugs CAD-Software von einer neuen Qualität gekennzeichnet. Anders als eine Drehbank, die alles streng rotationssymmetrisch werden lässt, wirkt die Software bis in die Denkmuster des Nutzers hinein. Er muss mit dem anonymen Programmierer kommunizieren und er muss dessen strukturelle Einflussnahme akzeptieren und produktiv nutzen. So will der Designer einerseits ein Objekt als Rohr definieren und muss es andererseits mittels einer booleschen Operation (Zylinder A minus Zylinder B) »herstellen« und im Objektmanager speichern.

Das Augenmerk wird im Folgenden auf die gestaltstrukturellen Aspekte gelenkt. Dabei nimmt die Betrachtung ihren Ausgang bei den Gestaltungstheorien der Bauhäusler und anderer Vordenker der gestalterischen Moderne. Der in der Überschrift umgedreht zitierte Buchtitel Kandinskys (»Punkt und Linie zu Fläche«) kann sowohl als Programm aller Szenenaufbauverfahren (Modellierung) als auch der Verwaltungsformen von 3D-Objekten und ihrer Modellierungsgeschichte verstanden werden. Was die Scenegraphs in 3D-Engines, Animationsprogrammen oder 3D-Modellierungsprogrammen verbindet, ist die »Bottom-up-Philosophie«. Vom

Element führt ein Weg zum Ganzen. Dieser Gedanke motiviert alle in den 20er Jahren des letzten Jahrhunderts in Europa entstandenen »Grundlehren des Gestaltens«. (Kandinsky 2004) Die kognitionswissenschaftliche Basis bilden die »Gesetze des Sehens«. (Metzger 1953) Die Gestalter, Künstler und Architekten jener Zeit gelten als Avantgarde. Diese Einschätzung lässt sich relativieren: Sicher haben sie in programmatischen Texten der Tendenz ein Gesicht und einen Ausdruck gegeben und Leitbilder gesetzt, aber letztlich folgen sie auch den Forderungen der aufkommenden Globalisierung der Massenproduktion. (»Bauhaus-Manifest« von 1918) Standardisierung, Metrisierung und Modularisierung zu Baukästen sind die Bedingungen moderner Fertigung.

Überlagert wird diese Entwicklung von der Tendenz zur Versprachlichung. Nur eine elementarisierte Entwurfstechnik lässt sich gut beschreiben und speichern. Von hier aus ist es nur ein kleiner Schritt hin zu den Programmiersprachen, also den Codes. Auf der Ebene der CAD-Software ist die reversible Verknüpfung von Sprache und Objekt (als Bild) realisiert, wenngleich die hier zur Anwendung kommende Sprache noch keine literarischen Qualitäten besitzt. Der geschilderte Zustand stellt einen Standard dar, der im Ingenieurbereich weitgehend als gegeben und klaglos akzeptiert wird. Ja, es gilt als Qualitätskriterium, wenn Sprache die Welt eindeutig abbildet. Der Siegeszug der Semiotik als Möglichkeit einer Verwissenschaftlichung der gestalterischen Methoden ist hieraus zu erklären. Eine »semiotisierte«, d. h. auf Elementarisierung beruhende Gestaltungslehre scheint perfekt zu einer ebenso gearteten technischen Entwurfslehre zu passen. Über alles ließe sich der Begriff der funktionalen Gestaltung bzw. des Funktionalismus´ stellen.

An dieser Stelle kann der eingangs bezeichnete Widerspruch präzisiert werden. So gehen einerseits mit dem *elementeorientierten Konzept*, auf welchem die CAD-Systeme beruhen, Versprachlichung, »Vertextung« und Codierung (Zeichenbildung) einher und andererseits ist die *ganzheitlich orientierte Zielvorstellung* des Entwerfers an Bilder gekoppelt. Diese Zielvorstellung realisiert der Gestalter – wenn auch in schwindendem Maße – händisch direkt. Kurz gesagt er zeichnet oder er plastiziert in einem geeigneten Material.

2 Bild vs. Text: Positionen

Das als problematisch gekennzeichnete Verhältnis von Semiotik und Bild soll nun genauer betrachtet werden. Dazu werden Positionen verschiedener Autoren vorgestellt. Was dabei ein Text respektive ein Zeichensystem ist, scheint klar zu sein. Doch was ist ein Bild? Diese Frage zielt in einfacher Fassung auf das zentrierende

Problem. Fragt man im Sinne funktionaler Gestaltung ‚Wie funktioniert ein Bild?', hat man das Problemfeld zwar verdichtet, doch hat die Frage nicht mehr die ‚Unschuld' der ersten Frage. Das Bild ist im Sinne der zweiten Frage Mittel der Kommunikation. Es wird so zum Objekt semiotischer Forschung. Ausdruck dieser Einheit sind Begriffe wie Bildsprache, Architektursprache oder Filmsprache. Die ‚wohlgemeinte' Hilfestellung der Semiotik verkehrt sich jedoch für diese in ein Zuständigkeitsproblem: Insbesondere auf syntaktischer Ebene zeigt sich, dass Bilder als komplexe Ganzheiten nur schwer zu elementarisieren sind. Sachs-Hombach warnt: „Als atomare Zeichen aufgefasst, besäßen Bilder eine Syntax nur in dem Sinne, dass Regeln spezifizieren, in welcher Weise Bilder zu Bildfolgen verbunden werden können". (Sachs-Hombach 1999a, 63) Strothotte betont eben-falls die spezifische Rolle des Bildes, wenn auch indirekt: Visionen, dass „künftig alle Mensch-Computer-Interaktionen allein durch physische Handlungen durchge-führt werden können und Sprache völlig überflüssig ist ... beruhen auf der simplen Beobachtung, dass die Welt aus der Sicht des Menschen aus einem Kontinuum besteht, während Sprache die Welt zerlegt in kleine, diskrete Symbole, welche nicht geeignet sind, dieses Kontinuum zu modellieren". (Strothotte 1994, 211) Plümacher relativiert dies: „Der direkte Vergleich von Sprache und Bildern führt ... in eine Sackgasse. Fragt man danach, ob sich grundlegende Prinzipien der linguistischen Syntaxforschung übertragen lassen, muss die Antwort keinesfalls so negativ ausfallen". (Plümacher 1999, 48) Die Zitate verdeutlichen, dass die Spezifik von Bildern dann erkennbar wird, wenn deren Verhältnis zur Sprache geklärt wird. Die Anwendung von Semiotik auf Bilder lebt von der Annahme bestimmter Analogien bildhafter zu sprachlichen Aussagen. Letztlich geht es nicht nur um Durchdringun-gen der Gebiete sondern auch um Grenzziehungen.

Die Übertragbarkeit des semiotischen Ansatzes hängt von der maßgeblichen Voraussetzung ab, dass der semiotische Ansatz primär ein analytischer ist. Wal-denfels spricht von dem mit einer „Hypothek" belasteten Zeichenmodell. Wird ein Bild als Mittel, „als *Werkzeug*" begriffen, kann es nur zur „*Wiedergabe* und *Weiter-gabe* von Sinn" dienen. (Waldenfels 1984, 243) Das, was Künstler und Gestalter benennen, wenn sie nach der eigentlichen Wirkung ihrer Werke gefragt sind, also dass sie eingreifen wollen in gesellschaftliche und kulturelle Prozesse, dass sie ‚Zeichen setzen' und eben nicht nur gebrauchen wollen, kann durch Semiotik nur unzureichend beschrieben werden. „Es geht nicht in isolierter Blickrichtung darum, *was Kunstwerke an Wirklichkeit abbilden*, sondern übergreifend darum, *wie sie in der Wirklichkeit funktionieren*." (Franz 1986, 8) Holz geht soweit, den Zugang zum Werk über die Konventionalität als kunstschädlich darzustellen. „Die Überantwortung der Bedeutung an einen assoziativen Automatismus [z. B. bei Duchamps Flaschentrockner] ... beraubt das Werk des Bedeutungskerns ..." (Holz 1996, 73) Bereits Worringer meinte am Anfang des 20. Jahrhunderts mit der „literarischen Erregung" jene Wahrnehmung und Erkenntnis, die mit eigentlicher Kunst wenig zu tun hat. (Worringer 1981, 29) Man kann Semiotik also nur da sinnvoll einsetzen, wo analytische Absichten bestehen, wo ein „semiotischer Grundkonsens" nicht nur notwendig, sondern auch produktiv ist. (Franz 1986, 105)

Wenn die Eignung des semiotischen Modells im Bereich der Bildanalyse diskutiert wird, dann birgt die syntaktische Ebene die entscheidenden Kriterien. Hier trifft die Semiotik auf Gestaltungs- und Kunstlehren, die sich mit ihren Regelwerken auch auf die zeichentheoretisch relevanten Bildstrukturen und Repertoires beziehen. Die Affinität der Syntaktik zur repertoirebasierten Gestaltungslehre ist offensichtlich und es ist paradox, dass sich gerade hier die ‚Grenzen' einer semiotischen Durchdringung von Bildern zeigen. Franz baut jedoch eine Brücke: „Das bildhafte Denken ist ... dem begrifflichen Denken nicht einfach gegenüberzustellen, es ist selber eine spezifische Form begrifflichen, d. h. klassenbildenden und über Klassen operierenden Denkens. Alle Konstituierungsverfahren des Rationalen - insbesondere Abstraktion und Konstruktion – haben im bildhaften Denken ihre Grundform ..." (Franz 1986, 78) Doch es ist weiterhin zu warnen. Syntax gehört zur Welt der Semiotik und diese klärt den Zeichengebrauch auf. Semiotik wurzelt in der Welt der Sprache. Sprache ist einerseits ein künstlerisches Mittel und andererseits bevorzugter Gegenstand semiotischer Forschung. Sprache ist die Heimat der Zeichentheorie, so intensiv auch die Bemühungen waren, das semiotische Modell auf andere Kunstgattungen zu übertragen. Der Riss zwischen Sprache und Bildschaffen zeigt sich in den künstlerischen Mitteln. Schlegel lässt in einem fiktiven Gespräch über „die Gemählde" Louise zu dem Maler Reinhold, dessen Zeichnung nicht recht gelingen will, sagen: „Er [ein dritter Gesprächspartner, der Übersetzer Waller] hat ... nur Deutsche Worte, Töne und Rhythmen, Sie nur schwarze Kreide." (Schlegel 1996, 15) Waller versucht, zwischen den Welten zu vermitteln: „Es fällt mir nicht ein, mit der Sprache eben das ausrichten zu wollen, was nur ein sinnlicher Ausdruck leisten kann. Ich sage bloß, dass sie fähig ist den Geist eines Werkes der bildenden Kunst lebendig zu fassen und darzustellen." (Schlegel 1996, 19) Imdahl bemerkt hierzu: „Einerseits ist nicht zu bezweifeln, dass [ein] ... Bild auf Texten, das heißt auf sprachlicher Narration beruht und deren notwendige Sukzessivität in evidente szenische Simultaneität verwandelt.... Was sie aber als ... Simultaneität zur unmittelbaren Anschauung vergegenwärtigt, ist im Medium der Sprache weder als empirische Tatsache zu beschreiben noch als imaginäre Vorstellung zu erzeugen." (Imdahl 1984, 310)

3   Autonomie des Bildes

Die letztlich bemerkte Autonomie des Bildes gründet auf den folgenden fünf Eigenschaften. (vgl. Abb. 1) Es sind jene Eigenschaften, die mit den Wahrnehmungsgesetzen verknüpft sind. Die klassische Kompositionslehre zielt auf diese Eigenschaften.

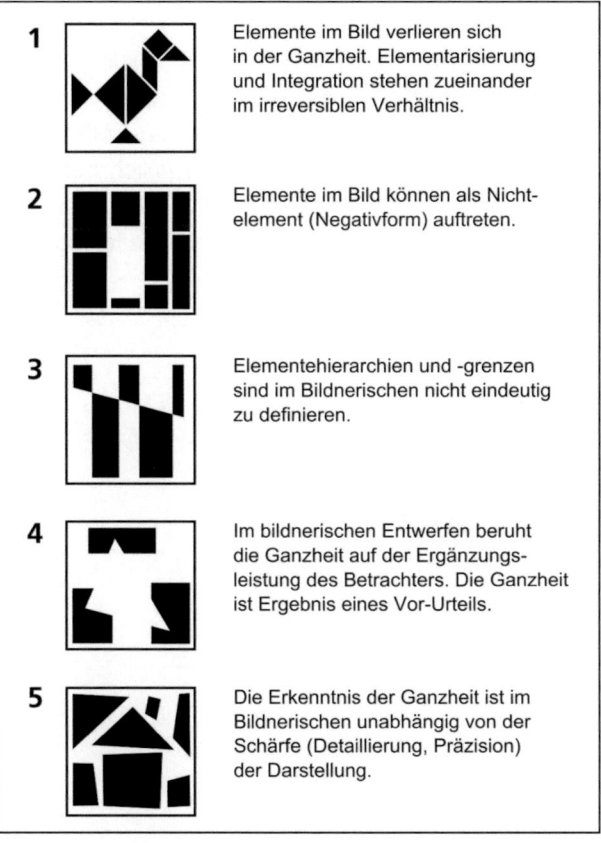

1 Elemente im Bild verlieren sich in der Ganzheit. Elementarisierung und Integration stehen zueinander im irreversiblen Verhältnis.

2 Elemente im Bild können als Nichtelement (Negativform) auftreten.

3 Elementehierarchien und -grenzen sind im Bildnerischen nicht eindeutig zu definieren.

4 Im bildnerischen Entwerfen beruht die Ganzheit auf der Ergänzungsleistung des Betrachters. Die Ganzheit ist Ergebnis eines Vor-Urteils.

5 Die Erkenntnis der Ganzheit ist im Bildnerischen unabhängig von der Schärfe (Detaillierung, Präzision) der Darstellung.

Abbildung 1:   Innere strukturelle Eigenschaften des Bildes

An dieser Stelle muss folgende Einschränkung bemerkt werden: Die bisherige Betrachtung geht vom statischen Bild aus. Zudem fand die Rolle des Betrachters, seines Ortes und seines Zeitverhaltens bisher keine Beachtung. Dynamische Bilder und Animationen sollen auch weiterhin aus der vorliegenden Betrachtung ausgeschlossen bleiben; jedoch muss die Betrachter-Bild-Situation einbezogen werden. Es wären also im Rahmen künftiger Betrachtung weitere Merkmale bzw. Wirkungsbedingungen von Bildern zu erfassen.

Die scheinbar triviale Eigenschaft des Bildes ist der Rahmen. (vgl. Abb. 2) Er grenzt die Bildinhalte vom Umfeld ab. Er gehört je nach Raumtyp des Bildes einmal mehr zum Bild und einmal mehr zum Betrachter. Das heißt, dass der Rahmen bei flächigen Bildern Teil dieses Bildes ist; der Rahmen von Tiefenbildern ist als Erweiterung des Betrachters aufzufassen. (Groh 2005, 86 ff.) In jedem Fall erzeugt der Rahmen einen Raum. In diesem bestehen Relationen bzw. Kausalverhältnisse zwischen den Elementen (die Kugel gehört in die Mulde). Des Weiteren dienen Bilder zur Aufzeichnung von Prozessen. Diachronie wird in Gleichzeitigkeit verwandelt. Bilder binden also Zeit (die Kugel ist gleich in der Mulde). Und schließlich gehören Bilder einem Betrachter. Dieser ist mehr oder weniger zeitlich und räumlich mit ihnen verkoppelt. Der Betrachter überträgt seine anthropologischen Konstanten und seine leibabhängige Welterfahrung (Senkrechte, Horizont, Tiefenstaffelung, Gewicht, Haptik, ...) auf die Bildelemente.

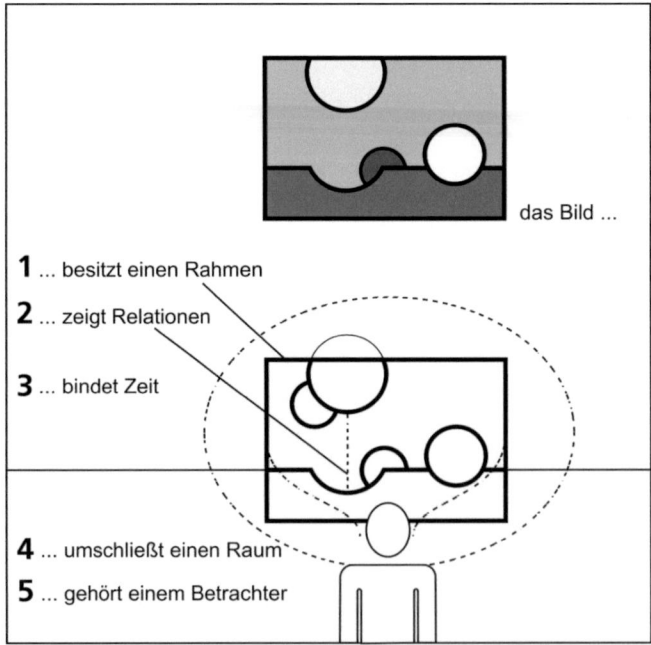

das Bild ...

1 ... besitzt einen Rahmen

2 ... zeigt Relationen

3 ... bindet Zeit

4 ... umschließt einen Raum

5 ... gehört einem Betrachter

Abbildung 2:   Äußere kontextuelle Eigenschaften des Bildes

Im folgenden Abschnitt werden die auf theoretischer Ebene diskutierten Widersprüche konkretisiert. Es wird zur eingangs bezeichneten Ebene des praktischen Werkzeuggebrauchs rückgekehrt. Letztlich soll eine Gegenüberstellung von traditioneller Entwurfstechnik (Zeichnung und Mock-Up) und digitaler 3D-Entwurfspraxis zuerst die konkreten Konfliktfelder zeigen und schließlich sollen ebenso konkrete Lösungsansätze ermittelt werden. Die in Abbildung 3 gezeigte Tabelle erfasst die Stärken und Schwächen der beiden Verfahren in überzeichneter Weise. Abbildung 4 zeigt hingegen die Gemeinsamkeiten.

Die einzelnen Aspekte sind zu Themenkomplexen gruppiert. Einige der sich nicht selbsterklärenden Begriffe sollen im Folgenden kurz erläutert werden:

Komponiertheit: Beim Modellieren mit einem CAD-Werkzeug erfolgt eine Addition der Elemente. Erst in nachfolgenden Schritten können Objekte verknüpft und gruppiert werden. Das Platzieren der Objekte geschieht zudem unter dem Vorbehalt der Vorläufigkeit. Zeichnerische oder plastisch modellierende Entwurfsprozesse geschehen von vorn herein im Sinne des kompositorischen Ausspannens bzw. Auswägens der Gestalt.

Kontextbezogenheit: Ein Zeichner wird bei der Anlage einer Form bereits den Kontext des Papierformats mit einbeziehen. Selbst Skizzen und Detailstudien werden grafisch in Bezug auf das Gesamtfeld angeordnet. Das Objekt wird als Motiv erfasst. Anderes geschieht bei der Nutzung eines CAD-Systems. Hier erscheinen Grundobjekte im Moment des Erstellens prinzipiell zentriert um den Nullpunkt. Eine gezielte Berücksichtigung des Formats (des Sichtfeldes der Kamera) kann hier nur aufwändig realisiert werden.

Konvexität: Während beim Zeichnen und Plastizieren eine Gleichberechtigung von positiven und negativen Formen herrscht, dominiert beim Nutzen eines CAD-Systems eine Interpretation der Objekte als ausgedehnte Volumen.

Multiperspektivität: Ein Zeichner (und weniger ein Modellbauer) vereint in der Regel mehrere Sichten (Blickwinkel und –richtungen) in seinem Werk. Die virtuelle Kamera in CAD-Systemen »schaut« hingegen monoperspektivisch. (Franke et. al. 2007 und 2008)

Was folgt aus der in Abbildung 4 gezeigten Tabelle? Einerseits kann festgestellt werden, dass offensichtlich die Verfahren Eigenheiten besitzen, die je nach Ziel effektiv eingesetzt werden können. Eine andere Schlussfolgerung kann darin bestehen, dass Anstrengungen zur Verknüpfung der Vorteile zu einem neuen System-Konzept sinnvoll sind. Denn wie sähe der Gegenentwurf aus zur heutigen »Arbeitsteilung« der Techniken? Sicher ist, dass am Ende ein computerbasiertes System entsteht, welches aber hinsichtlich der Einbeziehung der Nutzer weniger hermetisch als die gegenwärtigen Systeme arbeiten wird.

		Traditionelles zeichnerisches Entwerfen	CAD-gestütztes Entwerfen
Struktur	Reversibilität (Rückverfolgbarkeit der Struktur)		●
	Mehrdeutigkeit (Mehrfacheinbindung von Elementen)	●	
	Oberflächenorientiertheit (Latenz der Innenstruktur)	●	
Metrik	Parametrisierbarkeit (maßliche Konsistenz)		●
	Definiertheit (geometrische Präzision; Skalierbarkeit)		●
Situation	Komponiertheit (Integrative Tendenzen)	●	
	Kontextbezogenheit (Einbeziehung der Situation des Darstellens)	●	
	Konvexität (Dominanz der »positiven« Form)		●
Interaktion	Kontrollierbarkeit der Silhouette (Flexibilität der Sichten)		●
	Multiperspektivität (Elementabhängigkeit des Abbildungsverfahrens)	●	
	Unmittelbarkeit des Anschauung (Subjektivität der Sicht)	●	
	Leibabhängigkeit (Unmittelbarkeit der Manipulation)	●	

Abbildung 3:   Unterschiede der Entwurfsverfahren

Abbildung 4: Gemeinsamkeiten der Entwurfsverfahren

5 Lösung des Widerspruchs

Eine erste Sichtung der Aspekte unter dem Leitgedanken ihrer Verknüpfbarkeit zeigt, dass sich vorzugsweise die in Abbildung 5 erfassten Aspekte eignen: So wäre eine Konturkontrolle durch eine stärkere Einbeziehung der feinfühligen Operativhandlungen des Nutzers wirkungsvoller möglich. Dabei könnte auch das Dogma der Beweglichkeit des Objektes und des scheinbar ruhenden Betrachters aufgehoben werden. Die Subjektivität des Blicks wird gesteigert durch die Zuwendung des Betrachters. Dabei kann auch der Entwurfs-Kontext (das Frustum, der Bauraum, der Bodenbereich) bewusster einbezogen werden. Die Metrik der Objekte wird bei konventionellen CAD-Systemen latent mitgeführt. D. h. im Attribute-Manager können alle Maße dargestellt werden. Eine Einbeziehung der Maßdaten in die Silhouettenkontrolle (oder auch Schnittkontrolle) würde die Aussagekraft dieses Prüfvorgangs steigern.

Bevor die eben erfolgte Ideenskizze konkretisiert wird, sollen einige aktuelle Ansätze überblicksweise zusammengestellt werden, die im Umfeld der hier vorgestellten Überlegungen relevant erscheinen. Insbesondere wird das Augenmerk auf jene Ansätze gelenkt, die für eine ganzheitliche Interaktion stehen. D. h. die Auge-Cursor-Kopplung wird nicht mehr als die alleinige Möglichkeit gesehen. Der Leib »kehrt zurück«.

Das Feld spannt sich zwischen raumgreifenden virtuellen Projektionssystemen (CAVE) in denen der Leibesort und die Leibesrichtung getrackt werden und den Touch-Displays zur Erfassung von Fingergesten auf mobilen Endgeräten (iPod Touch). Wii-Controller (Wiimote) lassen Spiele durch Gesten und Bewegungen steuerbar werden. Nicht zu vergessen sind die Weiterentwicklungen auf dem Displaysektor (autostereoskopische Displays), die für eine räumliche Projektion sorgen, ohne dass der Betrachter eine 3D-Brille tragen muss. Zudem verschmelzen die Sensoren auf Grund ihrer Kleinheit immer mehr mit dem Nutzer. Displays werden biegsam und damit integrierbar in vielfältige Situationen. Hinter allen Entwicklungen sehen Soft- und Hardwaresysteme, die die zugrunde liegenden Modelle stützen. Angemerkt werden kann, dass die Forschung am Lehrstuhl Mediengestaltung auf die bezeichneten Felder ausgerichtet ist. (vergl. http://141.76.66.100/mg/)

		Traditionelles zeichnerisches Entwerfen	CAD-gestütztes Entwerfen
Metrik	Parametrisierbarkeit (maßliche Konsistenz)		◉
	Definiertheit (geometrische Präzision; Skalierbarkeit)		◉
Sit.	Kontextbezogenheit (Einbeziehung der Situation des Darstellens)	◉	
Interaktion	Kontrollierbarkeit der Silhouette (Flexibilität der Sichten)		◉
	Unmittelbarkeit des Anschauung (Subjektivität der Sicht)	◉	
	Leibabhängigkeit (Unmittelbarkeit der Manipulation)	◉	

Abbildung 5:   Verknüpfbarkeit der Aspekte

Die Fortschritte auf der Technologieseite können jedoch nicht darüber hinwegtäuschen, dass die Forschungslandschaft zum interaktiven menschlichen Verhalten noch große »weiße Flecke« enthält. Ein Beispiel: Der Aufenthalt in der CAVE wird trotz aller Trackingpräzision für den Nutzer rasch strapaziös und uneffektiv, da er seine räumlichen Erfahrungen und seine anthroplogischen Konstanten und Inertialsysteme nicht mit in das System nehmen bzw. nicht im System vorfinden kann. So gibt ihm kein Horizont Halt. Keine Senkrechte ist fühlbar. Kein Alltagsproportionssystem gestattet ihm die Abschätzung von maßlichen Gegebenheiten. Der Mensch wirft keinen Schatten. Kurz: der Raum bietet keinen Widerstand und keine Vergleichsmöglichkeit. Zudem weht kein Wind, Temperaturen spielen keine Rolle und nichts wird durch Düfte markiert. Nur im Bereich der taktilen Erfassung wird durch Force-Feedback-Systeme dem Tastsinn Stoff geboten. Es ist also noch ein langer Forschungsweg vom Zyklopenblick zum multisensuellen Wahrnehmen und am Ende zur »sinnlichen Erkenntnis«. Forschungen zur reichen Parametrisierung der Wahrnehmung sind notwendig, da ohne sie keine Übernahme der anthroplogischen Konstanten und Inertialsysteme in die Simulationen möglich ist.

Bevor eine Verknüpfung der in Abb. 5 erfassten Aspekte skizziert wird, soll auf ein weiteres Forschungsbrachland aufmerksam gemacht werden: Bislang spielte das Zeitregime, das beim Interagieren und Wahrnehmen herrscht, keine Rolle. Man weiß jedoch, dass es für räumliche Kontroll- und Prüfhandlungen sehr wichtig ist, in welchen Geschwindigkeiten sie ablaufen. Jeder Handwerker wird bestätigen, dass für jeden Prozess das rechte Zeitmaß zu wählen ist (Timing). Auch weiß jeder vom Zeitdruck beim Ausfüllen eines mehrseitigen Formulars im Internet.

Welche Ordnungssysteme der Zeit gibt es? Wie trifft ein Zeitregime auf ein anderes? Wie wird Zeit abgebildet? Gibt es interaktive Rhythmen und Taktungen? So oder ähnlich könnten Forschungsfragen einer »Zeitforschung« lauten.

Am Ende dieses Aufsatzes soll nun eine Integrationsmöglichkeit von traditioneller und virtueller Entwurfstechnik skizziert werden. Ausgangspunkt der Verknüpfung soll der Aspekt der Unmittelbarkeit der Manipulation und Operation sein (Leibabhängigkeit). Vorausgesetzt, es gäbe beispielsweise ein durch Gesten sicher und unmittelbar bewegliches virtuelles Objekt (also den Gestaltungsgegenstand), so wäre dieses einerseits aus dem Koordinatensystem des CAD-Systems zu lösen und andererseits durch »Bewegungsformate« in seinen Freiheiten wiederum einzuschränken. Der Raum (durch das Frustum umrissen) müsste in seinen Parametern (Helligkeit, Farbe, Tiefenindizien, Beleuchtung) als Kontext wirken. D.h. verschiedene Sets sollten spontan wählbar sein. (So hält der Handwerker auch einen Spalt spontan gegen das Licht, will er ihn kontrollieren.) Der Bildschirm ist also teils Bühne, teils Werkbank und teils Raumraster.

Die Rasterung des Raumes ist von besonderer Bedeutung: Von der Rissdarstellung der klassischen Konstruktionspraxis her weiß man, dass Zweidimensionalität Objektivität (Offenlegung der Maßstäblichkeit) erzeugt. Diese Flächigkeit ist mit dem Tiefenbild zu verbinden. Dies kann immer nur punktuell gelingen d. h. am Ort der Aufmerksamkeit. Durch intelligente Tooltips (Quickinfo) könnten präzise Maße und Parameter am Ort offen gelegt werden. Die Raumraster wären auch die Bezugssysteme der genannten Bewegungsformate (Rotation um Aufrechtachse,

Parallelverschiebung, erlebbare Stufungen, ...) Ein Sonderproblem stellt die nach-vollziehbare Skalierbarkeit von Objekten dar. Eine Volumenverdoppelung bei-spielsweise einer Kugel kann gemeinhin (also auch in der realen Welt) nicht abge-schätzt werden. Hier könnte der Einsatz von Farbe, indem sie als Code wirkt, helfen.

6   Schlussbemerkung

Im Sinne des Leitthemas der Tagung soll ein Beitrag zur »Rückeroberung« verlore-nen Terrains bei der *Gestaltung der Gestaltungswerkzeuge* geleistet werden. Designer waren lange Zeit Nachläufer einer Entwicklung, die (so die Ironie der Geschichte) durch ihre Väter einst angestoßen worden war. Ihnen käme es zu, hier angewandte Forschung zu leisten; sind sie es doch, die den Leib (schon) immer in ihre Lösungssuche einbeziehen. Doch zeigt die Skizze, dass eine Vielzahl der Forschungsfragen nur in der Zusammenarbeit von Informatikern, Konstrukteuren und Designern beantwortet werden kann. Das Programm dieser Forschung ist im umgedrehten Kandinsky-Titel verborgen, doch bedarf es noch einer Ergänzung. Es muss (bei allem Respekt vor Kandinsky) heißen: *Erlebnis zu* Fläche, Linie und Punkt ... *und zurück.*

Literaturverzeichnis

Franke, I. S.; Pannasch, S.; Helmert, J.; Rieger, R.; Velichkovsky, B. M.; Groh, R. 2008: Towards attention-centred interfaces in computer graphics: An aesthetic evaluation of perspective with eye tracking. Special Issue of ACM Transactions on Multimedia Computing, Communications, and Applications (TOMCCAP), ACM

Franke, I. S.; Zavesky, M.; Dachselt, R. 2007: Learning from Painting: Perspective-dependent Geometry Deformation for Perceptual Realism. Weimar: 13th Eurographics Symposium on Virtual Environments (EGVE), 15. -18. Juli

Groh, R. 2005: Das Interaktionsbild. TUDpress, Dresden

Kandinsky, W. 2004: Punkt und Linie zu Fläche. Benteli Verlag, Bern

Metzger, W. 1953: Gesetze des Sehens. Kramer, Frankfurt/M.

Sachs-Hombach, K. 1999: Gibt es ein Bildalphabet?. In: Sachs-Hombach, K. und Rehkämper, K. (Hg.): Bildgrammatik. Magdeburg: Scriptum-Verlag, 57 – 66

Strothotte, T. 1994: Informationsfluß durch Bilder in der Mensch-Computer-Interaktion. In: WEIDENMANN, BERND (Hg.): Wissenserwerb mit Bildern. Bern, Göttingen, Toronto, Seattle: Verlag Hans Huber, 195 – 213

Plümacher, M 1999: Wohlgeformtheitsbedingungen für Bilder. In: Sachs-Hombach, K. und Rehkämper, K. (Hg.): Bildgrammatik. Magdeburg: Scriptum-Verlag, 47 – 56

Waldenfels, B 1984 Ordnung des Sichtbaren. In: Böhm, G. (Hg.): Was ist ein Bild? München: Wilhelm Fink Verlag, 233 – 252

Franz, M. 1986: Wahrheit in der Kunst. Berlin und Weimar: Aufbau-Verlag

Holz, H. H. 1996: Der ästhetische Gegenstand. Bielefeld: Aisthesis Verlag

Worringer, W. 1981: Abstraktion und Einfühlung. Leipzig und Weimar; Gustav Kiepenheuer Verlag

Schlegel, A. W. 1996: Die Gemählde; ein Gespräch. Amsterdam, Dresden: Verlag der Kunst

Imdahl, M. 1984: Ikonik. In: Böhm, G. (Hg.): Was ist ein Bild? München: Wilhelm Fink Verlag, 300 - 324

Kontakt

Prof. Dr.-Ing. habil. Rainer Groh
TU Dresden, Institut SMT, Fakultät Informatik
01062 Dresden
http://web.inf-tu-dresden.de/mg/

Innovationen im Designprozess – über den sinnvollen Einsatz digitaler Medien

Frank Beier und *Thomas Maier*

1 Einleitung

Fortschritt bedeutet Veränderung. Technischer Fortschritt ist heutzutage nicht nur noch auf die rein technische Entwicklung zu beziehen, sondern immer mehr hinsichtlich moderner Entwicklungsmethodiken und -techniken. So ist im Ingenieurwesen eine Entwicklung ohne digitale Medien undenkbar geworden. Zahlreiche rechnerunterstützte Hilfsmittel wie zum Beispiel moderne CAD- und CAM-Software sowie implementierte FEM-Analysen gehören längst zum Alltag eines Ingenieurs. Dieser Trend begründet sich auf der ständigen Weiterentwicklung der Computertechnologien, welche wiederum auf die zunehmende Globalisierung zurückzuführen ist. Diese Globalisierung erfordert ein ausgeprägtes Kommunikationsnetz, wie zum Beispiel das Internet oder firmeninterne Intranets. Diese technologischen und methodischen Hilfsmittel stellen eine optimale Basis für eine dezentrale Produktentwicklung im Ingenieurwesen dar. Trotz dieser Entwicklung innerhalb der letzten zehn Jahre ist ein durchgängiger rechnerunterstützter Designprozess meist unüblich, da teilweise immer noch auf traditionelle Werkzeuge zurückgegriffen wird. Der Designprozess wird als Teil des integrierten Entwicklungsprozesses betrachtet und behandelt den Gestaltungsprozess (Götz 2008).

Dieser Beitrag beschreibt den aktuellen Stand der methodischen Design-Entwicklung anhand eines exemplarischen Vergleichs mit dem traditionellen Vorgehen. Hier werden in diesem Zusammenhang die entstehenden Vorteile und bestehende Schwachstellen einer digitalen Design-Entwicklung aufgezeigt. Bei diesem Vergleich wird deutlich werden, dass die technischen Möglichkeiten der Hardware bereits sehr weit entwickelt sind und eine potentiell gute Alternative und optimale Erweiterung der traditionellen Hilfsmittel darstellen. Zudem wird deutlich werden, dass der Grund für einen nicht durchgängigen digitalen Designprozess in der fehlenden Akzeptanz gegenüber neuen digitalen Medien liegt, da sich diese noch nicht vollständig etablieren konnten und daher bei den Entwicklern auch noch keine ausreichenden Erfahrungswerte vorhanden sind. Dies ist auf die bestehende Inkonsistenz innerhalb und Inkompatibilität zwischen den unterschiedlichen Entwicklungssystemen zurückzuführen. Diese Problematik erfordert beim Einsatz der digitalen Medien in der Entwicklung ein iteratives Vorgehen zwischen analoger und digitaler Welt und ist dadurch noch extrem zeit- und kostenaufwändig.

Diese Forschungsarbeit konzentriert sich auf die Entwicklung einer neuen Design-Methodik, dem digitalen Designprozess. Der digitale Designprozess steht für eine Abbildung der gesamten Produktdesign-Entwicklung mit Hilfe digitaler Medien und für eine deutliche Verbesserung der momentanen Entwicklungssituation.

2 Grundlagen: Der traditionelle Designprozess

Das Forschungs- und Lehrgebiet Technisches Design der Universität Stuttgart definiert den Begriff „Design" als die Entwicklung (Konzeption, Entwurf und Ausarbeitung) einer Produktgestalt im Rahmen einer systematischen und konstruktiven Produktentwicklung (Lindemann, 2005) nach den Anforderungen der Betätigbarkeit und Benutzbarkeit sowie der Sichtbarkeit und Erkennbarkeit. Die schrittweise Gestaltung des Designs erfolgt mit Hilfe des Designprozesses. Dieser Designprozess gilt als wichtiges Werkzeug der Produktdesign-Entwicklung und ist in jedem seiner Schritte Bestandteil wichtiger Entscheidungsfindungen in Forschung, Entwicklung und Vertrieb. Er ist über die vier Phasen einer methodischen Entwicklung (VDI 1985) häufig noch eine Kombination zwischen der realen und digitalen Welt. Abbildung 1 zeigt die Aufteilung der Designmethodik auf diese vier Phasen (Kellner 2007). Die Implementierung des Designprozesses ist exemplarisch am Beispiel der Konzeption eines Backofenbaukastens (Schmid 1995) dargestellt.

Die erste Phase, die so genannte Planungsphase, steht für die detaillierte Klärung der Aufgabenstellung. Dies beinhaltet zum einen die Analyse der umgebenden Situation und zum anderen die nähere Definition des Produktes. Daraus ergeben sich die Anforderungen an das Produkt hinsichtlich technischer Fähigkeiten, Produktion und dem Design. Diese drei Säulen eines technischen Produktes werden komplett parallel zueinander entwickelt. Im Designprozess werden an dieser Stelle bereits erste Ideen gesammelt. Diese Ideen werden zum Beispiel von Hand am Flipchart in einer Brainstorming-Sitzung generiert. Kreativität ist hier die wichtigste Kompetenz, da die technische Umsetzung bei diesen Ideen vernachlässigt werden sollte, um eine möglichst große Ideenvielfalt zu erzeugen. Die Anforderungsliste des Designprozesses umfasst die Mensch-Produkt-Anforderungen, welche sich in Betätigbarkeit/Benutzbarkeits- und Sichtbarkeit/Erkennbarkeits-Anforderungen aufteilen lassen.

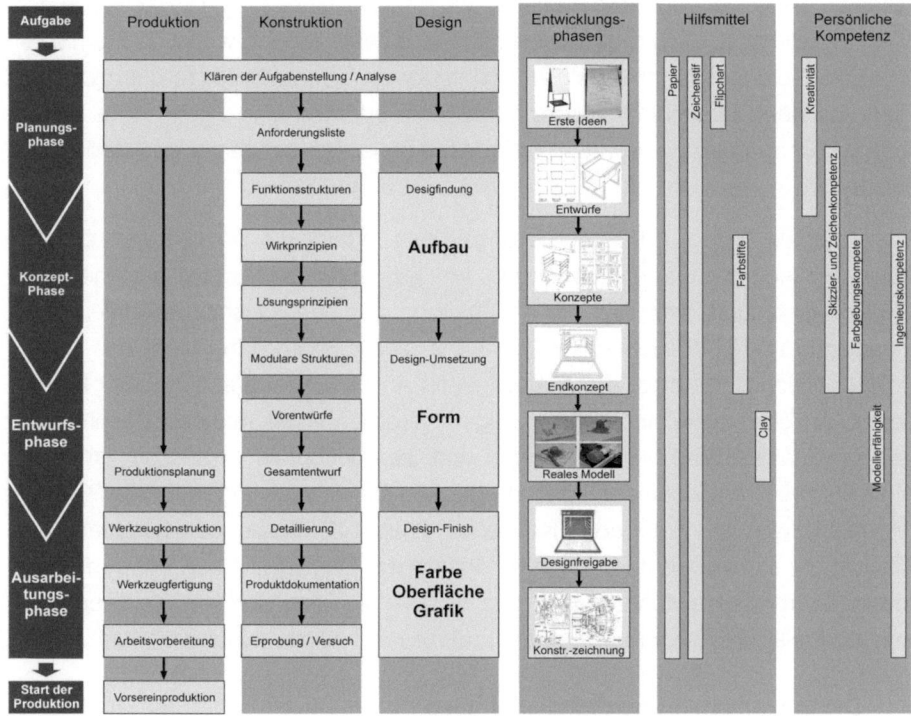

Abbildung 1:   Die Vorgehensweise im traditionellen Designprozess

Ab der zweiten Phase, der Konzeptphase, wird das technisch-funktionale Verständnis unabdingbar für die Gestaltung eines erfolgreichen Produkts, da hier Funktionsstrukturen und Wirkprinzipien erstellt werden. Diese Prinzipien werden gegeneinander evaluiert und ergeben die Lösungsprinzipien. Der Designprozess behandelt in dieser Phase den Aufbau der Produktgestalt. Konzeptentwürfe werden hier skizziert und von den Entwicklern und Verantwortlichen bezüglich ihrer Attraktivität und Umsetzbarkeit bewertet. Mit Hilfe von Körperumrissschablonen und vereinfachten 3D-Mensch-Modellen sind hier auch erste Ergonomieuntersuchungen durchzuführen und in die Konzepte einzuarbeiten. Neben dem bereits erwähnten technischen Verständnis ist in der Konzeptphase die Skizzierfähigkeit sehr gefordert, um die Ideen entsprechend visualisieren zu können.

Während der dritten Phase, der Entwurfsphase, wird mittels Funktionsstrukturen und Entwürfen das Endkonzept entwickelt. Parallel dazu wird die Form des Designs entwickelt. Die Entwicklung der Form erfolgt im Gegensatz zu den ersten beiden Phasen nicht auf dem Papier sondern mittels eines realen Modells aus dem Modellierwerkstoff Clay. Das reale dreidimensionale Modell wird von Fachleuten und Entscheidungsträgern evaluiert und iterativ weiterentwickelt bis die endgültige Form feststeht. Dieses freihändige Modellieren erfordert eine extrem hohe Fingerfertigkeit und Erfahrung, sodass hierfür ein eigener Berufszweig – der Modelleur – existiert.

In der letzten Phase, der Ausarbeitungsphase, erfolgt die Detaillierung, die Produktdokumentation und die Erprobung. Im Designprozess findet das so genannte *Designfinisch* statt, welches die Bearbeitung der drei Gestaltmerkmale Farbe, Oberfläche und Grafik beinhaltet. Am Ende dieser Bearbeitung steht das *Design Review*, welches mit einer projektbezogenen Abschlussbesprechung aller Projektverantwortlichen und Entscheidungsträgern vergleichbar ist. In dieser Besprechung wird ein finales reales Modell bewertet und gegebenenfalls verbessert. Ist dieses Modell soweit verabschiedet, können ebenfalls Detailzeichnungen für die Produktion erstellt werden. Am Ende der vierten Phase steht also das ausgearbeitete Produkt mit sämtlichen erforderlichen Unterlagen. Damit kann nun mit den Vorbereitungen zur Markteinführung (wie zum Beispiel die Erstellung von Werbeprospekten und Preislisten) begonnen werden und die Produktionsfreigabe erfolgen.

3   Die Implementierung digitaler Medien

Im Zuge der zunehmenden Modernisierung wurden innerhalb der letzten Jahre immer mehr digitale Hilfsmittel für Forschung und Entwicklung gefertigt. So ist diese Entwicklung nicht nur auf die Produktdokumentation und die Erstellung von Produktionsunterlagen zu beziehen, sondern konnte dank umfangreicher CAD-Systeme und Computer-Analysen (wie zum Beispiel die Finite Elemente Methode) in der technischen Entwicklung bereits komplett eingesetzt und etabliert werden. Im Gegensatz dazu steht der Designprozess, bei dem sich neue digitale Medien noch nicht vollständig durchsetzen konnten. Im Folgenden soll die Frage geklärt werden, worin die Schwierigkeit der Implementierung neuer digitaler Medien liegt. Dafür wird ein erster Einsatz digitaler Medien exemplarisch an der Entwicklung des Designs für einen Ruderpropeller der Firma Voith aus Heidenheim dargestellt.

Frank Beier und Thomas Maier

Dieser Ruderpropeller wird eingesetzt zur Fortbewegung und Positionierung von großen Offshore-Seeschiffen. Sein Design umfasst das Gehäuse sowie die Anbindung an den Schiffsrumpf.

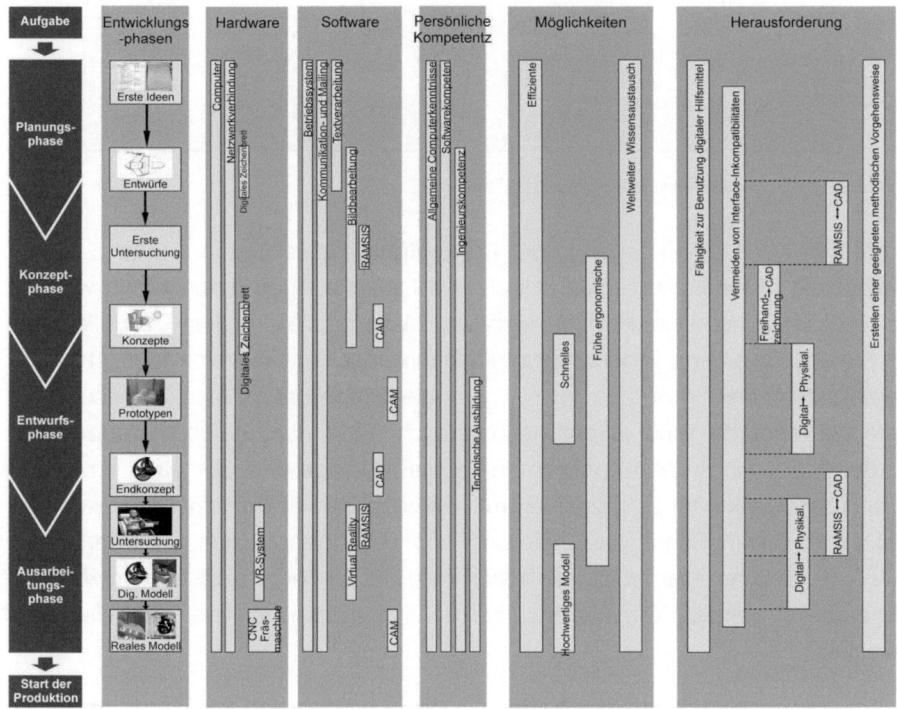

Abbildung 2:   Erste Untersuchung zur Implementierung digitaler Medien

Während der Entwicklung wurde die Methodik der vier Phasen einer Produktentwicklung beibehalten und lediglich die einzelnen Arbeitsschritte mit verfügbaren digitalen Medien durchgeführt (siehe Abbildung 2). Besonders auffällig sind der konsequente Computereinsatz und die Verwendung einer Netzwerkanbindung während des kompletten Designprozesses. Während der Planungsphase können damit die ersten Ideen bereits digital erfasst werden und die Anforderungsliste wird ebenfalls mittels Textverarbeitung erstellt. Für erste Ideenentwürfe wird anstelle von Papier und Stift ein digitales Zeichenbrett angewendet und mittels Grafikprogramm Freihand gezeichnet. Abbildung 3 zeigt die Meilensteine der Planungsphase.

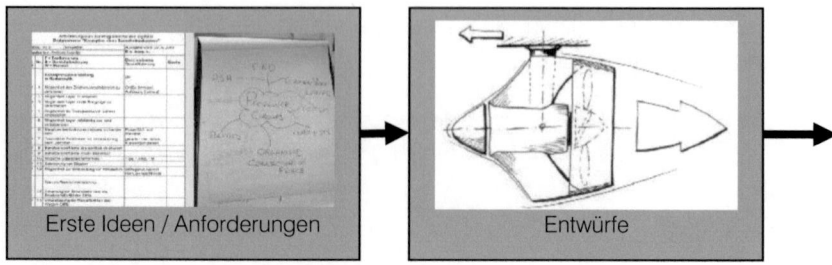

Abbildung 3:   Meilensteine der Planungsphase

Mit diesen Konzepten können in der Konzeptphase bereits erste einfache zweidimensionale Ergonomieuntersuchungen und Optimierungen durchgeführt werden. Da diese Entwürfe keine dreidimensionalen CAD-Modelle sind, kann hier allerdings noch keine detaillierte Ergonomieuntersuchung mit dem digitalen Menschmodell RAMSIS durchgeführt werden. Im Fall des Ruderpropellers konnten an dieser Stelle einfache Montage- und Strömungsuntersuchungen durchgeführt werden. Hier wurde mittels eines CAD-Kontrollmodells die Montage des Getriebes sowie der Düsenanstellwinkel im Design überprüft. Die digitalen Freihandzeichnungen können im nächsten Schritt zur Erstellung von dreidimensionalen CAD-Konzepten verwendet werden. Hierbei können schon viele Details der technischen Entwicklung eingearbeitet werden. Die Meilensteine der Konzeptphase sind in Abbildung 4 dargestellt.

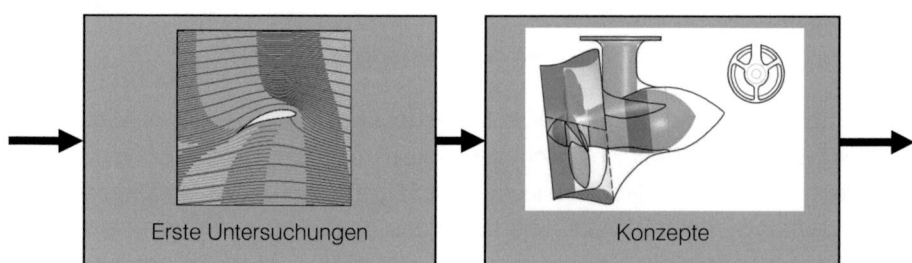

Abbildung 4:   Meilensteine der Konzeptphase

In der Entwurfsphase werden diese CAD-Entwürfe dazu verwendet, um erste reale Prototypen maschinell zu erstellen. Dafür wurden mittels CAM-Software die CAD-Daten in Maschinencode gewandelt. Die Prototypen stellen allerdings zum Teil nur einzelne Prinziplösungen dar und können sehr einfach und ohne Funktion sein, da sie lediglich der haptischen Bewertung und Entscheidung für das Endkonzept

Frank Beier und Thomas Maier

dienen. Bereits an dieser Stelle wird deutlich, dass sich noch nicht alle Aspekte der Entscheidungsfindung mit digitalen Mitteln evaluieren lassen und nach wie vor auf analoge Methoden zurückgegriffen werden muss. Als digitales Werkzeug zur Visualisierung eignet sich an dieser Stelle die Virtuelle Realität. Mit ihrer Hilfe lassen sich die dreidimensionalen CAD-Daten in ihrer realen Umgebung und Beleuchtung darstellen. Zum Einsatz kommt hierbei spezielle Software, die eine Einbindung des CAD-Modells ermöglicht. Ebenso kann bei der Betrachtung eine 3D-Empfindung beispielsweise durch die Verwendung von Stereo-Projektion und so genannten Shutter-Brillen erzeugt werden. Abbildung 5 zeigt die Meilensteine der Entwurfs-phase.

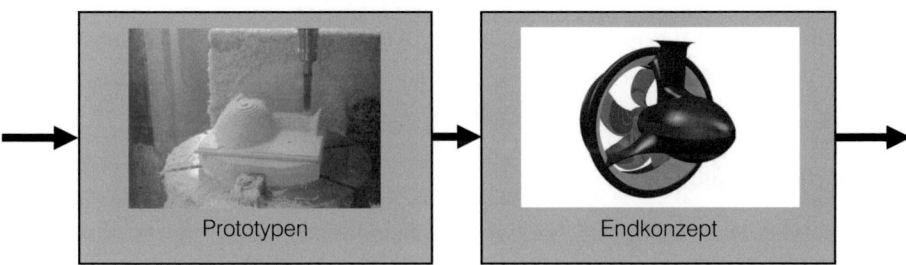

Abbildung 5: Meilensteine der Entwurfsphase

Das Endkonzept kann in der Ausarbeitungsphase mit dem Menschmodell RAMSIS detailliert gemäß den ergonomischen Anforderungen untersucht und verbessert werden. Beim Ruderpropeller kamen hier zur Strömungsuntersuchung modernste und genaueste CFD-Methoden zum Einsatz, welche ebenfalls am Computer durchgeführt wurden. Ergonomieuntersuchungen waren bei der Gestaltung dieses Produkts nicht notwendig. Daraus ergibt sich dann am Ende der Entwicklung ein optimales digitales CAD-Modell, welches sich zur Produktdokumentation und Produktionsvorbereitung verwenden lässt. Hierunter fällt auch das Erstellen von Werbeunterlagen und Bedienungsanleitungen. Das dreidimensionale CAD-Modell kann wie auch schon bei der Erstellung der Prototypen dazu verwendet werden, um ein reales Modell zu erstellen. Dies erfolgt wie in der Entwurfsphase durch die Erstellung eines Maschinencodes mittels CAM-Software. Somit wurden in der Ausarbeitungsphase sämtliche erforderlichen Unterlagen zur Produktion erstellt und die Produktion kann gestartet werden. In Abbildung 6 sind die wichtigsten Meilensteine der Ausarbeitungsphase dargestellt.

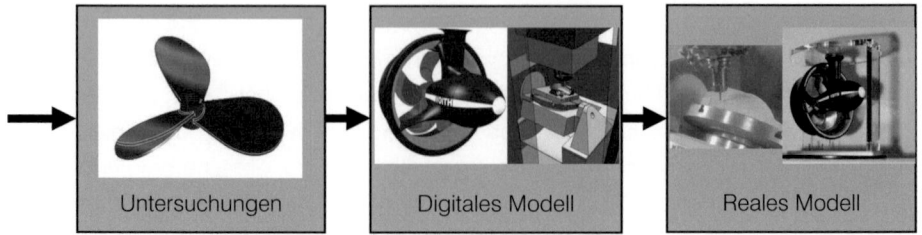

Abbildung 6:   Meilensteine der Ausarbeitungsphase

4   Herausforderung: Digitaler Designprozess

Das exemplarische Vorgehen im Designprozess mit den implementierten digitalen Medien verdeutlicht die Tatsache, dass eine effiziente Nutzung digitaler Medien viele Vorteile bringt. Diese Vorteile werden im Folgenden knapp dargestellt.

4.1 Variantenvielfalt

In der Designentwicklung wird bei der Entscheidungsfindung nicht nur ein Entwurf oder Modell vorgestellt, sondern in den meisten Fällen eine ganze Anzahl unterschiedlicher Varianten. Mithilfe der digitalen Medien lassen sich aufgrund der einfachen Möglichkeit der Vervielfältigung der Daten viele Varianten schneller und leichter erzeugen. An dieser Stelle ist allerdings anzumerken, dass der kreative Gehalt der unterschiedlichen Varianten stets vom Menschen kommen muss und nicht durch die Anwendung digitaler Medien ersetzt werden kann. Aus rein psychologischer Sicht wäre in diesem Zusammenhang die Frage, ob digitale Medien die Kreativität eher fördern oder hemmen, durchaus eine Untersuchung wert.

Der klare Vorteil der digitalen Medien liegt demnach darin, dass damit die Varianten detailreicher und realistischer erstellt werden können. Ebenso können Änderungen der Anforderungen oder im Aufbau schneller auf alle Varianten umgesetzt werden, da einzelne Änderungen nur einmal durchgeführt werden müssen und im Anschluss kopiert werden können. Aber nicht nur Änderungen, sondern vielmehr auch weitere technische Adaptionen lassen sich einfacher und schneller anwenden.

4.2 Fehlervermeidung

Durch die bereits sehr frühe Einbindung von ersten Ergonomieuntersuchungen in der Konzeptphase kann eine ergonomisch ungünstige Gestaltung bereits im

Frank Beier und Thomas Maier

Ansatz abgewendet werden. Dadurch verringert sich der Optimierungsaufwand. Des Weiteren können rechnerunterstützte FEM-Analysen in jedem Entwicklungsstadium direkt am vorhandenen CAD-Modell durchgeführt werden. Die Erstellung eines mathematischen Vergleichsmodells fällt dadurch weg und die Ergebnisse sind direkter verständlich und anwendbarer als die theoretisch errechneten. Das vorhandene realistische CAD-Modell bietet zudem die Möglichkeit der einfachen Einbindung fertiger Bauteile und unterstützt somit die Entwicklung eines ausgereiften Designs. Der exakte Aufbau und die Form der Einzelteile können in der Entwicklung des Designs im Detail berücksichtigt werden und machen zudem spätere Anpassungsarbeiten unnötig.

4.3 Zeitersparnis

Die Erstellung von digitalen Zeichnungen oder CAD-Daten nimmt deutlich mehr Zeit in Anspruch wie die traditionelle analoge Zeichnungserstellung mit Stift und Papier. Daher wird häufig noch der herkömmliche Weg gewählt, um möglichst zeitnah Konzepte zu erstellen. Dennoch bietet der digitale Designprozess viele Möglichkeiten zur Zeitersparnis.

Sämtliche Aspekte der Fehlervermeidung sowie die schnellere Variantenbildung und -verbesserung resultieren in einer Zeitersparnis gegenüber der herkömmlichen iterativen Vorgehensweise in der Designentwicklung, da einige zusätzliche Arbeitsschritte wegfallen. Eine weitere Zeitersparnis liegt in der meist schnelleren Übertragung von Daten in räumlich entfernte Entwicklungsbereiche. So kann bereits in einem frühen Stadium die Produzierbarkeit des Produktes überprüft und erste Werkzeuge zur Herstellung konzipiert werden.

Auf Basis der CAD-Modelle lassen sich sehr einfach auch während einzelner Entwicklungsschritte erste Modelle erstellen. Dieses Verfahren nennt man *Rapid Prototyping* und ist bereits ein fester Bestandteil heutiger Entwicklungen. Dank dieser Modelle lassen sich haptische Untersuchungen durchführen und damit noch genauere Entscheidungen treffen. Da diese Modelle aus CAD-Daten erstellt worden sind, sind die realen Modelle in jedem Schritt reproduzierbar und können beliebig oft vervielfältigt werden.

Nicht nur die erwähnte Reproduzierbarkeit ist ein Vorzug der digitalen Daten, sondern diese Daten können via Internet oder Intranet anderen Entwicklungspartnern oder auch Kunden und Zulieferern zur Verfügung gestellt werden. Die Kommunikationszeiten werden dadurch deutlich verkürzt, da entsprechende Daten auch gleich online diskutiert werden können. In diesem Zusammenhang lassen sich auch Entscheidungen ohne reale Besprechungen treffen. Zeitaufwand für Reisen und Besprechungen werden damit deutlich reduziert.

Als letzter Vorteil der Zeitersparnis ist die direkte Erstellung von Marketing-Unterlagen wie zum Beispiel Produktkataloge, Werbeposter und –filme zu nennen. Die erstellten dreidimensionalen CAD-Daten können mithilfe von Grafiksoftware direkt aufgearbeitet werden, um fotorealistische Darstellung zu erzeugen. Aufwendige und kostenintensive Vorbereitungen und Kulissenbildung für Fotografien können daher ebenfalls wegfallen.

4.4 Kundenzufriedenheit

Sämtliche genannten Vorteile wie Variantenvielfalt, Fehlervermeidung und Zeitersparnis haben ein indirektes Ziel: Die Kundenzufriedenheit. Die Kundenzufriedenheit stellt den wichtigsten Aspekt und den eigentlich Sinn einer Produktentwicklung dar. Mit dem Einsatz digitaler Medien lassen sich nicht nur die indirekten Indikatoren der Kundenzufriedenheit verbessern, sondern auch direkte Verbesserungen erzielen.

Der Kunde lässt sich mit den digitalen Medien und dem Internet direkter in die Entwicklung einbinden, da ihm bereits in frühen Stadien fundierte Daten (zum Beispiel CAD-Daten) bereitgestellt werden können. Diese Daten dienen unter anderem auch als Grundlage zur Kommunikation und Entscheidungsfindung. Der Kunde hat dadurch die Möglichkeit, die Daten für eigene Untersuchungen zu verwenden.

Als weiterer Vorteil für den Kunden ist die realitätsnähere Präsentation des Produktes zu nennen. Bisherige Modelle waren zwar auch bis ins kleinste Detail gefertigt, allerdings war die Herstellung von Claymodellen sehr aufwändig. Durch Rapid Prototyping können nun schneller Zwischenergebnisse gefertigt werden, um Entscheidungen leichter treffen zu können.

4.5 Die Herausforderung

Die hier aufgeführten Vorteile sind eine deutliche Verbesserung gegenüber den traditionellen Methoden. Sie stellen allerdings momentan lediglich das erreichbare Optimum der digitalen Medien dar und noch nicht den aktuellen Stand der Technik. Die Herstellung der Nutzbarkeit dieser Vorteile stellt die Herausforderung bei der Gestaltung eines Digitalen Designprozesses dar.

Um die Vorteile sinnvoll nutzbar zu machen, sind aus meiner Sicht diverse Voraussetzungen zu treffen. Einerseits muss die Akzeptanz zu neuen digitalen Medien hergestellt werden, da diese zu selten als Entwicklungsmedium in Betracht gezogen werden. Da der direkte Einsatz der digitalen Medien jedoch keine positive Veränderung bewirkt, ist in erster Linie die Definition einer angepassten Methode, dem digitalen Designprozess, notwendig. Durch diese Methode werden die Vorteile nutzbar gestaltet und eine Zunahme der Akzeptanz kann erreicht werden.

5 Fazit und Vision

Erste Anwendungen digitaler Medien während der Designentwicklung (Iwanitza 2008) haben folgende Schlussfolgerung ergeben: Sie bieten das Potential, im Designprozess sehr viele Vorteile zu schaffen, insofern sie sinnvoll eingesetzt werden können. Das digitale Zeichenbrett bietet jetzt schon in der Praxis Vorteile bei der Erstellung von digitalen Freihand-Zeichnungen. Erste Package-Layouts können einfacher berücksichtigt und eingebunden werden. Durch die „Undo"-Funktion, die ein Rückgängigmachen von bereits gezeichneten Linien ermöglicht, können Fehler einfach behoben werden und erfordern keine komplett neue Zeichnung. Im weiteren Gestaltungsprozess können die Umriss- und Formkanten der digitalen Zeichnung bereits direkt im CAD-Modell verwendet werden. Dies macht zusätzliche Iterationsschleifen nicht länger notwendig und bewirkt eine direktere Umsetzung des erstellten Designs. Da die Erstellung von digitalen Zeichnungen im Vergleich zur traditionellen Papierzeichnung noch deutlich mehr Zeit in Anspruch nimmt, sind hier allerdings längerfristig noch Weiterentwicklungen notwendig. Ebenfalls ist die emotionale Empfindung bei der Erstellung einer Papierzeichnung ausgeprägter, weshalb in der Praxis meist erst eine Papierzeichnung angefertigt wird bevor eine digitale Zeichnung in Anlehnung daran erstellt wird. Der Fachmann spricht hier auch vom „Charme einer Papierzeichnung".

Die Entwurfserstellung im CAD bietet den Vorteil, dass vorhandene Daten der Funktionsteile direkt eingebunden und die CAD-Daten bei der Modellerstellung verwendet werden können. Am Beispiel des Ruderpropellers konnte auch deutlich gemacht werden, dass dank der detaillierten CAD-Daten Strömungs- und Festigkeitsberechnungen direkt durchgeführt und visualisiert werden konnten. Ein erster Einsatz bei der Entwicklung von Stellteilen (Schmid und Petrov 2008) hat auch gezeigt, dass bei der Entwicklung haptische Anforderungen mit digitalen Medien schneller untersucht werden konnten. Der hohe Zeitaufwand zur Erstellung von 3D-CAD-Daten hat zur Folge, dass dieser Entwicklungsschritt meist erst sehr spät erfolgt. Dies liegt vor allem daran, dass die Generierung des CAD-Modells auf der Basis der Freihandzeichnung nur teilweise und mit Korrekturschritten funktioniert. Auch hier sind noch Entwicklungsansätze gegeben, die zum einen die Software-technik als auch den Designprozess betreffen.

Diese ersten Erkenntnisse zeigen, dass Innovationen im Designprozess durchaus sinnvoll eingesetzt werden können. Außerdem wird deutlich, dass dafür eine Adaption der bestehenden Entwicklungsmethodik notwendig sein wird. Mit dieser Entwicklungsmethodik, dem digitalen Designprozess, wird es möglich sein, den kompletten digitalen Workflow effizient darzustellen. Ein weiterer Aspekt des digita-len Designprozesses wird die Förderung der Akzeptanz zu innovativen Medien sein. Es soll demnach die Möglichkeit gegeben sein, neue digitale Medien in den Prozess zu integrieren, ohne damit neue Probleme hervorzurufen.

Wenn bereits während der Erstellung einer Freihandzeichnung parallel dazu ein CAD-Modell generiert wird, in Virtual Reality dreidimensional wahrgenommen und per Knopfruck mittels Rapid Prototyping realisiert wird, kann von einem vollständi-gen und sinnvollen Einsatz digitaler Medien im Designprozess gesprochen werden.

Der digitale Designprozess stellt somit die Zukunft der Produktdesignentwicklung dar. Seine Konzeption und Evaluation wird wichtigster Bestandteil meiner For-schung sein.

Literaturverzeichnis

Götz, A. 2008: Ein adaptiver Konstruktionsprozess für Ingenieure und Designer, Dissertation, Bericht Nr. 541. Stuttgart: IKTD, Universität Stuttgart

Iwanitza, A. 2008: Untersuchung zum Designprozess unter Anwendung eines digitalen Zeichenbretts (Wacom Board), Studienarbeit, Stuttgart: IKTD, Universität Stuttgart

Kellner, P. 2007: Beschreibung des integrierten Designprozesses in der Praxis, Studienarbeit, Stuttgart: IKTD, Universität Stuttgart

Lindemann, U. 2005: Methodische Entwicklung technischer Produkte. Berlin, Heidelberg: Springer

Schmid, M.; Petrov, A. 2008: Digitaler Designprozess am Beispiel eines multifunktionalen Stellteils, In: Hentsch, N. (Hrsg.) Industriedesign und Ingenieurwissenschaften, Technisches Design in Forschung, Lehre und Praxis, Dresden: TUDpress

Frank Beier und Thomas Maier

Schmid, M. 1995: Konzeption eines Backofenbaukastens in Modulbauweise für mittlere Serienstückzahlen, Studienarbeit, Stuttgart: IKTD, Universität Stuttgart

VDI1985: Richtlinie 2221 Methodik zum Entwickeln und Konstruieren technischer Systeme und Produkte. Düsseldorf: Verein Deutscher Ingenieure

Kontakt

Dipl.-Ing. Frank Beier
Institut für Konstruktionstechnik und Technisches Design
Forschungs- und Lehrgebiet Technisches Design
Pfaffenwaldring 9
70569 Stuttgart
www.iktd.uni-stuttgart.de

Prof. Dr.-Ing. Thomas Maier
Institut für Konstruktionstechnik und Technisches Design
Leiter Forschungs- und Lehrgebiet Technisches Design
Pfaffenwaldring 9
70569 Stuttgart
www.iktd.uni-stuttgart.de

Untersuchung der Konzeption in Entwicklungsprozessen

Mareike Graf und *Carmen Hartmann-Menzel*

1 Abstract

In Entwicklungs- bzw. Innovationsprozessen übernimmt Design meist die Rolle der formalen Übersetzung technischer und konzeptioneller Produktlösungen in eine „schöne Form." Änderungen hinsichtlich einer optimierten Nutzerausrichtung in Bezug auf Performance und Funktion sind in Umsetzungsphasen eines Entwicklungsprozesses schwerlich durchführbar bzw. mit hohen Kosten und Zeitverlusten verbunden. Die Rolle des Designs als Innovationstreiber wird unterschätzt; vielmehr wird die Zusammenarbeit mit Gestaltern durch andere Disziplinen aus den Bereichen Maschinenbau und Betriebswirtschaft vielfach als mühsam und schwierig bewertet. Diese Schwierigkeiten, die in der Hauptsache aus inadäquater Kommunikation resultieren, werden jedoch auch dadurch hervorgerufen, dass Design nicht bereits in die frühen Phasen – also der Konzeption – eines Produktes (hierunter sind alle auf dem Markt angebotenen Leistungen eines Unternehmens zu verstehen, so auch Dienstleistungen etc.) einbezogen ist. Der positive Beitrag von Design und in welchen Stadien Gestaltung einsetzbar ist, ist innerhalb von Unternehmen in der Regel nicht definiert. Die Unterschiede zwischen den Vorgehens- und Denkweisen innerhalb der an Entwicklungsprozessen beteiligten Disziplinen sind in ihren grundlegenden Zielen – bessere Produkte für Anwender bereit zu stellen – gar nicht so unterschiedlich, eher in ihrer Arbeitskultur und ihrem jeweiligen Interessenfokus. Das bedeutet, dass die Vertreter des Designs das „Mysterium" ihrer gestalterischen Prozesse so weit wie möglich auflösen und den Mehrwert durch Design stärker kommunizieren müssen. Die Simulations-Kompetenz des Designers kann als ein wesentliches Kommunikationsvehikel zwischen den Disziplinen in Entwicklungsprozessen, vor allem in der Definitionsphase eines Produkts bzw. einer ihr vorgelagerten, fungieren.

2 Einleitung

Um die Rolle der gestalterischen Arbeit des Designers in Produktentwicklungsprozessen bewerten zu können, muss der Begriff der Innovation erläutert und eingegrenzt werden, allerdings ohne Anspruch auf Vollständigkeit. Anhand einer begrifflichen Eingrenzung lassen sich die Einsatz- und Handlungsspielräume von Design klarer definieren, vor allem, da der Begriff der Innovation einem steten Wandel und einer inflationären Verwendung unterliegt.

2.1 Der Innovationsbegriff

Der Innovationsbegriff wird unterschiedlich abgegrenzt, da

- das Innovationsphänomen durch Vertreter unterschiedlicher Disziplinen untersucht wurde (vgl. Corsten 1982)

- die speziellen inhaltlichen Ausgestaltungen des Innovationsbegriffes durch die verschiedenen Wissenschaftler aus den ihren Untersuchungen zugrunde liegenden Interessensschwerpunkten resultieren (Corsten 1989)

Beschränkt auf technische Innovation können die Erscheinungsformen von Innovation in Produktinnovation (neue und/oder verbesserte Produkte) und Verfahrensinnovation (neue und/oder verbesserte Verfahren) klassifiziert und damit als *ergebnisorientiert* beschrieben werden. Die Phasen eines Neuerungsprozesses werden auf 1) Ideengenerierung, 2) Ideenakzeptierung und 3) Ideenrealisierung (= Implementierung) beschränkt und als *prozessorientiert* verstanden (Thom 1980; Kasper 1982; Köhler 1988). Der Anwender einer Produktlösung wird in diesem Kontext sekundär bzw. in der Konzeptionsphase auf Basis quantitativer Marktforschungsergebnisse betrachtet. Der Nutzer wird nicht in der Art und Weise einbezogen, dass er eigene Vorstellungen und Bedürfnisse aktiv formulieren kann (qualitativ). Welches Entwicklungspotential jedoch aus faktischen Bedürfnissen – statt aus dem Wecken derselben – resultieren kann ist beispielsweise anhand des Open Source sichtbar, wo anwender-orientierte Lösungen aus persönlicher „Unzufriedenheit" heraus entwickelt werden. Google z.B. versucht, solche Ressourcen in die eigenen Entwicklungen einzubeziehen, um die Qualität der angebotenen Leistungen zu optimieren.

Mareike Graf und Carmen Hartmann-Menzel

Die Eigenschaften, die Innovation auszeichnen, können wie folgt zusammengefasst werden (Thomas 1989):

- Es muss sich um Neuheiten handeln, und diese Neuheiten müssen in die ökonomische Nutzungsanwendung überführt werden

- Die Erscheinungsformen dieser Neuheiten bestehen in neuen Produkten und/oder in neuen Verfahren

Der Neuheitsbegriff kann sich dabei auf einen bestehenden Wissensstand im Allgemeinen (Technologie, Produktionsverfahren, Werkstoff), den Kunden (Markt) oder auf die durchführende und umsetzende Institution (das Unternehmen) beziehen. Neuheit ist dabei auch stark abhängig von bestehenden organisatorischen Strukturen (Hierarchien), der historischen Entwicklung und dem Ist-Zustand eines Unternehmens (Unternehmenskultur, Herbst 2006) sowie von verfügbarer bzw. vorhandener Technologie und Wissen (Fachexpertise der Mitarbeiter). Diese Faktoren sind auch in Bezug auf Design und dessen Rolle in Produktentwicklungsprozessen wesentlich, da sie den Handlungsspielraum und das -umfeld im positiven Sinne befördern, aber auch erschweren können (Press, Cooper 1995).

Innovation umfasst hinsichtlich eines *unternehmerischen* Umfeldes – intern wie extern – konkreter formuliert (Schumpeter 1934):

- das Herstellen eines neuen Gutes oder einer neuen Qualität eines Gutes, das dem Konsumenten noch nicht vertraut ist *(markt-bezogen);*

- neue Kombinationen aus dem Betriebsprozess, d.h. Änderungen in der Produktionsmethode, in der Produktionstechnologie *(unternehmens-bezogen);*

- jede organisatorische Änderung, jede organisatorische Entwicklung, die Einführung eines besseren betrieblichen Organisationsprinzips *(unternehmens-bezogen);*

- die Erschließung neuer Bezugsquellen für Rohstoffe und Halbfabrikate *(technologie-bezogen);*

- die Erschließung eines neuen Absatzmarktes *(markt-bezogen).*

Darüber hinaus wird Innovation auch mit weichen Faktoren, dem Überkommen von Denk- und Verhaltensweisen (Klotz 2000; Braczyk 1997), bzw. Tabubrüchen (Lübbe 1995) in Zusammenhang gebracht.

Zusammenfassend, was heute unter Innovation verstanden wird, lässt sich sagen, „Innovation ist *nutzenstiftende* Problemlösung durch einen neuen Ansatz. Sie kann sich beziehen auf neue oder verbesserte Erzeugnisse, Leistungen, Verfahren, Organisationsformen, Märkte u.a. – Sie umfasst den gesamten Prozess von der Idee über Entwicklung und Produktion bis hin zur Markteinführung bzw. Realisierung" (Bullinger & Schlick 2002) mit dem Ziel, wirtschaftliche Entwicklungen im Sinne der Wettbewerbsfähigkeit und -vorteile zu steigern.

Erfolgreiche Entwicklungen bzw. Innovationsprozesse finden in interdisziplinären Teams statt (Hargadon 2003; Engeln 2006), was für eine Optimierung interdisziplinärer Prozesse zwischen Ökonomie, Ingenieurwesen und Design spricht. Die einzelnen Entwicklungsphasen sind darüber hinaus nicht als Abfolge zu verstehen, sondern laufen z.T. parallel ab bzw. überschneiden sich (Corsten). Damit wird deutlich, dass einer funktionierenden Kooperation und damit Kommunikation zwischen den Beteiligten (aus Ökonomie, Technik und Design) eine entscheidende Rolle zukommt.

2.2 Rolle von Design in Produktentwicklungsprozessen

In den vielfältigen Definitionen des Innovationsbegriffs liegt der Schwerpunkt auf ökonomischen und technischen Perspektiven, die organisatorische wie finanzielle Aspekte einbeziehen. Der Begriff der Innovation wird ergebnisorientiert verwendet und beschreibt Implementierungen, die einem Unternehmen Gewinne durch Vorsprung hinsichtlich anwend- und fassbaren Ergebnissen (Dienstleistung, Produkt) und prozessualer Struktur (Organisation, Entwicklung, Rohstoffbeschaffung, Produktion, Distribution) verschaffen.

Der Kunde (als Kaufender) und der Nutzer (als Anwender) finden hinsichtlich Anwendbarkeit und Mehrwert – im Sinne einer Optimierung *ihrer* Prozesse und Handlungen – in Form von Sekundär-, Primärerhebungen oder durch Rückkopplung mit dem Vertrieb Berücksichtigung.

Designer werden in die Phase der direkten Befragung von Nutzern in der Regel nicht einbezogen, verfügen aber über eine Vielzahl ethnografischer Methoden, um auch *nicht artikulierte* Nutzerbedürfnisse qualitativ und antizipativ zu erfassen. Dabei wird auch der Kontext der Nutzung untersucht. Design kann damit den Rahmen einer kritischen Produktbetrachtung mit dem Ziel der Optimierung oder Neuerung erweitern: Wie sollte eine wünschenswerte Lösung im Sinne der Anwender im Kontext aussehen, bzw. inwiefern kann ein Produkt Abläufe und damit auch Kontexte positiv verändern?

„Re-Interpretation" (G. Bonsiepe 1996)	„funktionale Definition" (W. Jonas 1997b)
Design ist eine Domäne, die sich in jedem Bereich menschlicher Kenntnis und Praxis manifestieren kann	
Design ist orientiert auf die Zukunft	*anticipative* (looking ahead, in different directions and time scales)
Design ist bezogen auf Innovation Der Entwurfsakt führt etwas Neues in die Welt ein	*generative* (aiming at the synthesis of material or immaterial artefacts and patterns of behaviour)
Design ist gebunden an Körper und Raum, insbesondere den retinalen Raum	
Design zielt auf effektive Handlung	*use-oriented* (taking quality of life as criterium, without claiming to know what that is)
Design ist sprachlich im Bereich der Urteile (assessments) verankert	*illustrative* (creating wholes, contexts, narratives, aiming at agency)
Design richtet sich auf die Interaktion zwischen Benutzer und Artefakt... Die Domäne des Design ist die Domäne des Interface	
	integrative (neglecting disciplinary boundaries, moderating perspectives, including its own)
	context-sensitive (being aware of and using social, cultural, technological interdependencies)

Abbildung 1:   „Funktionale Definition" von Design (Bonsiepe 1996, Jonas 1997b)

Design tritt in den Entwicklungsprozess ein, wenn die grundlegenden Funktionsparameter bereits definiert und festgelegt sind (Abb. 2).

Die grundsätzliche Entwicklungsrichtung ist damit bereits festgelegt und die Entwicklung von Designlösungen eingeschränkt. Design folgt den Anforderungen der definierten technischen und ökonomischen Parameter. Das bedeutet auch, dass der Entwicklungsrahmen die Ideenvielfalt an dieser Stelle im Entwicklungsprozess bzgl. einer grundsätzlichen und auch nutzerorientierten Produktausrichtung bereits limitiert. Das Potential von Design, neue Ideen jenseits des bereits definierten Produktkonzepts und damit innovative Ansätze einzubringen, wird nicht freigesetzt.

Phasen	Produktdefinition	Produktkonzeption	Produktgestaltung
Arbeitsschritte	Anforderungen ermitteln	Funktionale Produktbeschreibung	Produktstrukturierung
	Wettbewerbsanalyse	Ermittlung der zulässigen Funktionskosten	Gestaltung der Komponenten und des Produktes
	Zielkostenermittlung	Lösungssuche	Komponenten-, Modul- und Produkterprobung
	Klassifizierung und Bewertung der Anforderungen	Klassifizierung der Lösungsideen	Design
	Wirtschaftliche Bewertung des Entwicklungsprojektes	Erstellung von Produktkonzepten	Produktbewertung
		Produktdesign	Gestaltung Herstellerprozess Vorbereitung Markteinführung
		Bewertung der Produktkonzepte	

Abbildung 2:   Phasen und Arbeitsschritte des Produktentwicklungsprozesses (Engeln): An den grau unterlegten Schritten ist Design beteiligt.

2.3 Ziele und Aufgaben von Design

Design definiert die Schnittstelle zwischen der inneren Struktur eines Artefakts und seinem Kontext. Damit beschreibt es die Anwendbarkeit von Objekten durch den Menschen und vermittelt zwischen technischer Architektur und humaner Rezeption (Simon 1969). Dabei müssen auch kulturelle, soziale und politische Komponenten des Nutzungsumfeldes Berücksichtigung finden (Jonas 1999).

Nur wenn Inneres und Äußeres in ihrem jeweiligen Anwendungskontext stimmig sind, entsteht ein überzeugendes Produkt. Design gestaltet durch das Produkt die Art der Interaktionsmöglichkeit und kann damit auch Nutzungskontexte verändern. Demzufolge muss den Nutzerbedürfnissen stärkere Aufmerksamkeit *vor allem in der Produktdefinition* zukommen: „Innovation defined by its physical attributes and performances is not needed in future markets. What is needed are ideas transformed into *concepts* or unique *user experience*" (Borja de Mozota 2003).

Es muss in diesem Zusammenhang auch die Frage nach der Sinnfälligkeit von Produkten gestellt werden, neben den Anforderungen an Ökologie und Bedien- bzw. Nutzbarkeit (van den Boom 2003). Das heißt, nicht alles, was technisch möglich ist, ist auch in jedem Nutzungskontext sinnvoll (Norman 2008). Stimmen Produktversprechen und tatsächliche Leistungen der Betriebseigenschaften nicht überein, wird bei den Anwendern statt Erleichterung Frustration erzeugt. Design darf damit nicht allein auf die Funktion formaler Gestaltung reduziert werden, sondern ist auch bezüglich sinnvoller Betriebseigenschaften im Sinne der Nutzer gefragt. Aufgrund dessen wäre Design hinsichtlich einer anzustrebenden Passung im Markt (Stillen von Nutzer-Bedürfnissen) früher in Entwicklungsprozesse einzubinden, d.h. bereits in die Entwicklung von Lastenheften und Briefings.

Zusätzlich gibt es – vor allem aus ökonomischer Sicht – auf der organisatorischen Ebene dafür weitere Argumente, wie das Vermeiden von Reibungsverlusten in späteren Phasen und einer damit verbundenen Zeit- und Kostenersparnis (Sommerlatte 1990).

3 Der Designprozess

Die Definition des Designprozesses ist ähnlich unscharf wie die unterschiedlich ausgerichteten Definitionen über Design selbst. Von Seiten der Ingenieure wird eine stärkere Transparenz des gestalterischen Prozesses gefragt (Peters 2004). Der Designprozess wird in Form verschiedener Modelle mit jeweils unterschiedlicher Ausrichtung repräsentiert, die aber im Wesentlichen alle auf Phasen-Modellen basieren.

3.1 Modelle des Designprozesses

Dabei gibt es zum einen umsetzungsorientierte Modelle (mit dem Ziel der Entwicklung eines Artefakts): linear als intern, extern (Press, Cooper 1995) beschrieben oder zirkular eingebettet in Planung und Produktion als „total" (Hollins & Hollins 1991; Walker 1989). Ein umfassendes Modell ist ein generisches Prozessmodell (Jonas, Hugentobler, Rahe 2004). Von diesem werden Prozesstypen unterschiedlicher Ausrichtung abgeleitet, die auch die Felder der Designrecherche und zukunftsgerichteter Szenario-Entwicklung einbeziehen und damit über die rein formale „Umsetzungsgestaltung" von Design hinausgehen. Das Potential und die etablierten Vorgehensweisen von Design jenseits der formalen Gestaltung werden in diesem Ansatz offensichtlich.

Unabhängig von der jeweiligen Ausprägung dieser Modelle umfassen alle eine Phase der Recherche und/oder Analyse, die in eine Problem-Definition, eine Projekt-Outline, eine Liste von Anforderungen oder ein Briefing münden. Dafür nutzt der Designer unterstützende Methoden, die die Konzentration auf das Wesentliche eines Projektes befördern: Concept Maps, Matrixen, Informationsgrafiken etc. Diese Ansätze beziehen sich nicht auf Details einer Produktlösung, sondern zielen darauf ab, die Interaktion eines Nutzers mit dem Artefakt in einem Kontext zu betrachten, wie z.B. Nutzerverhalten, Umfeld, Situation, Zeit, soziale Bedeutung. Um diese Komplexität handhaben zu können, ist Unschärfe im Sinne einer Detail-Negierung notwendig (vgl. Vester), um den Blick auf die Zusammenhänge und Abhängigkeiten nicht zu verstellen und die Gesamtheit eines Produkt-Nutzer-Systems erfassen zu können. Ein Produkt ist nicht statisch, sondern immer in Abläufe einer menschlichen Handlung integriert. Wie viel Freiraum und Eigenverantwortung dem Anwender überlassen wird, bzw. überlassen werden kann (aus Gründen der Sicherheit, Fehlervermeidung etc.), ist entscheidend für die gesamte Produkt-Performance und die Bewertung der Anwendungserfahrung durch den Nutzer. Die komplexe Balance zwischen dem Notwendigen mit dem Möglichen in einem Nutzer-Objekt-Umfeld auszuloten, gilt es zu meistern.

Der produktive Denkprozess (= „kreativer Gestaltungsprozess") ist bislang nicht präzise beschrieben (Peters 2004). Die Kategorien der eingesetzten Methoden im Designprozess sind vielfältig und reichen von Recherche sekundärer Literatur über ethnografische Vorgehensweisen, Szenarien, zeichnerische bzw. modellhafte Entwicklung und Evaluierung bis hin zu Simulation und Gebrauchstests. Die Methoden sind einerseits gestalterische, andererseits aber auch soziologischen und technischen Vorgehensweisen entlehnt. Diese Mischung von Fragestellungen aus den an das Design angrenzenden Disziplinen unterstützen Transferleistungen, die zu nutzerorientierten und damit dem Nutzer dienenden Lösungen führen, ohne ihn zu überfordern oder in seine Verhaltensweisen überdimensioniert einzugreifen: „One danger in modern technology fitting closely into the patterns of people´s lives, is that an efficiency drive takes over, with overstructuring as a result" (Stappers 2007).

3.2 Ausprägung des Designprozesses

Der gestalterische Prozess ist divergent und iterativ, da Lösungsansätze fortlaufend in Schleifen und ohne explizit definierten Ablauf auf ihre Tauglichkeit überprüft werden (Meyer 1994; Roozenburg & Eekels 1995), was nicht heißt, dass die Überprüfung nicht methodisch erfolgt.

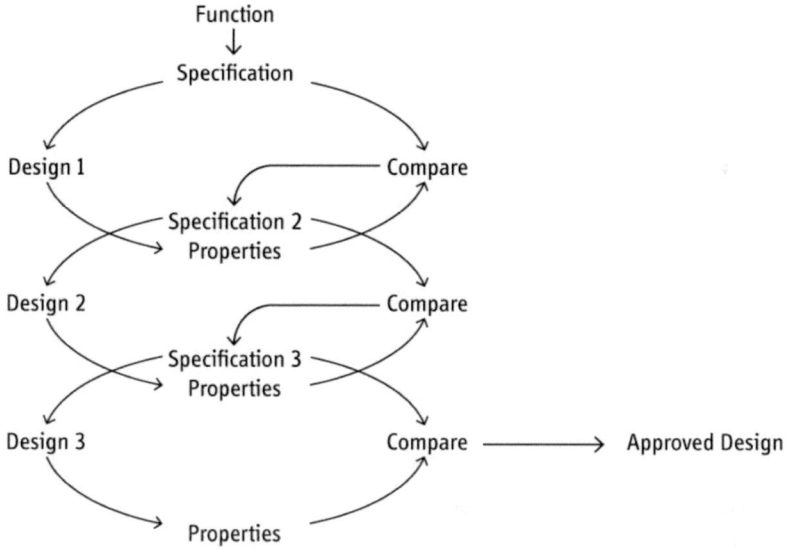

Abbildung 3:   Der iterative Designprozess (Roozenburg und Eekels 1995)

Simulationen u.a. in Form von Modellen und Visualisierungen kommt in diesem Zusammenhang eine wichtige Bedeutung zu. Die Tragfähigkeit eines Entwurfes wird weniger anhand klar messbarer Kriterien als vielmehr dahingehend überprüft, ob er den zuvor definierten Anforderungen hinsichtlich Handhabbarkeit, Interpretation und Funktionalität entspricht; kognitive Aspekte lassen sich durch Testen anhand von Modellen am ehesten überprüfen. Vor allem in der frühen Entwurfsphase werden technische Machbarkeiten zunächst sekundär betrachtet. Der Nutzer und seine Interaktion mit dem Artefakt stehen für den Designer im Zentrum des Interesses: Ist eine Anwendung verständlich und möglichst fehlerfrei, welche Emotion löst ein Objekt aus, welche Assoziationen werden geweckt, wie wird die ergonomische Handhabung bewertet, wie ist die qualitative Wahrnehmung, reagiert das Produkt „intelligent", gibt es Rückkopplungen usw.? Die Schwierigkeit liegt in der Tatsache, dass *Menschen* Entwürfe überprüfen und anhand ihrer direkten Erfahrung und damit auch emotionalen Reaktion in der Folge bewerten. Die Priorisierung der Bewertungskriterien unterliegt damit immer einer individuellen Konstitution des jeweils Bewertenden, abhängig von Erfahrung, Wissensstand, Erwartung an das Produkt, Assoziationen etc. Damit resultiert eine Bewertung nicht allein aus harten Fakten (wie Maßen, Stabilität, Materialeigenschaften etc.), sondern auch aus weichen Faktoren der menschlichen Wahrnehmung.

Unschärfe ist im Design prozessimmanent. Die Gestaltung des „Dazwischen" (zwischen Mensch und Objekt/Umfeld/etc.) unterliegt u.a. der Komplexität der zeitbasierten Interaktion und der Wahrnehmung und damit der Interpretation, an der sie gemessen wird. Die humane Dimension kann nicht klar definierten Bewertungskriterien – ähnlich einer Laborsituation – folgen; sie kann lediglich eine Annäherung und damit neben hard facts eine erweiterte Bewertungshilfe darstellen.

4 Potentiale von Design in frühen Entwicklungsstadien

4.1 Design Thinking

Design zielt ab auf eine zu optimierende Zukunft in Form eines Produkts. Entgegen einer kritischen Beurteilung – der Analyse, assoziiert mit dem Herunterbrechen von Ideen – ist Design Thinking ein kreativer Prozess, der auf dem Aufbau von Ideen basiert (Simon 1969).

Dabei bewegt es sich immer im Spannungsfeld zwischen Anforderungen aus Ökonomie, Technologie und dem Menschen (Nutzer). Design kann die unterschiedlichen in Innovationsprozessen involvierten Disziplinen und Standpunkte integrieren: Durch die Entwicklung vorstell- und fassbarer Lösungsmodelle auf Basis von Designmethoden (wie z.B. Concept/Cognitive Maps, Flow/Process Analysis, Immersion, Moodboards, Collagen, Rollenspiele, Szenarien, usw.) werden die Vertreter der unterschiedlichen Disziplinen auf eine Wissensebene gebracht. Dadurch wird eine kollaborative Kultur ermöglicht. Die Tragfähigkeit einer Lösung kann auf einer einheitlichen Ebene mit unterschiedlichem Fokus betrachtet und auf dieser Basis umfassender bewertet werden. Es wird die Entwicklung einer Bandbreite von Ideen zugelassen, ohne diese in der Anfangsphase einer Entwicklung auf Basis technischer oder ökonomischer Sachzwänge zu bewerten und damit zu „ersticken:" Wild ideas are welcome.

Dabei wird eine breitgefächerte Varianz unterschiedlicher Lösungsansätze angestrebt. Basis für die Ideenentwicklung sind neben Nutzerbedürfnissen auch Eigenschaften bestehender Produktlösungen. Diese können einerseits aus demselben Produktspektrum kommen, andererseits werden auch Lösungen aus anderen Produktspektren transferiert.

Durch interdisziplinäre Arbeitsweisen werden die Chancen auf Transfer erhöht und damit auch die Chance für Innovation. Das Wissen um das „Dingliche" des Artefakts mit kultureller und sozialer Dimension ist der Beitrag des Designs in einem multidisziplinären Umfeld.

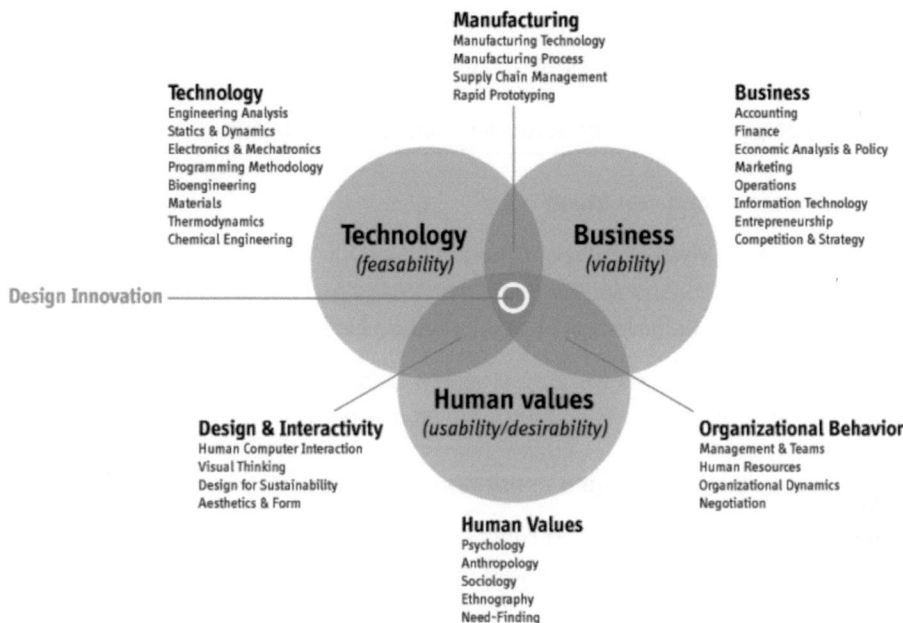

Design Innovation

Manufacturing
Manufacturing Technology
Manufacturing Process
Supply Chain Management
Rapid Prototyping

Technology
Engineering Analysis
Statics & Dynamics
Electronics & Mechatronics
Programming Methodology
Bioengineering
Materials
Thermodynamics
Chemical Engineering

Business
Accounting
Finance
Economic Analysis & Policy
Marketing
Operations
Information Technology
Entrepreneurship
Competition & Strategy

Technology
(feasability)

Business
(viability)

Human values
(usability/desirability)

Design & Interactivity
Human Computer Interaction
Visual Thinking
Design for Sustainability
Aesthetics & Form

Organizational Behavior
Management & Teams
Human Resources
Organizational Dynamics
Negotiation

Human Values
Psychology
Anthropology
Sociology
Ethnography
Need-Finding

Abbildung 4:   Die Projektdomänen des Designprozesses: Technologie, Ökonomie und Human
Values als Treiber für Innovation (Hasso Plattner Institute of Design at Stanford)

Im Design Management wird die positive Rückwirkung auf die Arbeitsatmosphäre durch die Zusammenarbeit mit Designern und der Implementierung von Designprozessen in den Produktentwicklungsprozess ebenfalls beschrieben (Press, Cooper 1995). Als Gründe werden eine hohe Fehlertoleranz auf Seiten der Designer angeführt, der offene, divergente und iterative Charakter des gestalterischen Prozesses sowie einer Arbeitsweise in flachen Hierarchien.

Die positive Rückwirkung auf Planungs- und Entwicklungsprozesse durch Design hängt dabei auch stark von der Unternehmenskultur und der Organisation bzw. Strategie einer Unternehmensleitung ab. Selbst wenn die Implementierung gestalterischer Prozesse auf dieselben Einfluss nimmt, müssen die Abläufe von Entwicklungsprozessen bewusst gesteuert werden. In diesem Zusammenhang wird deutlich, dass nicht allein eine direkte Ebene der Kommunikation zwischen Designer und Ingenieur über eine erfolgreiche Kooperation zwischen beiden entscheidet, sondern auch das unternehmerische Umfeld, seine Normen und Werte (Unternehmenskultur), von denen klare Handlungsanweisungen als Entscheidungsgrundlagen abgeleitet werden müssen (Herbst 2006). Die Kommunikation auf der direkten Ebene ist stark abhängig vom strukturellen Kontext, der die Kommunikation u.U. erschwert oder aufgrund unzureichender Aufgaben- und Rollenverteilung durch die unternehmerische Führungsebene ggf. sogar scheitern lässt.

5 Werkzeuge des Gestalters für die Konzeptentwicklung

5.1 Sichtbarmachen von Ideen

Simulations- und Visualisierungsmethoden unterstützen frühe Projektphasen: Sie erleichtern das Verständnis für komplexe Zusammenhänge und Abläufe eines Projektthemas und befördern die Kommunikation innerhalb eines Projektteams.

Die Projektebenen mit jeweils zugeordneten beispielhaften Methoden und Zielen werden in der Übersicht in Abbildung 5 zusammengefasst.

5.2 Vorteile von Simulationen in der Konzeptentwicklung

Durch die Ergänzung eines Produktentwurfs um Anwender und dessen Umfeld in Form von z.B. einem Storyboard werden „unbekannte" oder schwer vorstellbare Konzepte anschaulich. Produktqualität und Zielgruppenausrichtung werden frühzeitig angedeutet. Der Zugang zur Produktidee wird erleichtert und Projektbeteiligte außerhalb des Design können auf Basis des Vorliegenden neue Sichtweisen und Vorschläge einbringen. Die fassbaren und nachvollziehbaren Varianten können direkt abgeglichen werden, der Abstraktionsgrad ist reduziert. Damit wird auch die Komplexität eines Produkt-Nutzer-Umfeldes geringer. Für die grundlegende Bewertung, ob ein Konzept sinnvoll und tragfähig ist, ist dies vorteilhaft.

Der schnelle Abgleich einer möglichst großen Bandbreite vorstellbarer Ideen kann Entscheidungsprozesse erleichtern. Vor allem der Punkt, an dem eine Produktvariante in die Implementierung überführt wird, entscheidet über die weitere Kostenentwicklung: Der Einsatz humaner und materieller Ressourcen steigt in der Umsetzung dramatisch an (Hytönen, Järvinen und Tuulenmäki 2004). Konzept-Simulationen können an dieser Stelle die Sicherheit von Entscheidungen erhöhen und helfen Risiken abzuschätzen, die andernfalls erst am Ende des Entwicklungsprozesses auftreten und kostenintensiv sind.

Funktionsebene	Beispiele für Methoden	Ziel
Projektebene	Skizze, Storyboard, Szenarioplanung, Storyboard, User Profile, Mock-up, Immersion, Portfolio-Analyse, Questionnaires, Behavior Analysis, ...	- Verstehen von Nutzern - Verstehen von Produkten - Vergleichende Bewertung unterschiedlicher Konzepte - Frühzeitige Offenlegung von Entwicklungs- und Optimierungspotential *(nutzerbezogen)*
	Concept Maps, Flow Analysis, Process Analysis, Questionnaires, ...	- Verstehen der Projektausprägung *(Schwerpunkte)* - Verstehen von Kontexten, Anwendungsabläufen und Bezügen - Betrachtung aus unterschiedlichen Blickwinkeln
Planungsebene	Darstellung der Prozessphasen und -ergebnisse, SWOT/PEST Analysis, ...	- Nachvollziehbarkeit des Entwicklungsprozesses, anstehender Aufgaben und Ergebnisse - Zielgerichtete Produktausrichtung - Optimierung von Prozessen - Kontrollierbarkeit des Projekts *(Zeit- und Kostenmanagement)*
Teamebene	s.o.	- Einheitliche Kommunikationsgrundlage - Erhöhte Ideenvielfalt - Motivationssteigerung durch Integration

Abbildung 5: Simulations- und Darstellungsmethoden der Produktkonzeption im Design

6   Zusammenfassung

„Das Ingenieurwesen, Medizin, Handel und Gewerbe, Architektur und Malerei befassen sich nicht mit dem Notwendigen, sondern mit dem Freiheitsspielraum: nicht damit, wie die Dinge sind, sondern damit, wie sie sein könnten -, kurz, mit Design" (Simon 1969). *Das Ziel des optimal Möglichen vereint die unterschiedlichen Bereiche, die an Innovation beteiligt sind.*

Design kann das Spektrum der Ideen mit Fokus auf den Nutzer erweitern und ergänzen. Produktideen werden durch Simulation greif-, kommunizier- und damit auf emotionaler Ebene bewertbar: „How does it feel?" Die Bildung von Varianten erlaubt eine vergleichende Analyse und optimiert das Ergebnis iterativ. Wird Denken *outside the box* am Anfang von Entwicklungsprozessen statt nach Festlegung detaillierter Projektparameter zugelassen, haben neue Produktdefinitionen und

-konzepte jenseits beschrittener Wege größere Chancen, aktiv unter Begleitung von Designern erarbeitet zu werden. Die formale Gestalt durch Design beeinflusst die Bewertung durch den Nutzer hinsichtlich Qualität, Dauerhaftigkeit und Wertigkeit (Grewal und Baker 1994; Dodds 1991) sowie dem Verstehen einer Leistung bzw. Idee eines Produkts (Nussbaum 1993). Die Arbeit des Gestalters jedoch allein auf formale Aspekte zu reduzieren, degradiert ihn zum „Form-Dienstleister."

Der integrierende und kommunizierende Charakter von designerischen Tätigkeiten kann Entwicklungs- und Entscheidungsprozesse befördern und eine kollaborative Arbeitskultur zwischen den Disziplinen mitentwickeln: Die anschauliche *Simulation* dessen, was sein könnte, schafft einen Bewertungsraum, der über das Verbale und Numerische hinausgeht.

Die Zusammenarbeit zwischen Ingenieuren und Designern sollte früher beginnen, um die Phase der Ideenakzeptanz in Innovationsprozessen möglichst reibungsfrei zu durchlaufen. Die Chancen dafür steigen, wenn alle Beteiligten an Entscheidungsprozessen mitwirken und es einen Konsens über die zu erreichenden Projektziele gibt. Design kann hier Mehrwert hinsichtlich einer reichen Ideenentwicklung, Beförderung von Kommunikation und Integration von Entscheidungsprozessen leisten: „Innovation is a collective and interactive process that is close to the reality of the design process, since it mixes internal and external factors. Design is valued both for its superior product quality and its superior New Product Development process" (Borja de Mozota 1990).

Um das Innovationspotential freizusetzen, das sich aus der Teilnahme unterschiedlicher Disziplinen (nicht ausschließlich Ingenieurwesen und Design) entwickeln kann, müssen auch entsprechend innovationsfreundliche Umfelder struktureller und organisatorischer Art geschaffen werden: "Innovation is not getting better at playing the same game; it´s changing the rules and changing the game. Innovation is not working harder, it´s working smarter" (Dubberly 2008).

Literaturverzeichnis

Arthur D. Little International 1990: Praxis des Design-Management. Frankfurt/Main: Campus Verlag GmbH

Borja de Mozota, B. 2003: Design Management – Using Design to Build Brand Value and Corporate Innovation. New York: Allworth Press

Mareike Graf und Carmen Hartmann-Menzel

Bullinger, H.-J. und Schlick, G.H. 2002: Wissenspool Innovation – Kompendium für Zukunftsgestalter. Frankfurt am Main: Frankfurter Allgemeine Zeitung GmbH, Verlagsbereich Buch

Chow, R. und Jonas, W. 2008: Beyond Dualism in Methodology – an integrative design research medium ('MAPS') and some reflections". DRS conference *Undisciplined!*, Sheffield, 07/2008

Cooper, R. und Press, M. 1995: The Design Agenda – A Guide to Successful Design Management. Chichester: John Wiley & Sons Ltd.

Corsten, H. (Hrsg) 1989: Die Gestaltung von Innovationsprozessen. Berlin: Erich Schmidt Verlag GmbH & Co.

Dubberly, H. 2008: Toward a Model of Innovation. Interactions January + February 2008. Im Internet: http://portal.acm.org/citation.cfm?doid=1330526.1330538, 15.10.2008

Hargadon, A. 2003: How Breakthroughs happen. Boston: Harvard Business School Publishing Corporation

Herbst, D. 2006: Corporate Identity. Berlin: Cornelsen Verlag Scriptor GmbH & Co. KG

Hytönen, J., Järvinen, J., Tuulenmäki, A. 2004: Designium – The new Centre of Innovation in Design, University of Art and Design Helsinki (Hrsg.) 2004. Helsinki: Graficolor Ky

Jonas, W. 2001: Systemtheorie und Designpraxis – Systemdenken und Scenarioentwurf als methodische Komponenten eines erweiterten Designverständnisses.
http://www.conspect.de/jonas/PDF/59_TextSommerlatteADLittle4_01.pdf

Lidwell, W., Holden, K., Butler, J. 2003: Universal Principles of Design, 100 Ways to Enhance Usability, Influence Perception, Increase Appeal, Make Better Design Decisionsm and teach through Design. Glaucester: Rockport Publishers

Lorenz, C. 1992: Die Macht des Design: Der neue Erfolgsfaktor im globalen Wettbewerb. Frankfurt/Main: Campus Verlag GmbH

Meyer, D. 1994: Design Management in mittelständischen Unternehmen. Iserlohn: Hans-Herbert Mönnig Verlag

Norman, D. A. 2008: Filling Much-Needed Holes. Interactions January + February 2008. Im Internet: http://portal.acm.org/citation.cfm?doid=1330526.1330549, 15.10.2008

Owen, C.L. 2007: Beitrag im Internet. *www.BPMInstitute.org,* 15.10.2008

Peters, S. 2004: Modell zur Beschreibung der kreativen Prozesse im Design unter Berücksichtigung der ingenieurtechnischen Semantik. Universität Duisburg-Essen

Scrivener, S.A.R., Liang, K.-C. und Ball, L.J. 2008: *http://www.psych.lancs.ac.uk/people/uploads/LindenBall20050810T110016.pdf,* 22.01.2009

Simon, H. 1996: The Sciences of the Artificial. Cambridge: The MIT Press

Stefik, M. und B. 2004: Breakthrough. Cambridge: The MIT Press

van den Boom, H. und Romero-Tejedor, F. 2003: Zur Praxis des Entwerfens. Hildesheim: Georg Olms Verlag AG

Kontakt

Mareike Graf, M.A.
Hochschule für Gestaltung Schwäbisch Gmünd
Rektor-Klaus-Str. 100
73525 Schwäbisch Gmünd
www.hfg-gmuend.de

Carmen Hartmann, Menzel, Dipl.-Des. (FH)
Hochschule für Gestaltung Schwäbisch Gmünd
Rektor-Klaus-Str. 100
73525 Schwäbisch Gmünd
www.hfg-gmuend.de

Das hybride Innovationskonzept als Werkzeug im Fuzzy Front-End

Jens Krzywinski und *Hilmar Klink*

Abstrakt

Im Mittelpunkt des Beitrages steht die Verzahnung spezifischer Konzept-Werkzeuge aus den Disziplinen Design und Management für die Nutzung in frühen Innovationsphasen. Dazu werden aufbauend auf grundlegenden Darstellungen zum Design- und Innovationsprozess, die Ergebnisse einer empirischen Studie zu Designkonzepten im Transportation Design, und einer theoretischen Studie zu Produktkonzepten im Innovationsprozess präsentiert. In einem zweiten Schritt werden die Gemeinsamkeiten und Unterschiede anhand eines ersten Kriterienrasters diskutiert und der Ansatz eines hybriden Innovationkonzeptes (*hIK*) entwickelt. Mögliche Einsatzfelder und zu erwartende Effekte des Einsatzes eines derartigen neuen Tools werden vorgeschlagen und dargestellt sowie hinsichtlich nächster Entwicklungsschritte diskutiert.

Den Abschluss bildet ein Ausblick auf eine mögliche Adaption des hybriden Innovationskonzeptes auf den Bereich interdisziplinärer und Grundlagen orientierter Forschung sowie die Ansätze einer eigenständigen Forschungsthematik zur integralen Konzeptbildung.

1   Design- und Innovationsprozess

1.1 Design und Innovation als Prozess

Eine Trennung von Design- und Innovationprozess fällt aus Designperspektive naturgemäß schwer, da jeder Designprozess eine mindestens inkrementelle Innovation zum Ziel hat – und entsprechend als Innovationsprozess bezeichnet werden könnte. Umgekehrt hat jeder Innovationsprozess ein neuartiges (und ökonomisch erfolgreiches) Produkt (einen Prozess) als Ziel – und könnte demnach auch als Designprozess, als dem Entwurfsprozess eines Produktes, aufgefasst werden.

Selbstverständlich zueinander gehörig und unnötig zu differenzieren hat das Schwaninger (in Schäppi 2005) beschrieben und uns mit seiner Einschätzung die Richtung gewiesen.

„Wirksame und erfolgreiche Innovation beruht zunehmend auf einer gekonnten Verflechtung funktionalstrukturellen und sozioemotionalen Designs – unter gebührender Integration des Ästhetischen, Ökonomischen, Ökologischen und Ethischen. […] Das Potenzial ist noch riesig."

Dennoch gibt es für die Autoren zwei wesentliche Unterscheidungsebenen der Konzepte:

- Disziplinär begründet verschiedene Beschreibungen, Inhalte und Ziele aufgrund der Verankerung in drei (scheinbar recht weit entfernten) Wissenschaftsfeldern der Betriebswirtschaftslehre, der Ingenieurwissenschaft und dem Design.

- Anwendungsbezogen existieren Unterschiede hinsichtlich der zeitlichen Verortung, der genutzten Aussagekategorien sowie der Akzeptanz in der Praxis.

Im Folgenden sollen zuerst beide Prozesse unabhängig voneinander dargestellt werden, bevor im Anschluss direkt auf die eigentlichen Inhalte der Konzepte eingegangen wird.

Grundsätzlich versteht man unter einem Prozess eine „in einem logischen Zusammenhang stehende Abfolge" von gekoppelten Aufgaben (Gaitanides 1983). Ein Prozess ist stets begrenzt durch einen definierten Anfang und Ende.

1.2 Innovationsprozess

In der Betriebswirtschaftslehre unterscheidet man zwischen Routine- und Innovationsprozessen. Während Routineprozesse sich häufig wiederholende Vorhaben strukturieren, verknüpfen Innovationsprozesse diejenigen Aufgaben und Aktivitäten, die zur Realisierung von Innovationsvorhaben notwendig sind. Somit umfasst ein Innovationsprozess „alle Aktivitäten, um von einer Idee zu einer praktischen Umsetzung zu gelangen" (Tsifidaris 1994) und fungiert als formale Blaupause, die ein neues Produkt von der Idee bis zur Markteinführung begleitet (Cooper 1994).

Innovationsprozesse zeichnen sich durch bestimmte Charakteristika aus, die sie von Routineprozessen unterscheiden:

- Unsicherheit bezüglich der Aktivitäten (Art, Umfang, Dauer, Abfolge)

- Zeitdruck

- Arbeitsteilung ad personam (und damit nicht nach dem Verrichtungsobjekt)

- Potentiell unscharfer Beginn und Ende

- Output nicht exakt vorher bestimmbar

- Schwerpunkt liegt auf effektivem Umgang mit der Ressource „Wissen" (nicht auf effizientem Materialdurchsatz)

Die Bedeutung von Innovationsprozessen lässt sich unter den Aspekten Koordination und Integration zusammenfassen. Einerseits vermittelt der Innovationsprozess einen Überblick über die Aufgaben, die im Rahmen eines Innovationsprojektes anfallen. Er gliedert diese Aufgaben in inhaltlicher und zeitlicher Hinsicht (Scigliano 2003). Anderseits sorgt er für die Integration des Innovationsprojektes in die „Rahmenbedingungen", insbesondere die Versorgung mit den für die Umsetzung notwendigen Ressourcen (De Pay 1995).

Branchenübergreifend herrschen in der Praxis heute überwiegend Innovationsprozesse vor, die auf dem Stage-Gate-Archetyp von Cooper basieren. Dieses aus der NEWPROD-Erfolgsfaktorenforschung abgeleitete Modell ist gekennzeichnet durch eine definierte alternierende Abfolge von Phasen (sogenannten Stages) und Entscheidungstoren (sogenannten Gates). Die Phasen bestehen aus bereichsübergreifenden und parallel durchgeführten Aktivitäten, die sich von der Ideengenerierung über die Konzeptentwicklung, die Produktentwicklung, den Produktionsaufbau und -anlauf bis zur Markteinführung erstrecken. Jeder Abschnitt endet an einem formalisierten Tor, an dem eine Ergebnisüberprüfung sowie die Entscheidung über die weitere Ressourcenzuweisung erfolgen.

Innovationsprozesse lassen sich unterteilen in die Früh- und Spätphasen, die von stark unterschiedlicher Natur sind und dementsprechend verschiedene Anforderungen an das Management stellen. Die Frühphasen beziehen sich auf die Phasen der Ideengenerierung und Konzeptentwicklung, die Spätphasen auf die Produktentwicklung, den Produktionsanlauf sowie die Markteinführung. Die Frühphasen befassen sich also mit deutlich unschärferen Konstrukten, was ihre Charakteristika prägt. So sind sie von hoher Unsicherheit geprägt (z.B. hinsichtlich der zu wählenden Strategie, der zu verwendenden Technologie, der anzusprechenden Kundengruppen), zeichnen sich durch ein hohes Aufgabenspektrum in Kombination mit einer vergleichsweise geringen Bearbeitungstiefe, einer stark durch Trial-and-Error geprägten Vorgehensweise und damit einer eher unstrukturierten Aktivitätenfolge sowie informalen Kommunikations- und Informationsflüssen aus (Kim/Wilemon 2002; Khurana/Rosenthal 1998; Moenaert et al. 1995; Koen et al. 2002).

Die Bedeutung der Frühphasen liegt in der nachhaltigen Beeinflussung von Qualität, Zeit und Kosten des gesamten Innovationsprozesses (Smith et al. 1999). Sie üben einen nachhaltigen, oft als „Hebelwirkung" bezeichneten Einfluss auf die Spätphasen aus. Außerdem bündeln sie sämtliche Aufgaben und Aktivitäten, die als Impuls bzw. Momentum für Innovationen bedeutsam sind. Sie strukturieren das „Unstrukturierbare", indem sie kreative und analytische Aufgaben verknüpfen und individuelle Kreativität einbinden.

1.3 Der Designprozess als Entwurfsprozess

Ausgangspunkt des Designprozesses sind im Allgemeinen Entwurfsaufgaben mit unvollständig definierten (illdefined, illstructured) Problemstellungen (Simon 1973), (Cross et al. 1984), (Buchanan et al. 1996), (Dorst 2004) diese werden auch als komplizierte, verzwickte (wicked) Probleme (Rittel, Webber 1973) bezeichnet. Sie unterscheiden sich damit grundlegend von typischen Aufgaben vieler anderer Wissensbereiche, in denen Art und Form des Ergebnisses bereits mit der Aufgabenstellung feststeht und allein die Qualität oder Quantität noch bestimmt werden muss. Den Endpunkt des Designprozesses bildet ein geometrisch definiertes Produkt, einschließlich aller für seine Herstellung notwendigen Unterlagen.

Der Prozess des Entwerfens innerhalb dieser Aufgaben wird vielfältig z.B. als definierte Abfolge von Arbeitsabschnitten (u.a. Pahl et al. 2007, Schäppi et al. 2005, Cross 2001, Ehrlenspiel 2007, French 1998), als die parallele, iterative Entwicklung von Problem- und Lösungsraum (Dorst, Cross 2001) vergleichbar zu Wissensstand und Problemmodell (Lindemann 2005) oder auf Grundlage der Handlungsregulationstheorie (Hacker 2000, Uhlmann 2005) beschrieben. Einigkeit besteht jedoch weitgehend über den Charakter des Prozesses als zielgerichteter Entwicklung, bei einer sukzessiven Vervollkommnung, einer Evolution im Rahmen iterativer Abläufe.

Wesentliche Unterschiede zwischen Konstruktions- (VDI 2221) und Designprozessen (Uhlmann 2005) sind jedoch gerade in Inhalten und Zielen der drei frühen Arbeitsabschnitte Aufgabe klären, Designkonzept (Funktionen und Strukturen) und Hypothetischer Gesamtentwurf (Lösungsprinzipien und Strukturen), zu suchen. Konkrete Merkmale dieser Differenzen sind die Fokussierung auf episodisches

Jens Krzywinski und Hilmar Klink

Wissen innerhalb der Aufgabenklärung, die erlebensorientierte Wesensbestimmung des Objektes im Designkonzept und die Stellung eines gegenständlichen Gesamtentwurfes in den Anfangsphasen des Entwicklungsablaufs.

Der Designprozess beinhalte demnach alle Schritte, „[…] mit denen ausgehend von einer Aufgabenstellung bis zur Festlegung der Produktdokumentation die für das *Erleben* des Produkts vorzugsweise beim Produktgebrauch notwendigen Informationen erarbeitet werden." (Uhlmann 2006, S. 187) Designprozesse sind im Gegensatz zu Routineprozessen maßgeblich durch dieselben Charakteristika wie Innovationsprozesse (siehe 1.2) bestimmt:

- anfängliche Unsicherheit bezüglich des Ziels

- Output nicht exakt vorher bestimmbar

- Potentiell unscharfer Beginn und Ende

- Zeitdruck, Arbeitsteilung ad personam

- Schwerpunkt liegt auf dem kreativen Umgang mit der Ressource „Wissen"

Aufgrund des iterativen Prozesscharakters können die frühen Prozessabschnitte im Design, eingebettet in die Prozesse im Fuzzy Front-End (Ulrich, Eppinger 2003, S. 16), als die Wichtigsten und Einflussreichsten (Cross 2004, Uhlmann 1992, Uhlmann 2005) betrachtet werden (vergleichbar denen des Innovationsprozesses). Mit dem Designkonzept, der ersten festen „Zieldefinition" (dem Fixpunkt am Ende des Lösungsraumes) wird ein Start- und Leitwert für den Entwurfsprozess definiert, ihm kommt daher eine besondere Rolle zu. Zusätzlich ist die Phase der Konzepterstellung einer der interessantesten Abschnitte, da trotz ihrer anerkannten Bedeutung (u.a. Hacker 2000, Clarkson, Eckert 2005) insbesondere zu dieser Entwurfsetappe bis jetzt außerordentlich wenig empirisches Material und theoretische Modelle existieren (Roozenburg 1993, Keinonen 2006).

1.4 Gemeinsamkeiten und Unterschiede

Diese Beschreibung der Unterschiede erscheint gleichzeitig als Schlüssel für einen gemeinsamen Ansatz: der die bedeutend breitere, umfassendere Beschreibung des Innovationsprozesses in der Betriebswirtschaftslehre nutzt, jedoch für die kreativen Prozessanteile aktuelles Designvorgehen und -werkzeuge integriert. Inhaltlich stehen dabei die Definition des Produktcharakters und damit das Produkterleben durch den zukünftigen Nutzer im Mittelpunkt.

Dass die bei dieser Annäherung zu überwindende Kluft möglicher Weise gar nicht so groß ist, wie teilweise befürchtet, lässt sich wiederum bei Schwaninger nachlesen:

„Design hat insofern mit Management zu tun, als es dabei auch um eine Bewältigung von komplexen Aufgabenstellungen geht, zum Zweck besserer Ausgestaltung technischer, organisationaler und soziokultureller Bedingungen des menschlichen Lebens. Hier soll Design nicht nur als Teil der Produktentwicklung verstanden werden. Es geht auch nicht ausschließlich um Innovation, sondern um einen umfassenden Prozess, in dem Gestaltung und Selbstorganisation zu Evolution und Transformation führen." (Schäppi 2005).

Die weiteren Ausführungen sollen die angesprochene Integration anhand von Produkt- und Designkonzept prototypisch aufzeigen. Die Aktualität dieses Vorhabens ergibt sich aus einer immer weiter zunehmenden Kundenorientierung im Produktentwicklungs- und Innovationsprozess, die sich theoretisch/methodisch im user oriented oder experience design niederschlägt.

Um die darin enthaltenen Erlebensanforderungen bereits in der Konzeptphase zu definieren, benötigt man im Innovationsprozess sowohl neue Inhalte als auch Medien zu ihrer Kommunikation, welche das Design in der Lage ist zu liefern. Anders herum betrachtet, wird es zunehmend unmöglich mit dem Designprozess allein, eine komplexe und interdisziplinäre Problemstellung und ihre Lösung adäquat zu beschreiben und zu unterstützen. Für Entwickler und Entwerfer beider Disziplinen möchte der vorliegende Beitrag eine Reihe von Anknüpfungspunkten bis hin zu konkreten Hilfestellungen liefern.

2 Produktkonzept vs. Designkonzept als Ausgangspunkt eines hybriden Innovationskonzept

2.1 Konzeptphase als einflussreiche und kritische Phase

Die Auswahl der Konzeptphase als Untersuchungsgegenstand erfolgt aufgrund der Einschätzung einer Vielzahl von Autoren, dass es sich bei dieser um eine der kritischsten Phasen handelt (Ulrich & Eppinger 2008, Cagan & Vogel 2002, u.a.). welche aktuell auch durch die Arbeiten der Autoren bestätigt wurde. Ein weiteres wesentliches Argument, ist die Hebelwirkung dieser Phase aufgrund des sehr günstigen Verhältnisses aus beeinflussten und tatsächlich verursachten Kosten. (Ehrlenspiel 2007).

Zwar wird sowohl in der Literatur zu den Frühphasen immer wieder auf den Begriff des Produktkonzeptes eingegangen, jedoch erfolgt zumeist keine explizite Definition (Orihata/Watanabe 2001). Dies führt zu einer Verständnisvielfalt, die vor allem der Tatsache geschuldet ist, dass sich mit der Betriebswirtschaftslehre (hier auch manchmal als Business Case bezeichnet) und den Ingenieurwissenschaften (hier oftmals unter den Bezeichnung Lastenheft) zwei maßgebliche Disziplinen mit der Thematik der Konzeptgenerierung befassen (z.B. Clark/Fujimoto 1991, Cooper 2001, Ulrich/Eppinger 1999). Die folgenden Ausführungen beziehen sich daher auf eine Arbeit von Klink, die sich um eine umfassende Definition des Begriffes bemüht (Klink 2008).

Der Begriff des Konzeptes leitet sich aus dem lateinischen Ursprung „concipere" ab, was „erfassen" bzw. „in sich aufnehmen" bedeutet. Der Begriff „conceptum" als Partizip steht für einen „Plan" bzw. „ersten Entwurf". Somit sind also zwei Aspekte für ein Konzept relevant, nämlich der Aufnahme- und der Entwurfsaspekt. Unter Aufnahmeaspekt wird dabei die prozessbegleitende kontinuierliche Aufnahme relevanter Informationen gefasst, während der Entwurfsaspekt die abschließende Bündelung und Gestaltverleihung dieser Objekte beschreibt.

Anhand des in Tabelle 1 dargestellten (noch unvollständigen) Kriterienrasters soll im Folgenden eine Darstellung der Einzelkonzepte vorgenommen und im Anschluss eine Zusammenführung versucht werden.

2.2 Produktkonzept

Das Produktkonzept stellt den Output der Frühphasen des Innovationsprozesses dar und trennt sie damit von den Spätphasen. Dementsprechend handelt es sich beim Produktkonzept nicht nur um eine wichtige Phase, sondern auch um einen bedeutsamen Meilenstein in der Produktentwicklung.

Vor diesem Hintergrund soll hier unter einem Produktkonzept das Schlussdokument der Frühphasen des Innovationsprozesses verstanden werden, das als vorläufige Repräsentation des anvisierten neuen Leistungsangebotes bzw. Produktes dessen inhaltliche Attribute zu unterschiedlichen Aussagekategorien in verschiedenen möglichen Darstellungsformen präsentiert und dessen spezifischen Charakter herausarbeitet (Klink 2008). Damit geht dieses Verständnis sowohl über die rein betriebswirtschaftliche Definition als Business Case ebenso hinaus, wie über das rein ingenieurwissenschaftliche Verständnis als Lastenheft.

		Produktkonzept (als Ergebnis der Frühphasen des Innovationsprozesses)	Designkonzept (als Ergebnis der Frühphasen des Designprozesses)
Objektbezogene Kriterien (beziehen sich auf Konzept als Konstrukt)	Ziele	vorläufige Repräsentation des neuen Leistungsangebotes; Herausarbeitung des Produkt-"Charakters"	Herausarbeitung des Produkt-"Charakters"
	Aufgaben	Aufnahme (von Information), Entwurf, Kommunikation	Verarbeitung von Information Kommunikation
	Aussagekategorien	Produktdefinition (Kernprodukt, Leistungsangebot, Interner Fit, Externer Fit); Projektdefinition (Aufgaben, Risikoabschätzung, Projektpläne)	Produktdefinition
	Typische Darstellungsformen	textlich (schriftliche oder optisch-akustisch dargebotene Texte, Listen, Tabellen), bildlich-filmisch (Skizzen, Abbildungen, Konstruktionspläne, Filme), modellbasiert (Modelle und Prototypen)	bildlich-filmisch (PhotoCollagen, Illustrationen, Skizzen, Filme)
	Art der Inhalte	*detailliert, vollständig erschöpfend* *objektiv* *quantitativ*	komprimiert, unvollständig fokussiert subjektiv qualitativ
	Strukturierungsgrad	Zu Beginn vergleichsweise gering, aber mit laufender Informationsaufnahme stetig zunehmend	sehr hoch im Sinne von hochkomprimiert, sehr gering im Sinne von sehr abstrakt
Prozessbezogene Kriterien (beziehen sich auf Konzept als Prozessbestandteil)	Beteiligte Subjekte (bzw. Organisationseinheiten)	Technische Entwicklung, Marketing, Design, Strategie	Technische Entwicklung, Marketing, Design, Strategie
	Input/Output/ Verortung	Input: Idee; Output: Lastenheft, Projektbeschreibung und -plan	Input: Problem und Information Output: Zielvorgabe, Produktcharakter
	Wirkung	Strukturierung des Prozessablaufes, Hebelwirkung, Motivation, Integration, Entscheidungsvorbereitung etc.	Zieldefinition, Hebelwirkung, Motivation, Integration, Entscheidungsvorbereitung etc. eingeschränkte Strukturierung des Prozessablaufes

Tabelle 1: Kriterienraster Produktkonzept und Designkonzept

Zur Konkretisierung des Verständnisses von Produktkonzepten sei nun näher auf die in Definition angesprochenen Aspekte Aussagekategorien und Darstellungsformen eingegangen.

Als Aussagekategorie wird der inhaltliche Bereich bezeichnet, zu dem das Produktkonzept Aussagen beinhaltet. Dabei sind grundsätzlich die Aussagekategorien Produktdefinition und Projektdefinition von vorrangiger Bedeutung. Während in der Aussagekategorie Projektdefinition Vorschläge erarbeitet werden, wie das in den Frühphasen umrissene Neuprodukt realisiert werden soll, besteht die Kategorie Produktdefinition aus den Teilbereichen Kernprodukt, Leistungsangebot, interner und externer Fit. Aussagen aus dem Teilbereich Kernprodukt beinhalten Informationen zum originären Neuprodukt und berücksichtigen dabei sowohl Markt- als auch Technologieaspekte (z.B. Krishnan/Ulrich 2001). Aussagen zum Leistungsangebot setzen sich aus Informationen zur Integration von möglichen Nebenprodukten und begleitenden Dienstleistungen zusammen. Zum Teilbereich des internen Fit gehören diejenigen Aussagen, die auf das Verhältnis bzw. die Wirkung des Kernproduktes auf Unternehmensziele, Strategien, Ressourcen und andere Produkte eingehen (z.B. Olofsson 2003; Kuczmarski 1992). Aussagen aus dem Teilbereich des externen Fit beschreiben vor allem die Wirkung des Neuproduktes auf Elemente der involvierten Wertschöpfungskette (z.B. Kunden, Lieferanten) und auf sonstige Rahmenbedingungen (z.B. staatlich-regulatorische Regeln oder gesellschaftliche Anforderungen) (z.B. Hedman/Kalling 2001). Eine Auswahl dieser Informationen für das gemeinsam mit SEW Eurodrive entwickelte schienengeführtes Überwachungssystem CAMTRAIN ist in Abbildung 1 dargestellt.

Dieses Aussagenbündel lässt sich in verschiedenen Formen darstellen. Die Darstellungsform bezeichnet den physisch-materiellen Ausdruck bzw. die Gestalt des Produktkonzeptes und gibt somit an, in welcher physischen Form das abstrakte Aussagebündel umgesetzt bzw. gestaltet ist. In der Praxis herrscht bislang die textliche Darstellung vor, in der die Aussagen anhand von Texten, Listen oder Tabellen präsentiert werden. Allerdings gewinnen mit der bildlich-filmischen und der modellbasierten Darstellung alternative Formen zunehmend an Bedeutung. Bei der bildlich-filmischen Darstellungsform werden Informationen graphisch aggregiert als Skizzen, Abbildungen, Konstruktionspläne oder in Form von kurzen Filmen dargeboten (z.B. Schröder/Jetter 2003). Bei der modellbasierten Darstellung schließlich bedient man sich diverser Modelle (z.B. Propositions-, Ergonomie-, Funktions-, Designmodelle und Prototypen) zur Präsentation des Konzeptes (z.B. Brown 2005).

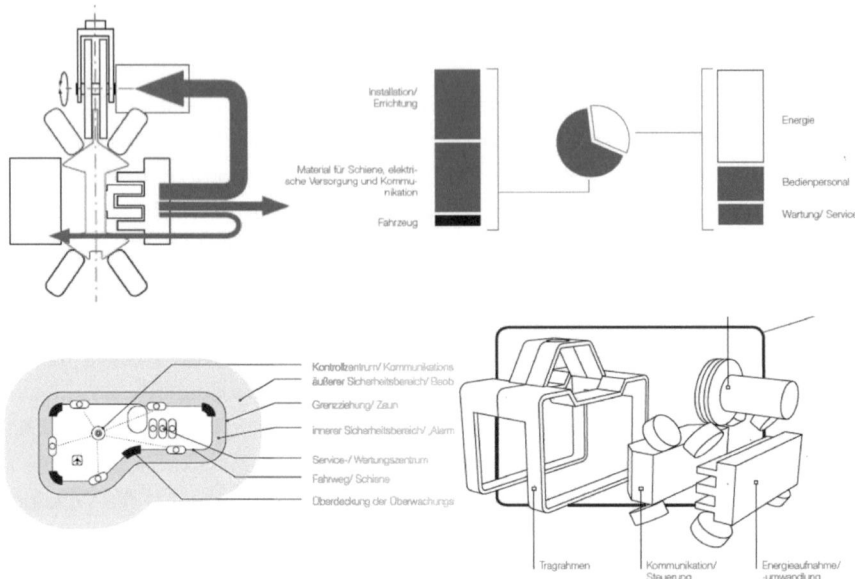

Abbildung 1: Ausgewählte Inhalte eines Produktkonzeptes zu Wirkprinzip, Wirtschaftlichkeit, Installation beim Kunden und prinzipiellem Aufbau (Haase 2009)

2.3 Designkonzept

Das Designkonzept ist eine Zielfixierung, es birgt als „Nukleus" alle wesensbestimmenden Merkmale des Entwurfes in sich. {Uhlmann #300}

Das Designkonzept ist eine zumeist ungegenständliche jedoch fass- und bewertbare Vorwegnahme des zukünftigen Produktes. Es fungiert daher als Brücke zwischen abstrakter und teils vager Informationsbeschaffung und ausdefinierter Produktbeschreibung (Krzywinski 2007). Designkonzepte sind hochgradig verdichtete gedankliche Ausgangspunkte und gleichzeitig Leitgedanken des Entwurfes. Den Ansatz eines solchen Designkonzeptes als Wesensdefinition zeigt Abbildung 2, mit der Problemvisualisierung für CAMTRAIN, das Erlebens eines schienengeführten Überwachungsfahrzeuges als Widerspruch aus professioneller Bewachung und schwebender Bewegung.

Strukturell kann unter dem verwendeten Begriff Designkonzept ein Dreiklang aus einem recht umfassenden Einsatz- und Umweltszenario (u.a. Wölfel & Prescher 2008), einem spezifischen Kundenprototypen (häufig Persona genannt, u.a. Cooper et al. 2005) und als Kern der eigentlichen Wesens-/Charakterbestimmung (Uhlmann 2005) des Produktes verstanden werden (Krzywinski 2008).

Die Existenz derartiger Designkonzepte, als zentrale Bestandteile des Entwurfsprozesses, konnte für das Industrial und Transportation Design im Rahmen einer empirischen Studie von Krzywinski (Krzywinski 2006/2007) nachgewiesen werden. Gleichzeitig konnte auch die Bedeutung eines Designkonzeptes für den Entwurfsprozesses bestätigt werden.

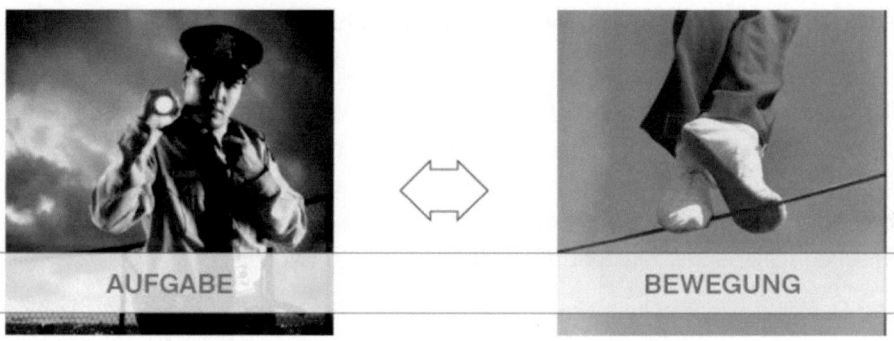

Abbildung 2:   Problemvisualisierung als Ansatz eines Designkonzeptes (Haase 2009)

Designkonzepte entstehen unter Inanspruchnahme des deklarativen und eingeschränkt des prozeduralen Wissens. Durch das im Designkonzept enthaltene Weltwissen des Entwerfers, sind Designkonzepte im Allgemeinen sehr stark biographisch und durch episodische Wissensbestandteile geprägt. Die Art, Menge und der Grad der Verdichtung dieser Ausgangsinformationen, sowie der bewusste und/oder unbewusste Einsatz des Konzeptes sind stark vom Entwerfer selbst abhängig. Die Abhängigkeit vom Entwurfsgegenstand ist demgegenüber gering. Designkonzepte sind somit subjektiv, sowie objekt- und kontextgebunden.

Trotz dieser (scheinbaren) Einschränkungen der Gültigkeit eines Designkonzeptes ist eine Übertragung auf andere Personen und Aufgaben möglich. Das Ergebnis ist jedoch eine persönliche Interpretation (vergleichbar der eines Gedichtes) und entspricht damit immer einer Adaptation des Originals.

Die dem Designkonzept immanente Subjektivität ist einerseits der Schlüssel zu einem lebendigen und individuellen Designkonzept, welches damit einer der Hauptaufgaben von Design gerecht wird: der Erlebbarkeit des Produktes durch den Nutzer und der Abgrenzung vom Wettbewerb. Andererseits ist es Ergebnis der methodischen Ausrichtung auf ein derartiges Vorgehen, sowie der Praxis, in der häufig verglichen mit der Komplexität des Produktes kaum Zeit für eine Analyse- und/oder Überprüfungsphase vorhanden ist. Entsprechend basieren maßgebliche Punkte des Entwurfes häufig auf persönlichen Annahmen des Entwerfers.

Entsprechend gibt kann dies auch als typisches Abbild einer gesamten Profession aufgefasst werden, in welcher die Balance aus Analyse und Synthese häufig in Richtung der Synthese verschoben ist. Was zugleich die wesentliche Stärke von Design als auch ein kritischer Angriffspunkt ist.

2.4 Motivation und Ansätze einer Zusammenführung

Für die beiden dargestellten Konzepte gilt, dass sie als Werkzeuge der Synthese über den zumeist genutzten Anwendungsbereich von Kreativitätstechniken hinaus gehen, jedoch vor dem eigentlichen Produktentwicklungsprozess stehen. Sie befinden sich damit in einem theoretischen Niemandsland sowie in einer kleinen vorschriftsfreien Enklave der Praxis. Klink verortet diesen Zustand sehr treffend zwischen „Chaos und Rigidität" (Klink 2008).

Das Designkonzept selbst eignet sich einerseits als fokussierendes und kompri- miertes Innovationswerkzeug. Es kann damit eine klare, inhaltliche Klammer für zergliederte Entwicklungsprozesse bilden, die bisher weitgehend rein organisato- risch zusammengehalten werden. Ergänzend verortet das dargestellte Produktkon- zept die zu definierenden Produktentwicklungsinhalte in einen größeren umfassen- den Kontext, der heutzutage notwendig ist, um tatsächlich innovativ zu werden. Der Ansatz, ein hybrides Konzeptionstool (Abbildung 3), durch die Zusammenführung beider Konzeptmodelle zu bilden, erscheint vielversprechend und wird im Folgen- den durch die Autoren entwickelt.

Die Motivation für eine Zusammenführung liegt zuvorderst in der vertikalen und horizontalen Integration aller am Innovationsprozess Beteiligen. Verbunden mit einer inhaltlichen Integration können Innovationsprozesse damit beschleunigt, zielgerichteter orientiert sowie transparenter strukturiert werden.

Ziel dieses Konzepttools ist es, eine vorläufige, jedoch umfassende Repräsentation des neuen Leistungsangebotes bei einer klaren Definition des Produkt-"Charakters" zu erreichen.

Kernaufgaben bezüglich des Produktes sind die Aufnahme und Verarbeitung von Information zu einem ersten Ziel und Entwurf. Ein wesentlicher weiterer Schwer- punkt ist die Überführung zentraler Inhalte in einer für alle beteiligten Disziplinen, Abteilungen und Personen verständlichen Form.

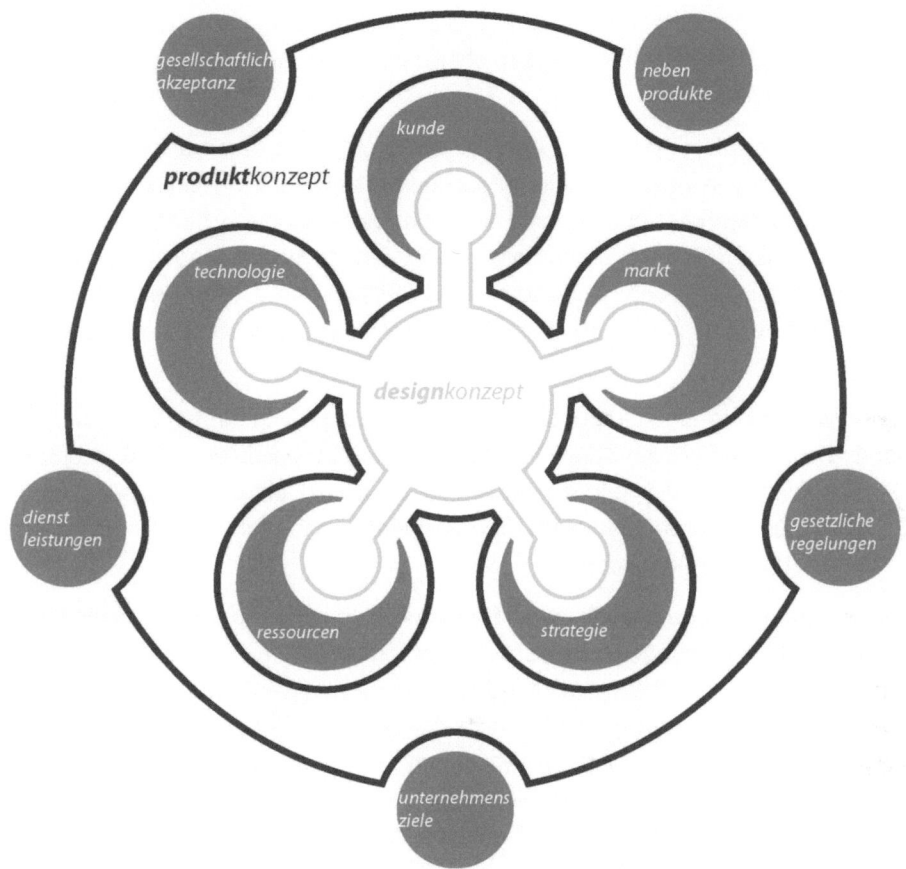

Abbildung 3:   Modell des hybriden Innovationskonzeptes als Integration von Produkt- & Designkonzept

Um dieser Kommunikationsaufgabe gerecht werden zu können, werden hybride Darstellungsformen als Kombination bisher vorzugsweise textlich, nummerisch aufbereiteter Produkt- und bildlich dargebotener Designkonzepte empfohlen. Dies kann Photocollagen und Illustrationen ebenso enthalten, wie Skizzen, Schemata oder Filme.

Das hybride Innovationskonzept enthält Aussagen zur Produkt- (Kernprodukt, Leistungsangebot, Interner Fit, Externer Fit) und Projektdefinition (Aufgaben, Risikoabschätzung, Projektpläne). Diese verbinden den vorzugsweise quantitativen, objektiven und technisch-marketing-organisationsorientierten Aussagencharakter des Produktkonzeptes mit dem eher qualitativen, subjektiven und emotionalen des Designkonzeptes.

Ausgehend vom Design-/Innovationsprozess stimmen die daran beteiligten Disziplinen (in Form von Personen oder Organisationseinheiten) in beiden Konzeptauffassungen weitgehend überein und beinhaltet unter anderem Strategie, Management, Marketing und Technische Entwicklung. Jedoch ist der Grad der Einbindung sehr unterschiedlich, und reicht vom kurzen Einblick (im Designkonzept) bis zur Festlegung der Zusammenarbeit über die gesamte Projektlaufzeit (im Produktkonzept).

Hinsichtlich von In- und Output der Konzeptionierung durchdringen sich die bisherigen Ansätze und weisen damit auch die Richtung für das integrierte Konzepttool. Diese beginnt mit einer offenen Problemstellung und entwickelt diese über die Stationen Zielvorgabe, Idee und Produktcharakter bis zur Festschreibung von Lastenheft und Projektplan.

Wesentliche Wünsche bezüglich der Wirksamkeit von Konzepten, hinsichtlich einer besseren Strukturierung, Motivation und Integration aller am Projekt beteiligten Personen, mit dem Ziel ein bedeutender Hebel für das gesamte Innovationsvorhaben zu sein, knüpften sich auch an bisherige Ansätze. Durch die vorgeschlagene direkte Kombination aus hoher Vernetzung und Verbindlichkeit des Produktkonzeptes mit der Erlebbarkeit und Flexibilität des Designkonzeptes wird jedoch endlich erhebliches Verbesserungspotential erschlossen.

3 Mögliche Einsatzfelder und Effekte

Das vorgestellte hybride Innovationskonzept eignet sich insbesondere für hochgradige Innovationsprozesse, in welchen Unschärfe und Unsicherheit von Aussagen gegenüber alltäglichen Entwicklungsprozessen erheblich ansteigt. Dies erfordert eine bedeutend höhere Integrationsleistung der beteiligten Disziplinen auf den unterschiedlichsten Ebenen, wesentlich unter anderem bei der Zieldefinition, den Kerninhalte und kritischen Prozessen. Eine Konzeptbeschreibung die dies leisten kann, wird damit selbst zum essentiellen Innovationswerkzeug.

Der Einsatz eines *hIK* bietet sich vorzugsweise in folgenden situativen, kommunikationsfokussierten Kontexten an: branchenübergreifend für mittelständige bis große Firmen mit stark diversifizierten Abteilungen, ausgeprägt arbeitsteiligen Innovationsprozessen sowie insbesondere bei der Einbindung externer Dienstleister oder internationaler Partner. Darüber hinaus kann das *hIK* jedoch auch die Grundlage eines strategischen Beratungskonzeptes bilden.

Das *hIK* lässt sich im Innovationsprozess an ganz verschiedenen Punkten als wirkungsvolles Werkzeug einsetzen. Im ersten Schritt kann es interpretiert werden als Erstellungsanleitung für ein umfassendes Innovationskonzept, während es im weiteren Verlauf des Innovationsprozesses als Leitfaden Orientierung und Fokussierung bietet. Abschließen fungiert es im Rahmen der Gates an Meilensteinen als Checkliste um das Erreichte zu messen und zu beurteilen. Mit dem enthaltenen Produktkonzept wird eine umfassende Basis und zeitliche Einordnung für das Designkonzept gelegt, während es diesem obliegt, die Inhalte des Produktkonzeptes weiter zuzuspitzen und erlebbar zu machen. Von Beginn bis zum Abschluss des Innovationsprozesses dient es als wesentliches, integrierendes Kommunikationsmittel.

Nachfolgend wird auf zwei dieser Funktionen als Kommunikationsmittel und Beurteilungswerkzeug näher eingegangen.

Dem Designkonzept inhärent ist seine ganzheitliche Auffassung, welche sich maßgeblich in visuellen Darstellungsformen (Abbildung 4) widerspiegelt und grundsätzlich geeignet ist, die Vielzahl an Einzelinformationen des Produktkonzeptes in wenigen Metainformationen zu bündeln und zu kommunizieren. Mit dem hybriden Innovationskonzept kann es gelingen, derartige Metainformationen, mit vertretbarer Unschärfe für jeden am Entwicklungsprozess Teilnehmenden, lesbar zu machen und ihn, in einem zweiten Schritt in die Lage zu versetzen, selbst Metainformation zu erzeugen. Damit einhergehen, würde eine geringere Anzahl an Missverständnissen, höhere Effizienz und stärkere Flexibilität, die der Vagheit zu diesem Projektstand angemessen ist, gleichzeitig aber eine explizite Richtung vorgibt. Im günstigsten Fall entsteht ein Informationsnukleus, der abteilungs- und hierarchieunabhängig die wesentlichen Produkt- und Prozess- (besser noch) Innovationsmerkmale enthält.

Abbildung 4:   Moodboard für CAMTRAIN als Kernwerkzeug des Designkonzeptes (Haase 2009)

Mit dem vorgestellte Innovationskonzept existiert erstmals ein Werkzeug, das sowohl eine schnelle ganzheitliche Beurteilung erlaubt. Diese kann unter anderem auch von fachfremden Personen (Management oder Kunden) durchgeführt werden. Dies ist ein wesentlicher Vorteil um den zu erwartenden wirtschaftlichen Erfolg einer Innovation anhand seiner tatsächlichen Kundenorientierung zu beurteilen. Andererseits enthält das *hIK* notwendige Detailinformationen um intensive, vergleichende firmeninterne Bewertungen auszuführen. Es bietet damit ein Tool, um Entscheidungsprozesse einerseits zu beschleunigen, andererseits abzusichern und zu stabilisieren.

Mit dem vorliegenden Paper zu Interaktion und Integration von Design- und Produktkonzepten sind erstmals theoretisch begründete, gemeinsame Ansätze für ein hybrides Werkzeug vorhanden. In einem nächsten Schritt müssen diese Ansätze weiterentwickelt, praxistauglich ausgebaut und mit nationalen Industriepartnern erprobt werden. Zielgruppe dafür sind mittelständige und große Unternehmen in unterschiedlichsten Branchen der Produktentwicklung vom Investitionsgüter- bis hin zum Dienstleistungssektor. Erste Ansätze für eine derartige Erprobung wurden innerhalb des Projektes CAMTRAIN gemeinsam mit SEW Eurodrive (Abbildung 5) unternommen.

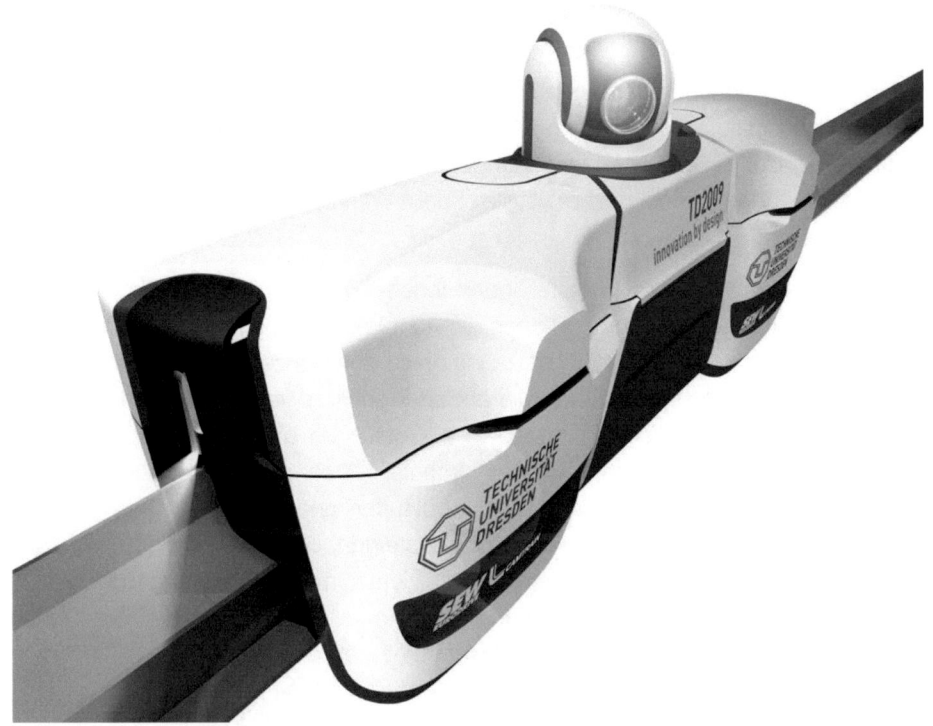

Abbildung 5:   CamTrain abgeschlossener Entwurf eines
                schienengeführten Überwachungsfahrzeuges (Haase 2009)

4   Zwei mögliche Anwendungen auf dem Forschungssektor – Innovationskonzepte für Forschungstransfer und hybride Forschungskonzepte

In einem ersten Schritt kann das Innovationskonzept im Rahmen des Transfers interdisziplinärer Forschungsprojekte des DRESDEN Konzeptes (des Forschungs-verbundes von Universität und außeruniversitären Forschungseinrichtungen) erprobt werden. Dieses Vorgehen lässt sich methodisch als Design inclusive Research einordnen, in welcher die entstehenden Konzepte selbst wieder zum Ausgangspunkt von Forschungsfragen werden und so neue Forschung in Gang setzen. Das hybride Innovationskonzept würde damit weit über den Designbereich hinaus zur Anwendung kommen, evaluiert und vervollkommnet werden.

Insbesondere im Rahmen dieses Symposium ist jedoch weiterhin die Fragestellung interessant, welche Beziehung Forschung und Innovation direkt zueinander eingehen könnten? Eine, die nicht nur in ihrem bloßen Nacheinanderfolgen im industrie-nahen F&E Prozess besteht, sondern Antworten auf die Frage nach hochgradig innovativen Forschungsthemen gibt? Beginnend bei einem Vergleich zum bereits dargestellten Produktentwicklungsprozess, taucht die Frage auf, was sich inner-halb der Konzeptphase eines Forschungsthemas tatsächlich abspielt und wie dem dargestellten Innovationskonzept vergleichbare Werkzeuge in dieser Phase ausse-hen könnten.

Definitionsgemäß sind die Fragestellungen innerhalb von Forschung noch offener, als in der Produktentwicklung und auch die Randbedingungen häufig noch weniger klar. Die Bedingungen für den Einsatz eines hybriden Konzeptes sind somit eigent-lich ideal. An die Stelle des zu innovierenden Produktes tritt jetzt das Forschungs-ziel, welches innerhalb eines Konzeptes als der Kern und Charakter eines For-schungsprojektes beschrieben werden könnten. Den bisherigen Ausführungen folgend, würde damit die Kommunizier-, Strukturier- und die Bewertbarkeit beson-ders in frühen Forschungsphasen deutlich ansteigen. Dies sollte sowohl interdiszi-plinäre Forschungsvorhaben fördern und effizienter machen, als auch die gesell-schaftliche Sichtbarkeit und Relevanz von Forschung erhöhen. Die Autoren befürworten daher den explorativen Einsatz eines hybriden Forschungskonzeptes im Bereich der Grundlagen- ebenso wie der angewandten Forschung.

Literaturverzeichnis

Brown, T. (2005): Strategy by Design. In: Fast Company, Juni: S. 2-4.

Buchanan, R.; Margolin, V. (Hrsg.) (1996): Discovering design. Explorations in design studies. Chicago Univ. of Chicago Press.

Cagan, J., Vogel, C. M. (2002): Creating breakthrough products : innovation from product planning to program approval.Upper Saddle River, New York : Financial Times/Prentice Hall

Clark, K.B./Fujimoto, T. (1996): Das Erfolgsgeheimnis integrer Produkte. In: Harvard Business Manager, Sonderheft Innovationsmanagement, Band 2: S. 26-36.

Clarkson, J.; Eckert, C. (2005): Design process improvement. A review of current practice. London: Springer.

Cooper, M., Press, R. (2005): The Design Experience. Ashgate

Cooper, R.G. (1994) : Perspective : Third-Generation New Product Processes. In: Journal of Product Innovation Management, Jg. 11: S. 3-14.

Cross, N. (2001): Engineering design methods. Strategies for product design. Chichester: Wiley.

Cross, N. (2004): Expertise in Design. an overview. In: Design Studies, Jg. 25, H. 5, S. 427–441.

Cross, N. (Hrsg.) (1984): Developments in design methodology. Chichester: Wiley.

De Pay, D. (1995): Informationsmanagement von Innovationen. Habilitation. WHU Vallendar.

Dorst, K. (2004): On the Problem of Design Problems. problem solving and design expertise. In: The Journal of Design Research, H. 2. Online verfügbar unter http://research.it.uts.edu.au/creative/design/papers/23DorstDTRS6.pdf, zuletzt geprüft am 12.03.2007.

Dorst, K.; Cross, N. (2001): Creativity in the design process. co-evolution of problem–solution. In: Design Studies.

Ehrlenspiel, K. (2007): Integrierte Produktentwicklung. Denkabläufe, Methodeneinsatz, Zusammenarbeit. 3., aktualisierte Aufl. München ; Wien: Hanser.

French, M. J. (1998): Conceptual design for engineers. London, GB: Springer.

Gaitanides, M. (1983): Prozessorganisation. München: Hanser.

Hacker, W.(2000): Konstruktives Entwickeln als Tätigkeit. Versuch einer Reinterpretation des Entwurfsdenkens. Dresden. (Forschungsberichte Psychologie TU Dresden, 76).

Hedman, J./Kalling, T. (2001): The Business Model: A Means to Understand the Business Context of Information and Communication Technology. Arbeitspapier. Institute of Economic Research: Lund University.

Keinonen, T., Takala, R. (Hrsg.). (2006): Product concept design. A review of the conceptual design of products in industry. London: Springer.

Khurana, A./Rosenthal, S. (1998): Towards holistic "Front Ends" in the New Product Development. In: Journal of Product Innovation Management, Jg. 15, Heft 1: S. 57-74.

Kim, J./Wilemon, D. (2002): Focussing the Fuzzy Front End of New Product Development. In: R&D Management, Jg. 32, Heft 4: S. 269-279.

Klink, H. (2008): Entwurf und Management eines "Konzeptors" für hochgradige Produktinnovationen : effektive Konzeptentwicklung in der Frühphase des Innovationsprozesses mittels organisationaler Intelligenz. Dresden : TUDpress

Koen, P. et al. (2002): Fuzzy Front End: Effective Methods, Tools and Techniques. Draft PDMA 2002 Tool Book.

Krishnan, V./Ulrich, K.T. (2001): Product Development Decisions: A Review of the Literature. In: Management Science, Jg. 47, Heft 1: S. 1-21.

Krzywinski, J./Bongard, K. (2007): Core Design Ideas (CDI) as Nucleus for Individual, Innovative Design Solutions, in: The International Association of Societies of Design Research (IASDR) 2007 Emerging Trends in Design Research, Hong Kong

Krzywinski, J. (2008): Design Concept Development in Transportation Design, In: Proceedings of the 2008 Design Research Society Conference, Sheffield Hallam University

Kuczmarski, T.D. (1992): Managing New Products: The Power of Innovation. Englewood Cliffs: Prentice Hall.

Lindemann, U. (2005): Methodische Entwicklung technischer Produkte. Methoden flexibel und situationsgerecht anwenden. Berlin: Springer (VDI).

Moenaert, R.K. et al. (1995): R&D and Marketing Communication during the Fuzzy Front End. In: IEEE Transactions of Engineering Management, Jg. 42, Heft 3: S. 243-258.

Olofsson, D.(2003): Organizing for Effective New Product Development: The Moderating Role of Product Innovativeness. In: Journal of Marketing, Jg. 59, Heft 1: S. 48-62.

Pahl, G.; Beitz, W.; Feldhusen, J.; Grote, K. H.; Wallace, K.; Blessing, L. T. (2007): Engineering design. Asystematic approach. London: Springer/Design Council; Springer.

Rittel, H.W.J.; Webber, M.M. (1973): Planning problems are wicked problems. In: Policy Science, Jg. 4, S. 155–169.

Roozenburg, N. (1993): Design theory and methodology. Books and Publications. In: Design Studies, Jg. 14, H. 2, S. 222–224.

Schäppi, B.; Andreasen, M.; Kirchgeorg, M.; Radermacher, F.-J. (2005): Handbuch Produktentwicklung. München: Hanser.

Schröder, H.H./Jetter, A.J. (2003): Integrating Market and Technological Knowledge into the FFE: An FCM-Based Action Support System. In: International Journal of Technology Management, Jg. 26, Heft 5: S. 517-539.

Scigliano, D. (2003): Das Management radikaler Innovationen. Wiesbaden: Deutscher Universitäts-Verlag.

Simon, H. A. (1973): The structure of ill structured problems. In: Artificial Intelligence, Jg. 4, S. 181–201.

Smith, G. et al (1999): Front-End Innovation at Allied Signal and Alcoa. In: Research Technology Management, Jg. 42, Heft 6: S. 15-24

Tsifidaris, M. (1994): Management der Innovation. Renningen: Expert-Verlag.

Uhlmann, J. (1992): Design für Ingenieure. Dresden.

Uhlmann, J. (2005): Die Vorgehensplanung Designprozess für Objekte der Technik mit Erläuterungen an einem Entwurfsbeispiel, Dresden: TUDpress Verlag der Wissenschaften

Uhlmann, J. (2006): Kunst in der Technik. Unveröffentlichtes Manuskript, 2006, Dresden.

Ulrich, K.I T./Eppinger, S. D. (2008): Product design and development 4. ed., internat. ed. Boston [u.a.] : McGraw-Hill

Wölfel, C./Prescher, C. (2008): A Definition of Design Knowledge and its Application to two Empirical Studies. In: Swiss Design Network (Eds.): Focused – Current Design Research Projects and Methods, Swiss Design Network Symposium 2008, pp. 285-300, Berne (Suisse)

Kontakt

Dipl.-Ing. Jens Krzywinski
TU Dresden
Lehrstuhl Konstruktionstechnik/CAD
Zentrum für Technisches Design
www.tu-dresden.de/tdesign

Dr. Hilmar Klink
Dr. Wüpping Consulting
Lennershofstraße 162,
44801 Bochum,
Deutschland
www.wuepping.com

Entwicklung eines strukturierten Entwurfstagebuches zur Unterstützung und Dokumentation von Entwurfsprozessen

Claudia Prescher, Frank Drechsel, Christian Wölfel, Robert Jung und *Ernst-Eckart Schulze*

Zusammenfassung

Die Erforschung der Designtätigkeit gestaltet sich häufig schwierig. Oftmals muss auf zeitlich begrenzte künstliche Aufgaben zurückgegriffen werden, um z. B. mit Hilfe von Beobachtung den Entwicklungsprozess beschreiben zu können. Oder Entwickler werden parallel zur oder im Anschluss an die Entwicklungstätigkeit retrospektiv befragt. Diese Forschungsansätze haben Grenzen, die in einer Ungenauigkeit der Daten bestehen oder in der Störung des Entwicklungsprozesses. Der zweite und wichtigere Aspekt besteht in der fehlenden Möglichkeit vor allem von Studierenden, ihr Vorgehen in geeigneter Form zu reflektieren und zur Nachnutzung zu dokumentieren.

Der vorliegende Beitrag schildert die interdisziplinäre Entwicklung eines methodischen Werkzeuges, welches die Reflexion von Arbeitsschritten im Entwurfsprozess unterstützen und realitätsnahe Dokumentation von Entwurfsprozessen im Sinne einer angestrebten Nachnutzbarkeit ermöglichen kann: das strukturierte Entwurfstagebuch.

Problemlage

Es besteht allgemein Konsens darüber, dass Innovationen für das Überleben am Markt unabdingbar sind. Im Rahmen aktueller wirtschaftlicher Entwicklungen sind die Wege zur Innovation kurz, effektiv und effizient zu gestalten, da sich kein Unternehmen aufwändige Entwicklungen oder gar Fehlentwicklungen leisten kann. Gefragt sind Unterstützungsmethoden, die im Hinblick auf einen optimierten Entwurfsablauf wirken.

„Wie kann jemand etwas planerisch vorherbestimmen, was er noch nicht weiß?" (Scholl 2004 S. 6). Dieses Innovationsparadox beschreibt das Problem, dass Innovationen einerseits nicht geplant werden können, da es um die Entwicklung des bislang Unbekannten geht, andererseits aber in Anlehnung an Bekanntes geplant werden sollen (Scholl 2004). Hacker (2005) beschreibt die Entwurfstätigkeit als schöpferisches Problemlösen, welches sich durch eine vage Zielbeschreibung sowie zahlreiche wechselwirkende Bedingungen auszeichnet, welches allerdings eine äußerst wissensreiche Denkaufgabe darstellt.

In der Literatur finden sich zahlreiche Berichte und Studien zur Unterstützung von Entwurfsprozessen, die sich zum einen auf externe materialisierende Hilfsmittel (z. B. Römer 2002; Schütze 2003; Sachse, Hacker & Leinert 2004) zum anderen auf kognitive Unterstützungsmethoden, wie fragenbasierte Reflexion (z. B. Wetzstein 2004; Winkelmann 2005) beziehen. Letztere dienen vor allem der Bewertung von Zwischen- oder Endergebnissen mit dem Ziel, diese zu optimieren. In Ergänzung zu diesem Methodenbaukasten soll im Sinne einer reibungsarmen Gestaltung von Entwurfsprozessen ein Instrument zur Unterstützung des Entwurfsprozesses entwickelt werden, das in allen seinen Phasen anwendbar ist. Das zu entwickelnde Instrument soll mit einem geringen zusätzlichen Aufwand verbunden und weitestgehend strukturiert sein. Es soll den Entwurfsprozess optimieren helfen sowie eine Dokumentationsfunktion übernehmen und Stufen/Meilensteine des Entwurfsprozesses festhalten.

Dieses Instrument soll als Entwurfstagebuch vorerst bei Entwurfsprojekten Studierender eingesetzt, formativ evaluiert und angepasst werden.

Entwicklung des Tagebuches

An der Entwicklung des Tagebuches war ein Team aus Designern und Psychologen beteiligt. In mehreren Zusammenkünften wurden die Ziele, Kriterien und Inhalte für ein Entwurfstagebuch formuliert. Die Ergebnisse der Absprachen werden im Folgenden dargestellt.

Zunächst wurden gemeinsam Ziele definiert, die mit einem strukturierten Entwurfstagebuch verfolgt werden sollen. Diese bestanden darin, dass

Claudia Prescher, Frank Drechsel, Christian Wölfel, Robert Jung und Ernst-Eckart Schulze

- durch das Entwurfstagebuch der Entwurfsprozess zeitnah dokumentiert werden soll, um die Nachvollziehbarkeit der Entwurfsprozesse im Vergleich zu retrospektiv angefertigten Prozessdokumentationen zu erhöhen und somit
- das Entwurfstagebuch einen Teil der Bewertungsgrundlage darstellen kann.
- die Studierenden im Design durch diese Dokumentation ihrer Arbeitsschritte im Entwurfsprozess unterstützt werden sollen, indem Erreichtes reflektiert wird und erarbeitetes Material zusammenfassend aufbereitet wird.
- im Entwurfsprozess getroffene Entscheidungen transparent gemacht werden sollen.
- Entwurfsziele fixiert und nächste Schritte geplant werden sollen.
- das Tagebuch themenunabhängig genutzt werden kann.
- mit dem Entwurfstagebuch standardisierte Daten für unterschiedliche wissenschaftliche Untersuchungen vergleichbar abgebildet werden sollen.

Diese Dokumentation des Entwurfsprozesses soll den Lehrenden im Design die Möglichkeit geben, Entscheidungsprozesse im Entwurfsprozess der Studierenden nachvollziehen zu können und, da das Entwurfstagebuch permanent von den Lehrenden eingesehen werden kann, gegebenenfalls korrigierend eingreifen zu können. Auf der Basis dieser prozessnahen Dokumentationen können bei Bedarf auch Forschungsfragen zum Entwurfsprozess dokumentenanalytisch untersucht werden.

Neben den angeführten Zielen muss ein Entwurfstagebuch auch gewisse Anforderungen erfüllen. Folgende Kriterien wurden als wichtig erachtet:

- Der Bearbeitungsumfang soll wöchentlich eine halbe Stunde nicht überschreiten, der zusätzliche Aufwand zur Entwurfstätigkeit sollte eher gering sein.
- Das Ausfüllen findet parallel zum Entwerfen, also entwurfsbegleitend statt, der Ausfüllrhythmus ist wöchentlich.
- Die Fakten müssen chronologisch geordnet enthalten sein.
- Der Betreuer erhält jeweils einen Tag vor den Konsultationen die aktuelle Seite des Tagebuches.
- Zum schriftlichen Teil soll eine Auswahl relevanter Skizzen zusammengefasst auf einem DIN A4-Blatt abgegeben werden. Skizzen sollen nummeriert werden.
- Im verbalen Teil des Tagebuches kommen offene Fragen (ohne Antwortvorgabe) und geschlossene Fragen (mit Auswahlantworten) zur Anwendung. Die geschlossenen Fragen dienen der Evaluation des Tagebuches.
- Der verbale Teil sollte, um den Aufwand gering zu halten, nicht viel mehr als eine DIN A4-Seite umfassen.
- Das Tagebuch soll für Personen, die sich mit dem Entwurfsthema weiter beschäftigen, nachnutzbar sein.

- Das Entwurfstagebuch steht gleichbedeutend für die Dokumentation eines Entwurfsverlaufes. Es deckt dabei nicht die Phasen von *Aufgabe klären* und *Designkonzept* sowie die Ergebnisdarstellung und -bewertung bei der Dokumentation eines Entwurfsprojektes ab.

Aus diesen Vorinformationen und Absprachen wurden folgende Inhalte für das Entwurfstagebuch festgelegt. Das Entwurfstagebuch soll aus zwei Informationsquellen bestehen: einem schriftlichen Teil zur Entwurfstätigkeit und einem Teil mit bildlichen Darstellungen (Skizzen, Screenshots, Fotos …).

Als relevante Inhalte für den schriftlichen Teil des Entwurfstagebuchs wurden die Folgenden definiert:

- pro Reflexionsschritt (oder Tagebuchseite) mit Hilfe offener Fragen:
  - Erfassen der Tätigkeiten
  - Einschätzung der Zielerreichung
  - Schwierigkeiten und Umgang damit
  - Planung weiterer Arbeitsschritte
  - Recherchestrategien, d. h. Woher kommen die Ideen und das Wissen, die in den Entwurf einfließen?
- standardisierte Erfassung der Begeisterung für das Projekt, der Zufriedenheit mit dem Arbeitsstand, der Zielorientierung und der wahrgenommenen Unterstützung durch das Tagebuch für den Zweck der Evaluation.

Für den bildlichen Teil sollen die Studierenden aus allen Skizzen und Zeichnungen der vergangenen Woche die relevanten Zeichnungen einscannen und so anordnen, dass sie auf ein A4-Blatt passen. Hat der Entwerfende entschieden, welche Varianten er verfolgen wird, soll die bildliche Dokumentation eine Zeichnung mit allen wesentlichen Entscheidungen enthalten. Die Zeichnungen sollen wenn möglich datiert, mindestens aber nummeriert sein. Sie müssen einem verbalen Teil, d. h. einer Tagebuchseite, zugeordnet werden können. Der verbale Teil muss datiert sein und auf die entsprechenden Skizzen verweisen.

Dieses im Ergebnis vieler Diskussionen entstandene Entwurfstagebuch soll im nächsten Schritt im Entwurfsprozess erprobt werden.

Formative Evaluation

Ziele

Im Rahmen dieses Beitrages besteht das Ziel der formativen Evaluation im Ermitteln von Stärken und Schwächen des entwickelten Entwurfstagebuches. Es soll überprüft werden, welche Teile des Entwurfstagebuches funktionieren und welche

Claudia Prescher, Frank Drechsel, Christian Wölfel, Robert Jung und Ernst-Eckart Schulze

Teile überarbeitungsbedürftig sind. Dabei geht es um die Anwendbarkeit und Akzeptanz durch sowie den subjektiven Nutzen für den Anwender. Ferner werden im Austausch mit den Anwendern Verbesserungsmöglichkeiten gesammelt, die in eine überarbeitete Version des Entwurfstagebuches eingearbeitet werden. Das Ziel besteht darin, die überarbeitete Version des Entwurfstagebuches in der Ausbildung für Projektarbeiten im Design zur Dokumentation und Reflektion des Entwurfsvorganges anzuwenden.

Stichprobe

Für eine Testanwendung des Entwurfstagebuches haben sich zwölf Studierende des vierten Studienjahres Technisches Designs an der Technischen Universität Dresden bereiterklärt. Im Rahmen einer einsemestrigen Lehrveranstaltung war durch diese Studierenden zu einem vorgegebenen Thema ein Objekt zu entwerfen.

Durchführung

Bei dieser Studie handelt es sich um eine Längsschnittuntersuchung an einer Gruppe mit dem Ziel die Anwendbarkeit des entwickelten Entwurfstagebuches zu prüfen. Die Studierenden hatten die Aufgabe, für die gesamte Dauer des Entwurfsprozesses wöchentlich ein Tagebuchblatt online auf der Lernplattform OPAL des Bildungsportals Sachsen auszufüllen und Bildmaterial aus dem Entwurfsprozess zu dokumentieren und ebenfalls auf dieser Lernplattform abzuspeichern. Der Zugang erfolgte passwortgeschützt, sodass nur der Lehrende Zugriff auf alle Daten sowie die Studierenden auf ihre eigenen Daten hatten. Insgesamt wurden über einen Zeitraum von 13 Wochen Tagebuchblätter und Bildmaterial gesammelt.

Qualitativ wurden folgende Variablen erfasst:

- in der vorangegangenen Woche erledigte Tätigkeiten
- Einschätzung der Zielerreichung
- Schwierigkeiten und Umgang damit
- Planung weiterer Arbeitsschritte
- Recherchestrategien

Zusätzlich sollten die Studierenden zu den folgenden Aussagen durch Beurteilung mit Hilfe einer Skala von 1 (trifft völlig zu) bis 6 (trifft gar nicht zu) wöchentlich Stellung nehmen:

- Ich habe das Projekt diese Woche mit Begeisterung bearbeitet.
- Ich bin mit meinem erreichten Arbeitsstand zufrieden.
- Über mein weiteres Vorgehen bin ich mir im Klaren.

- Das Ausfüllen des Fragebogens finde ich hilfreich.

Zu drei Zeitpunkten (2 Wochen nach Beginn der Bearbeitung, nach der Zwischen-präsentation und nach Abschluss des Projektes) füllten die Studierenden einen Fragebogen zur Einschätzung

- der Zufriedenheit mit dem Einsatz eines entwurfsbegleitenden Tagebuches
- der Zufriedenheit mit dem Projektstand
- der eigenen Motivation zur Projektbearbeitung

aus. Zusätzlich wurden die Studierenden dazu angehalten einzuschätzen, welche Aspekte des Tagebuches sie für hilfreich, überflüssig bzw. fehlend erachten.

Ergebnisse

In einem ersten Schritt wurden zunächst die im Tagebuch zu tätigenden begleiten-den Beurteilungen ausgewertet. Die Ergebnisse sind in den Abbildungen 1 und 2 dargestellt. Es gab insgesamt 13 Gelegenheiten, im Tagebuch zu folgenden Aspekten mit Hilfe einer Bewertungsskala Stellung zu nehmen:

- Ich habe das Projekt diese Woche mit Begeisterung bearbeitet.
- Ich bin mit meinem erreichten Arbeitsstand zufrieden.
- Über mein weiteres Vorgehen bin ich mir im Klaren.
- Das Ausfüllen des Fragebogens finde ich hilfreich.

Zur übersichtlicheren Darstellung der Ergebnisse wurden jeweils drei (Phasen 1–3) bzw. vier (Phase 4) Messzeitpunkte zusammengefasst. Zur statistischen Absiche-rung von Unterschieden wurde der Friedman-Test (Bortz, Lienert & Boehnke 2008) herangezogen und die kritische Differenz der Rangplätze berechnet, anhand derer die Unterschiede interpretiert wurden. In die Auswertung gingen die Urteile von neun Personen ein.

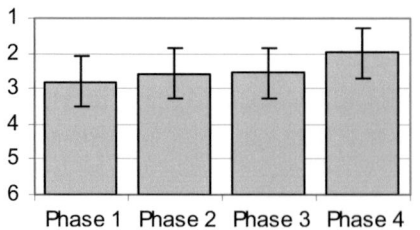

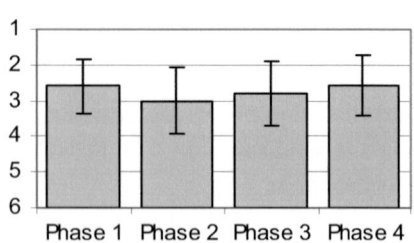

Abbildung 1:   Mittelwerte und Streuungen der Antworten zu „Begeisterung am Projekt" und „erreichter Arbeitsstand"(1 = „trifft völlig zu"; 6 = „trifft gar nicht zu")

    Claudia Prescher, Frank Drechsel, Christian Wölfel, Robert Jung und Ernst-Eckart Schulze

Hinsichtlich der Begeisterung, mit der das Projekt bearbeitet wird, ergaben sich statistisch signifikante Unterschiede zwischen der ersten und der vierten Phase. D. h. in der vierten Phase war die durchschnittliche Begeisterung für die Arbeit am Projekt signifikant größer als in der ersten Phase (Chi^2=9,7; p=0,016; $D_{T(crit.)}$=1,7). Es ist ein Anstieg der Begeisterung zu verzeichnen.

Die Zufriedenheit mit dem erreichten Arbeitsstand lag während der gesamten Projektdauer unter dem theoretischen Mittel von 3,5, d. h. die Bearbeiter waren durchweg eher zufrieden, und veränderte sich über die Projektphasen nicht nachweislich.

Die Abbildung 2 enthält die Ergebnisse für die Aspekte Zielorientierung und wahrgenommene Unterstützung durch den Fragebogen.

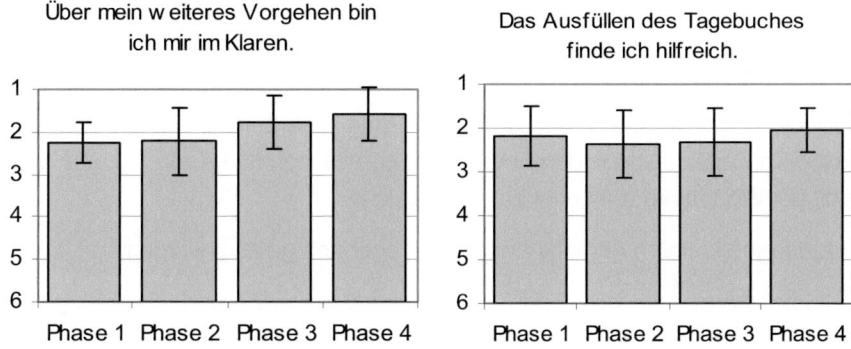

Abbildung 2:   Mittelwerte und Streuungen der Antworten zu „Begeisterung am Projekt"
                 und „erreichter Arbeitsstand" (1 = „trifft völlig zu"; 6 = „trifft gar nicht zu")

Die Zielorientierung nahm im Laufe der Projektbearbeitung nach Angaben der Befragten zu. Der Unterschied zwischen der zweiten und der letzten Phase ist signifikant (Chi^2=9,7; p=0,001; $D_{T(crit.)}$=1,7).

Die Unterstützung durch das Ausfüllen des Tagebuches wurde (ausgehend vom theoretischen Mittelwert von 3,5) als gegeben bewertet und zwischen „trifft überwiegend zu" und „trifft eher zu" eingeschätzt.

Die Abbildung 3 enthält die Ergebnisse des Fragebogens, der verschiedene Zufriedenheitsaspekte und Motivation an drei Zeitpunkten im Entwurfsprozess erfragt.

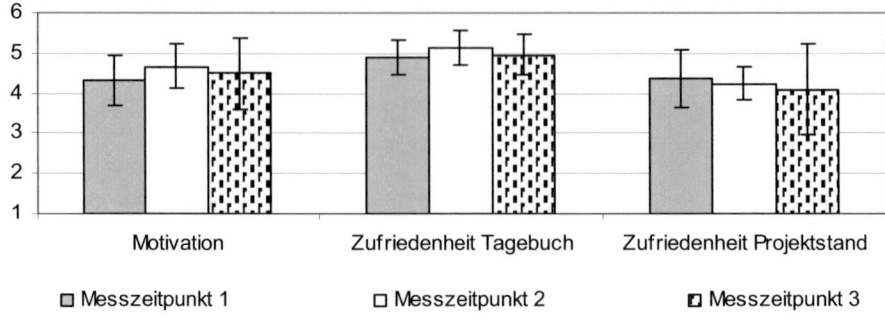

Abbildung 3: Mittelwerte und Streuungen der Aspekte Motivation,
Zufriedenheit mit dem Tagebuch und Zufriedenheit mit dem Projektstand
(1 = „trifft gar nicht zu"; 6 „trifft völlig zu")

Mit dem Friedman-Test konnten keine signifikanten Differenzen innerhalb der Variablen im Zeitverlauf nachgewiesen werden. Die Zufriedenheit mit dem Tagebuch ist gleichbleibend hoch und kann mit der Wortmarke „trifft überwiegend zu" belegt werden. Die Motivation bezüglich der Projektbearbeitung und die Zufriedenheit mit dem Projektstand liegen über dem theoretischen Mittel von 3,5 und lassen sich mit der Wortmarke „trifft eher zu" beschreiben.

Im Fragebogen konnten Anmerkungen zum Tagebuch getätigt werden.

Alle Studierenden, die das Tagebuch während ihrer Entwurfstätigkeit genutzt haben, schätzten die Reflexion der eigenen Arbeit als hilfreich ein. Der Aspekt der Planung/Zielsetzung wurde von elf der zwölf Studierenden als hilfreich hervorgehoben. Seltener wurden Aspekte wie die Dokumentation oder Pflicht zu berichten erwähnt.

Die Fragen nach Wissensquellen und Inspiration wurden von sieben Studierenden als unnötig, von vier weiteren als schwierig zu beantworten empfunden. Hinsichtlich der geschlossenen Fragen im Entwurfstagebuch gab es verschiedene Anmerkungen, die sich zum Teil auf die Art der Fragen, zum Teil auf den Inhalt beziehen. Es wurden aus Sicht der Studierenden mehrere Lücken im Entwurfstagebuch berichtet, die sich zum einen auf formale, zum anderen auf inhaltliche Aspekte beziehen. Die Ergebnisse der zusammenfassenden Inhaltsanalyse der Anmerkungen zeigt die Tabelle in Abbildung 4.

Welche Aspekte des Entwurfstagebuches findest Du hilfreich?
Reflexion der Arbeit: 12
Zielsetzung/Planung: 11
Dokumentation: 3
Strukturierung im Entwurfsprozess: 2
Berichtspflicht: 1
schriftliches Fixieren der Reflexion und/oder der Ziele: 2
Vergleichsmöglichkeit mit anderen Kommilitonen: 1

Welche Aspekte des Entwurfstagebuches findest Du überflüssig?
Frage zu Inspiration und Wissen: 7
Frage nach Wissensquelle schwierig: 4
Frage zum Nutzen des Tagebuches: 3
Überschneidungen von Fragen: 3
geschlossene Fragen: 2
Anzahl der Antwortvorgaben: 1
Aspekt der Motivation: 1
Frage nach Schwierigkeiten: 1
Trennung zwischen Getanem und Erreichten schwer: 1
ungünstiger Zeitpunkt der Bearbeitung: 1

Welche Aspekte fehlen aus Deiner Sicht im Entwurfstagebuch?	
formale Änderungen	inhaltliche Änderungen
<ul><li>Tagebücher jederzeit einsehbar: 7</li><li>Tagebücher der anderen einsehbar: 3</li><li>Gesamtüberblick anbieten, nicht wöchentlich abgrenzen</li><li>Punkteskala, statt verbale Skalenmarken</li><li>systematischere Darstellung</li><li>offenere Gestaltung (mehr Tagebuch)</li><li>Zeichnung in Fragebogen einbinden</li></ul>	<ul><li>Musterzielplan/Musterzeitplan: 4</li><li>Abgleichen von Entwurf mit Bedingungen und Konzept</li><li>Begründung für Entscheidungen im Entwurfsprozess</li><li>Feedback</li><li>graphische Darstellung von Zielen und Stand des Entwurfs</li><li>Hilfsmittel klären</li><li>neue Frage: Wie weit liegen Konzept, Aufgabe und Entwurf zusammen → was wäre nötig um sie noch weiter zusammen zu bringen</li><li>Tabelle in der Tätigkeiten und Ziele eingetragen werden</li><li>Zeitplan integrieren</li></ul>

Abbildung 4: Tabelle Zusammengefasste Anmerkungen zum Tagebuch und deren absolute Häufigkeiten

Diskussion und Ausblick

Die Ergebnisse zeigen ein positives Bild der ersten Anwendung des Entwurfstagebuches. Die Angaben der Studierenden zur Zufriedenheit mit dem Projektstand, zur Zufriedenheit mit dem Einsatz des entwurfsbegleitenden Tagebuches und zur

Motivation zur Projektbearbeitung liegen im positiven, d. h. zustimmenden Bereich der Skala. Veränderungen lassen sich über die drei Messzeitpunkte nicht nachweisen. Auch die innerhalb des Tagebuches erhobenen Daten über die Begeisterung am Projekt, die Zielorientierung, die Zufriedenheit mit dem Arbeitsstand und die empfundene Unterstützung durch das Tagebuch wurden durchgängig positiv bewertet. Bei der Begeisterung und der Zielorientierung lassen sich sogar Steigerungen über die Zeit verzeichnen. Dies ist sicher nicht allein auf den Einsatz des Tagebuches zurückzuführen. So kann bereits die fortschreitende Projektbearbeitung an sich positiv auf die gemessenen Variablen wirken, als auch andere nicht kontrollierte Zeit- und Reifungseinflüsse. Ein wichtiges Indiz, welches für den weiteren Einsatz des Entwurfstagebuches und letztendlich eine experimentelle oder quasiexperimentelle Überprüfung eines fördernden Einflusses auf den Entwurfsprozess spricht, sind die positiven Bewertungen insgesamt und speziell die positive Beurteilung der Unterstützung durch das Entwurfstagebuch.

Die offenen Anmerkungen der Studierenden zu den Inhalten fordern eine Überarbeitung des Entwurfstagebuches. Die Aspekte der Erfassung und der Bewertung der Tätigkeiten der vorangegangenen Woche, aufgetretene Schwierigkeiten und die Zielsetzung für die kommende Woche werden beibehalten. Auf Anregung der Studierenden wird zusätzlich ein Zeitplan integriert, in den die Studierenden Vorgaben sowie ihre Tätigkeiten und Ziele eintragen können und entsprechend vermerken können, wann sie welcher Tätigkeit nachgegangen sind. Da einige Studierende zurückmeldeten, dass die Trennung zwischen genutzten Wissensquellen und Inspirationsquellen schwierig war und die Tagebuchaufzeichnungen zeigen, dass die Beantwortung der einen Frage oftmals auch die Beantwortung für die zweite Frage darstellt, werden in der neuen Version des Fragebogens beide Aspekte zu einer Frage zusammengefasst. Das Angebot phasenabhängiger Fragen an dieser Stelle ist zu prüfen, genauso wie eine verbesserte mediale Einbindung des im Entwurfsprozess generierten und genutzten Bildmaterials.

Auch wenn es verschiedene Anmerkungen zu den geschlossenen Fragen gab, werden diese in der Folgeversion des Tagebuches beibehalten, da sie der formativen Evaluation dienen und Ausschnitte des Befindens während der Bearbeitungszeit abbilden.

Neu in das Tagebuch aufgenommen wird eine Frage zu getroffenen Entscheidungen im Entwurfsprozess und zu deren Begründung. Dadurch wird der Entwerfende zur Reflexion seiner Entscheidungen angehalten. Für den Beurteiler sollen dadurch Änderungen z. B. in der Zielausrichtung transparent gemacht werden. Eine für den

Claudia Prescher, Frank Drechsel, Christian Wölfel, Robert Jung und Ernst-Eckart Schulze

Studenten sichtbare Kommentarfunktion sollte den Einfluss der Betreuer und die Umsetzung gegebener Hinweise transparent gestalten.

Die überarbeitete Version des Entwurfstagebuches soll in einem weiteren Entwurfsprojekt angewendet werden. Angestrebt wird eine vergleichende Untersuchung mit Entwerfenden, die das Tagebuch nicht einsetzen, aber die ebenfalls zu motivationalen Aspekten und zur Zufriedenheit mit der Projektbearbeitung befragt werden.

Literatur

Bortz, J.; Lienert, G.A. & Boehnke, K. 2008: Verteilungsfreie Methoden in der Biostatistik. (3., korrigierte Auflage). Heidelberg: Springer.

Hacker, W. 2005: Allgemeine Arbeitspsychologie: psychische Regulation von Arbeitstätigkeiten. Bern: Huber.

Römer, A. 2001: Unterstützung des Design Problem Solving: Einsatz und Nutzen einfacher externer Hilfsmittel in den frühen Phasen des konstruktiven Entwurfsprozesses. Dissertationsschrift. Technische Universität Dresden. http://nbn-resolving.de/urn:nbn:de:swb:14-1023713239343-48735, veröffentlicht 2001, 12.02.2008

Sachse, P.; Hacker, W. & Leinert, S. 2004: „Externes Denken" beim Problemlösen – unterstützt das Skizzieren auch die Problemanalyse? Zeitschrift für Arbeits- und Organisationspsychologie 48/4, S. 193 – 202.

Scholl, W. 2004: Innovation und Information – Wie in Unternehmen neues Wissen produziert wird. Göttingen: Hogrefe.

Schütze, M. 2003: Die frühen Phasen des konstruktiven Entwerfens - Unterstützungspotential verschiedenartiger Arbeitsmittel. Dissertationsschrift. Technische Universität Dresden. http://nbn-resolving.de/urn:nbn:de:swb:14-1070879931250-56663, veröffentlicht 2003, 03.03.2009

Wetzstein, A. 2004: Unterstützung der Innovationsentwicklung: Einfluss von wissensbezogenen Interaktionen, insbesondere im kooperativen Problemlösen, und fragenbasierte Reflexion. Regensburg: Roderer.

Winkelmann, C. 2005: Die Frage-Antwort-Technik für den Konstrukteur: fragenbasierte Unterstützung der frühen Phasen des konstruktiven Entwurfsprozesses. Regensburg: Roderer.

Kontakt

Dipl.-Psych. Claudia Prescher
Technische Universität Dresden
Fakultät Mathematik und Naturwissenschaften
Institut für Psychologie I
Professur für Methoden der Psychologie
01062 Dresden
www.psychologie.tu-dresden.de/methoden/

Dipl.-Ing. Frank Drechsel
Dipl.-Ing. Robert Jung
Dipl.-Ing. Christian Wölfel
Technische Universität Dresden
Fakultät Maschinenwesen
KTC/Zentrum für Technisches Design
01062 Dresden
www.tu-dresden.de/design

Dipl.-Ing. Ernst-Eckart Schulze
Technische Universität Berlin
Institut für Werkzeugmaschinen und Fabrikbetrieb (IWF)
Fachgebiet Industrielle Informationstechnik
Pascalstr. 8-9
10587 Berlin
www.tu-berlin.de/iit

Claudia Prescher, Frank Drechsel, Christian Wölfel, Robert Jung und Ernst-Eckart Schulze

Analyse individueller Entwurfsprozesse im Technischen Design

Ulrike Englisch, Pierre Sachse und *Johannes Uhlmann*

Von hoher Bedeutung für alle im weitesten Sinne entwerfenden und damit „erschaffenden" Tätigkeiten ist unter anderem auch die Suche nach Wissen über Charakteristika des allgemeinen und individuellen Schaffensprozesses, d.h. über das Vorgehen von der Idee zu einem Werk bis hin zu dessen endgültiger materieller Gestalt. Dieses Interesse betrifft nicht nur die eher künstlerischen Disziplinen (vgl. bspw. Poe 1991, Klee 1957), sondern auch den Bereich der Konstruktion (vgl. Pahl & Beitz 2007, VDI 2221). Dabei ist durch dieses Erkenntnisinteresse und die dargelegten Theorien beispielsweise die Beschreibung und der Vergleich unterschiedlicher Disziplinen hinsichtlich des Ablaufs charakteristischer Schaffensprozesse möglich.

Selbstverständlich findet sich diese Suche nach charakteristischen Vorgehensweisen nicht nur in den Bereichen der Kunst bzw. der Technik, sondern betrifft auch so genannte „Mischformen", also Disziplinen, die sich sowohl durch technische als auch eher künstlerische Anteile im Verlauf des Entwurfsvorganges auszeichnen – wie beispielsweise das *Technische Design* (Englisch, Sachse & Uhlmann 2008). Für diese an der TU Dresden gelehrte Disziplin besteht zum aktuellen Zeitpunkt eine als Expertiseergebnis zu bezeichnende, ausbildungsrelevante Konzeption des Ablaufs von Entwurfsvorgängen in Form der so genannten „Vorgehensplanung Designprozess" (Uhlmann 2005). Bislang steht die empirische Prüfung derselben jedoch noch aus.

Ziel des Beitrages soll eine Annäherung an die Beschreibung individueller Schaffensprozesse im Bereich des Technischen Designs sein. Mittels der Auffassung des Entwurfsvorganges als multiplen und komplexen Problemlöseprozess (in Anlehnung an die Auffassung von Entwurfsvorgängen im Bereich der Konstruktion) sowie der Analyse von Daten aus studentischen Projektdokumentationen wird sich an eine Konzeption allgemeiner Entwurfsprozesse im Bereich des Technischen Designs aus empirischer Sicht angenähert.

Entwurfsprozesse im Bereich der Konstruktion
und des Technischen Designs

Bei der Betrachtung von Entwurfsprozessen im Bereich der Konstruktion bzw. des Technischen Designs finden sich sowohl Gemeinsamkeiten als auch Unterschiede zwischen beiden Disziplinen (vgl. auch Kranke 2008). Als eine Gemeinsamkeit kann unter anderem verstanden werden, dass sich der Ausgangszustand (oder die so genannte Problemstellung), mit dem sich der Entwerfende konfrontiert sieht, als ein schlecht definierter, komplexer und zugleich wissensreicher Problemzustand beschreiben lässt. Aufgrund dessen ist nicht nur der Weg von der Idee zum vollendeten materiellen Objekt weitestgehend offen, sondern zur Lösung des „Problems" (bzw. zum Entwurf des Objektes) eine Integration von Wissen aus unterschiedlichen Bereichen, ein (kreativer) Problemlöseprozess (Sachse & Hacker 1995, Badke-Schaub 2007) notwendig. Zugleich erlaubt die Unklarheit hinsichtlich des Vorgehens und des Objektes keinen ausschließlichen Rückgriff auf Lösungsalgorithmen (für den Bereich der Konstruktion Schroda 1999, 2000), sondern erfordert ein „opportunistisches Vorgehen" (Hayes-Roth & Hayes-Roth 1979) bzw. ein „hybrides Vorgehen", welches neben opportunistischen Vorgehensweisen auch systematische Episoden umfasst (für den Bereich der Konstruktion Hacker & Sachse 2006). Es kann somit von einem *„schöpferisch-entwerfenden Problemlösen"* (Hacker & Sachse 1995), für das Externalisierungen wie Notizen, Skizzen oder auch materielle Modelle bedeutsam sind (Sachse, Hacker & Leinert 2004, Buxton 2007), gesprochen werden.

Über die Gemeinsamkeiten hinaus finden sich jedoch auch charakteristische Unterschiede zwischen Entwurfsprozessen im Technischen Design und im Bereich der Konstruktion: Während sich für Konstruktionsprobleme das Entwurfsobjekt aus der Bearbeitung einzelner, vorwiegend technischer Teilprobleme ergibt (vgl. VDI 2221), ist für das individuelle Vorgehen im Technischen Design ein Entwurf schon zu Beginn des Entwurfsprozesses notwendig. Dieser als „key concept" (Dorst & Cross 2001) oder auch als „hypothetischer Gesamtentwurf" (Uhlmann 2005) bezeichnete Entwurf nimmt das Zielobjekt in seinen entscheidenden Eigenschaften voraus und dient damit nicht nur einer ersten skizzenhaften Darstellung des Entwurfsobjektes, sondern leitet darüber hinaus auch die Bearbeitung der einzelnen Teilprobleme (vgl. „Vorgehensplanung Designprozess" nach Uhlmann 2005). Aus

Ulrike Englisch, Pierre Sachse und Johannes Uhlmann

diesem handlungsleitenden Entwurf ergeben sich sukzessive Teilprobleme, die sich anhand charakteristischer Eigenschaften als vorwiegend technisch/funktional oder als eher gestalterisch/formal (in Bezug auf die Gestalt/ Form des Entwurfsobjektes) beschreiben lassen. Bei der Bearbeitung dieser sich ergebenden Teilprobleme werden sowohl Notizen als auch Modelle, CAD-Darstellungen oder Skizzen genutzt. Die (erfolgreiche) Bearbeitung der einzelnen, sich aufeinander beziehenden Teilprobleme führt schließlich zur Erarbeitung des materiellen Objektes (vgl. Abbildung 1).

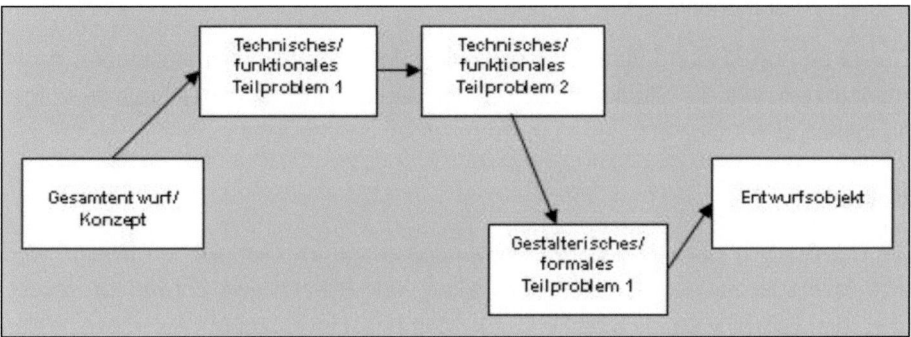

Abbildung 1:   Exemplarisches Vorgehen im Technischen Design (zeitlicher Ausschnitt)

Bei der Lösung von Problemen im Bereich der Konstruktion erfolgt die Bewertung des entstandenen Produktes schließlich anhand objektivierbarer Kriterien – wie der technischen Realisierbarkeit oder Kriterien der Ökonomie bzw. Funktionalität. Im Unterschied dazu müssen bei der Begutachtung von Objekten aus dem Bereich des Technischen Designs neben diesen Kriterien auch gestalterische Aspekte berücksichtigt werden.

Durch diese Charakteristika kann der Entwurfsprozess im Technischen Design als ein *multipler und* zugleich *komplexer Problemlöseprozess* aufgefasst werden (Englisch, Sachse & Uhlmann 2008).

Analyse von Entwurfsprozessen im Technischen Design

In vorangegangenen Abschnitt erfolgte zunächst eine Annäherung an den allgemeinen Entwurfsvorgang im Technischen Design aus theoretischer Sicht. In einem weiteren Schritt soll nun verdeutlicht werden, wie und mit welchen Ergebnissen die Analyse individueller Entwurfsprozesse bislang erfolgte.

Die Anleitung der Studierenden im Bereich des Technischen Designs findet zum aktuellen Zeitpunkt vor dem Hintergrund der so genannten „Vorgehensplanung Designprozess" (Uhlmann 2005) statt. Dabei werden die Studierenden durch ihre Betreuer zur reflektierten Arbeit an einzelnen, umfassenden Projekten angeleitet – neben der inhaltlichen Unterstützung beinhaltet dies auch die Hilfe bei der zeitlichen Organisation des individuellen Vorgehens. Zudem werden die Studierenden dazu angehalten, das individuelle Vorgehen in Form eines Entwurfstagebuchs, welches neben Skizzen, Zeichnungen und Berechnungen auch Notizen berücksichtigt, zu dokumentieren.

Ziel ist es nun, anhand verschiedener individueller Projektdokumentationen nachzuvollziehen, wie die Studierenden bei der Bearbeitung einzelner Projekte vorgegangen sind.

Methode

Bei der Analyse der individuellen Entwurfsprozesse im Technischen Design wird eine Methode zur sequentiellen Darstellung der Phasen von Entwurfsprozessen über die Zeit hinweg genutzt (vgl. zur Methode Hoyer 2005). Auf diese Weise entstehen individuelle „Tapetenmuster", die einerseits die Erarbeitung vergleichbarer Ergebnisse ermöglichen, andererseits jedoch die Individualität des Entwurfsprozesses bzw. die Besonderheiten der einzelnen studentischen Projekte berücksichtigen.

Es wurden 20 studentische Arbeiten aus unterschiedlichen Phasen des Studiums (Belege, Projektarbeiten, Diplomarbeiten etc.) in die Auswertung einbezogen. Analysiert wurden neben den verbalen Äußerungen der Studierenden im Rahmen der Projektdokumentationen auch das vorliegende Skizzenmaterial bzw. die angefertigten Modelle.

Dazu wurden die Arbeiten mittels eines „Kriterienkatalogs" analysiert, um so die einzelnen Abschnitte des Vorgehens erfassen und unterscheiden zu können. Beispielhaft sei dies an der Unterscheidung zwischen *technischen bzw. funktionalen* und *gestalterischen bzw. formalen Teilproblemen* dargestellt (Tabelle 1).

Abschnitt des Vorgehens	Kriterien in verbaler Darstellung	Kriterien im Bereich der Skizzen
Technisches/ funktionales Teilproblem	Benennen des Problems möglich, umfassende Berechnungen, Analysen, tabellarische Auflistungen zu Lösungsmöglichkeiten, *Ziel*: funktionalen Anforderungen genügen → Abbruchkriterium	Konstruktionszeichnungen, Darstellung von Funktions- prinzipien (auch mit verbalen Ergänzungen, Pfeilen oder Hervorhebungen zur Darstellung der Funktion),
Gestalterisches/ formales Teilproblem	Keine klare Benennung der konkreten Problemstellung möglich, Darstellung unterschiedlicher Lösungsmöglichkeiten, *Ziel*: Stimmigkeit der Lösung des Teilproblems und im Zu- sammenhang mit Gesamtwir- kung des Entwurfsobjektes → Abbruchkriterium	Darstellung unterschiedlicher Ideen aus vergleichbarer Per- spektive zur Vereinfachung der Auswahl, Formen und Wirkungen im Vordergrund, verbale Ergänzungen zu Wir- kungen, farbige Hervorhebun- gen von charakteristischen Linienführungen, Details etc.

Tabelle 1: Überblick zur Unterscheidung zwischen Teilproblemen

Neben der Art der einzelnen Teilprobleme wurden die studentischen Projektdoku- mentationen auch in Hinblick auf das initiale *Klären des Problems,* das Vorhanden- sein eines *Konzeptes/Designkonzeptes* (verbale Charakteristik des zu entwerfen- den Objektes), eines *Gesamtentwurfs* („flüchtige" skizzenhafte Darstellung der Charakteristika des zu entwerfenden Objektes) sowie das abschließende Darstellen in Form eines *Modells* untersucht.

Ergebnisse

Bis zum aktuellen Zeitpunkt wurden 20 Arbeiten von Studierenden hinsichtlich des individuellen Vorgehens analysiert. Dabei stand die Darstellung der einzelnen Bearbeitungsschritte bzw. deren Abfolge im Mittelpunkt. Aussagen hinsichtlich der zeitlichen Ausdehnung der einzelnen Schritte sind aufgrund des Datenmaterials zunächst nicht möglich.

An dieser Stelle werden beispielhaft zwei charakteristische Ergebnisse von Projektdokumentationen vorgestellt – dieses Vorgehen zielt nicht auf eine Repräsentativität der Ergebnisse ab, sondern soll zentral der Beschreibung des Vorgehens mittels der so genannten „Tapetenmuster" dienen.

Versuchsperson 1 (Baukasten für anfängertaugliches Flugmodell)

Diese Arbeit ist durch eine überwiegende Auseinandersetzung mit funktionalen bzw. technischen Teilproblemen gekennzeichnet (Abbildung 2). Die Ursache dafür kann unter anderem darin gesehen werden, dass die Arbeit die vorwiegend funktionale Optimierung eines bereits bestehenden Objektes zum Ziel hat. Der Entwerfende beginnt nach erfolgter Problemklärung (mit dem Auflisten der angestrebten Eigenschaften des Objektes) mit dem Erarbeiten eines verbalen Konzeptes: *„Das ideale Anfängermodell fliegt wunderbar (langsam und eigenstabil), ist billig und einfach zu bauen."* (S. 10). Auffällig ist, dass im Anschluss an diese zunächst verbale Annäherung an das Thema keine skizzenhafte Auseinandersetzung mit dem zu entwerfenden Objekt dokumentiert wir, d.h. kein Gesamtentwurf oder „key concept" entsteht. Vielmehr beginnt der Studierende unmittelbar mit der Bearbeitung einzelner technischer Teilprobleme wie zum Beispiel umfangreichen Berechnungen zu den Luftkräften am Flugmodell, den Abmessungen der Tragflächen etc. Dabei werden detaillierte Darstellungen und Konstruktionszeichnungen zur Klärung der sich ergebenden Probleme oder zur Verdeutlichung der Ergebnisse genutzt. Erst am Ende des Entwurfsprozesses werden in Interaktion mit technischen Erfordernissen auch gestalterische Erwägungen erkennbar – bei der Entscheidung für eine Form des Tragflächenabschlusses: *„Der aerodynamisch und optisch ansprechendste Tragflächenabschluss ist der elliptische Rundbogen."* (S. 81). Abschließend werden sowohl die Lösungen aus den funktionalen/ technischen als auch den gestalterischen/ formalen Teilproblemen bei der Erarbeitung eines Modells berücksichtigt.

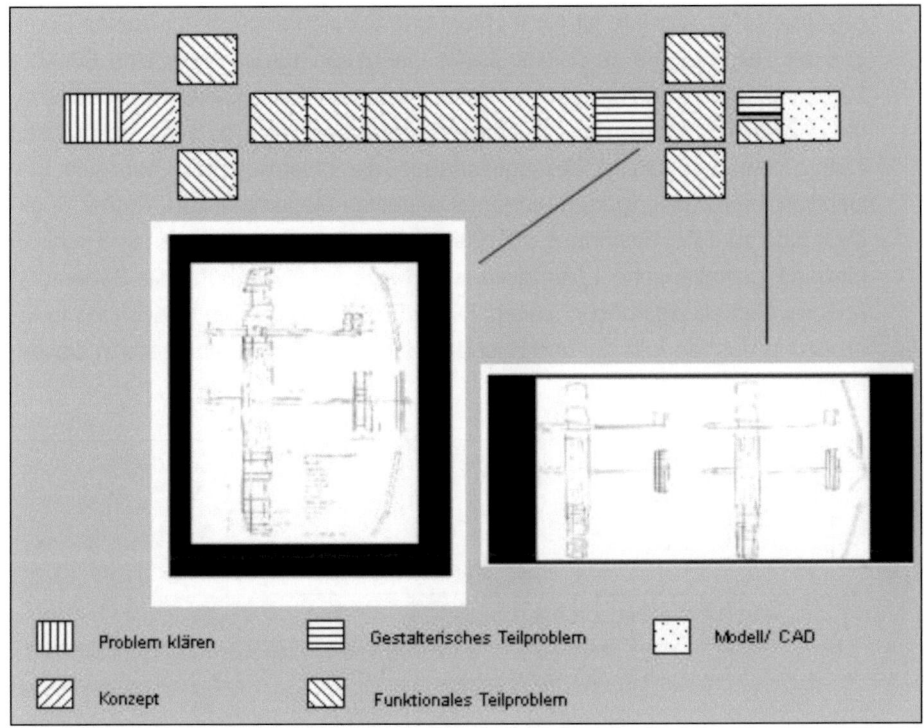

Abbildung 2:   Darstellung des Entwurfsprozesses von Versuchsperson 1 im zeitlichen Verlauf

Versuchsperson 2 (Fahrzeuginterieur)

Im Rahmen dieser Arbeit setzt sich der Studierende mit der Erarbeitung eines Entwurfs für ein Fahrzeuginterieur auseinander (Abbildung 3). Dabei werden nach erfolgter Klärung des Problems – in Bezug auf eigene Erfahrungen aber auch mögliche Quellen für Informationen – zwei Arbeitsstränge deutlich: Einerseits wird zunächst ein verbales Konzept („Cockpit" S. 24) erarbeitet, welches schließlich zur Erstellung eines Gesamtentwurfs beiträgt. Andererseits werden zeitlich parallel dazu Teilprobleme bearbeitet, die sich durch ihre starke Interaktion zwischen technischen/ funktionalen und gestalterischen/ formalen Aspekten auszeichnen. Dies betrifft beispielsweise die Arbeit an den Anzeigeelementen oder auch die Auseinandersetzung mit den Türtafeln: Technische Anforderungen beeinflussen dabei die gestalterischen Möglichkeiten bzw. die gestalterischen Varianten ziehen bestimmte technische Lösungen nach sich. Eine voneinander unabhängige Bearbeitung eher technischer bzw.

gestalterischer Aspekte ist nicht erkennbar. Da sich auch die einzelnen Bereiche der Teilprobleme durch eine starke Interaktion auszeichnen, sind Rückbe-
züge und Neubearbeitungen von bereits gelösten Teilproblemen zu beobachten. Zeitlich nach der Auseinandersetzung mit diesen zahlreichen
Teilproblemen reflektiert der Entwerfende die entstandenen Lösungen hinsichtlich ihrer Passung zum eingangs erstellten Gesamtentwurf. Dieser Rück-
blick führt zur Rückbesinnung auf das Ziel des Entwurfsprozesses und schließt
einzelne gestalterische Lösungsvarianten aus – bzw. erhöht die Bedeutung
anderer Gestaltungsmöglichkeiten. Diese Ergebnisse fließen letztlich in die Erarbeitung des Modells ein und beenden damit den Entwurfsprozess in diesem
Projekt.

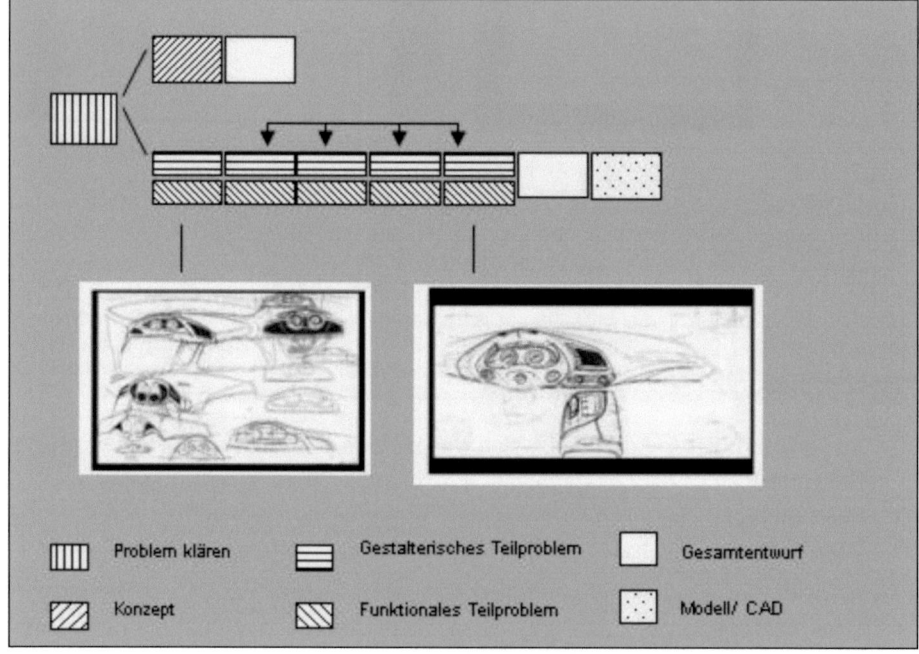

Abbildung 3:   Darstellung des Entwurfsprozesses von Versuchsperson 2 im zeitlichen Verlauf

Schlussfolgerungen

Bei der Betrachtung der vorliegenden Analysen werden sowohl Gemeinsamkeiten
als auch Unterschiede zwischen den individuellen Vorgehensweisen der beiden
Studierenden erkennbar. Die *Unterschiede* betreffen unter anderem den Beginn

Ulrike Englisch, Pierre Sachse und Johannes Uhlmann

des Entwurfsprozesses – während Versuchsperson 2 zeitlich parallel zur Bearbeitung einzelner Teilprobleme aus dem verbalen Konzept heraus einen Gesamtentwurf entwickelt, beginnt Versuchsperson 1 unmittelbar mit der Lösung funktionaler/technischer Teilprobleme. Weiterhin zeigen sich die Unterschiede auch im individuellen Entwurfsprozess: Während Versuchsperson 2 eine Vielzahl an technischen/funktionalen und gestalterischen/formalen Teilproblemen bearbeitet, die sich durch eine starke Interaktion auszeichnen, beschreibt Versuchsperson 1 überwiegend technische/funktionale Teilprobleme, die zu bearbeiten sind. Erst gegen Ende des Entwurfsprozesses wird hier ein gestalterischer Anteil an einem überwiegend technischen Teilproblem beschrieben. Erkennbar wird der Unterschied zwischen den Entwurfsprozessen und der Art der sich ergebenden Teilprobleme auch an den Externalisierungen – im Gegensatz zu Versuchsperson 2, bei der Skizzen einen hohen Anteil einnehmen, greift Versuchsperson 1 zur Lösung der Teilprobleme weniger auf Skizzen, deutlich mehr jedoch auf Berechnungen, Analysen oder Konstruktionszeichnungen zurück.

Als *Gemeinsamkeit* zwischen beiden individuellen Entwurfsprozessen lässt sich zunächst die sukzessive Bearbeitung unterschiedlicher Teilprobleme beschreiben – dabei führen die Lösungen einzelner Teilprobleme auch zur Entstehung neuer, zu bearbeitender Teilprobleme sowohl technischer/funktionaler als auch gestalterischer/ formaler Art. Dieses wechselseitige Bedingen von Problemstellungen und deren Lösungen ist unterschiedlich stark ausgeprägt. Die Teilprobleme selbst ergeben sich aus einer zu Beginn der Bearbeitung der Problemstellung erarbeiteten verbalen, meist jedoch skizzenhaften Vorwegnahme des Entwurfsobjektes.

Die dargestellten Verschiedenheiten zwischen den Entwurfsprozessen beider Versuchspersonen können auf unterschiedliche Ursachen zurückzuführen sein: Einerseits sind individuelle Einflüsse – bspw. in Bezug auf den Wissenstand oder Erfahrungen denkbar. Andererseits lassen sich Einflüsse vermuten, die sich aus dem mit dem Projekt verbundenen Anforderungen ergeben (Optimierung eines Objektes hinsichtlich bestimmter Eigenschaften bzw. eigener Entwurf eines Objektes). Die Ähnlichkeiten zwischen beiden Verläufen hingegen lassen vermuten, dass die Art der Problemstellungen im Technischen Design eine charakteristische Vorgehensweise erfordern.

Ausblick

In weiteren Dokumentenanalysen wird nun zu untersuchen sein, in welchem Maße sich die individuellen Entwurfsprozesse im Bereich des Technischen Designs ähneln bzw. unterscheiden. Berücksichtigung erfahren dabei neben der Art und dem Inhalt des jeweiligen Projektes auch die „Besonderheiten" der Entwerfenden bspw. in Hinblick auf Erfahrungen, Wissen etc. Zu diesem Zweck soll zunächst ein Instrument – in Anlehnung an die erprobte „Konstruktionslandkarte" (Schroda & Sachse 2000) – entwickelt werden, was neben der Planung und Dokumentation des individuellen Vorgehens auch dessen Reflexion ermöglicht. In erster Linie ist es Ziel, dieses grafische und damit möglichst einfach einzusetzende Instrument zur detaillierten, retrospektiven Analyse individueller Entwurfsprozesse im Technischen Design zu nutzen. Nach Aussagen von Studierenden in den vorliegenden Dokumentationen ist dies durch die aktuelle Nutzung so genannter „Entwurfstagebücher" nur schwer möglich.

Darüber hinaus wird auch angestrebt, dieses Instrument so zu gestalten, dass es der Erleichterung des Vorgehens beim Entwerfen im Bereich des Technischen Designs dient. Dies soll in Bezug auf die Bearbeitung eines Projektes (Reflexion von Abbrüchen des Entwurfsprozesses, Berücksichtigung des Bearbeitungsstandes verschiedener Teilprobleme) sowie über unterschiedliche Projekte hinweg (Nutzung gelungener Teillösungen für weitere Projekte durch schnelle Auffindbarkeit von Lösungen etc.) erreicht werden.

Literatur

Badke-Schaub, P. (2007). Why designing is best described as complex problem solving – and why designers are best described as human beings. In: P. Badke-Schaub, C. Cardoso, K. Lauche & N. Roozenburg (Hrsg.). Design Theory and Methodology, 3-26. TU Delft

Buxton, B. (2007). Sketching User Experiences: getting the design right and the right design. Amsterdam: Elsevier/ Morgan Kaufmann

Dorst, L. & Cross, N. (2001). Creativity in the design processs: co-evolution of problem-solution. In: Design Studies, 22, 425-437

Englisch, U.; Sachse, P. & Uhlmann, J. (2008). Comparing Actions of Creative Designing. In: D. Marjanovič, M. Štorga, N. Pavkovič & N. Bojčetič (eds.). Proceedings of the DESIGN 2008. 10th International Design Conference, 1009-1016. Dubrovnik, Croatia: University of Zagreb

Hacker, W. & Sachse, P. (2006). Entwurfstätigkeiten und ihre psychologischen Unterstützungsmöglichkeiten. In: B. Zimolong & U. Konradt (Hrsg.). Enzyklopädie der Psychologie. Themenbereich D, Serie III, Bd. 2: Ingenieurpsychologie, 671-707. Göttingen: Hogrefe

Hayes-Roth, B. & Hayes-Roth, F. (1979). A Cognitive Model of Planning. In: Cognitive Science, 3, 275-310

Hoyer, S. (2005). Warum Robinson Crusoe Katzen dressierte – die Rolle von Motivation und Emotion für die Absichtsregulation. In: P. Sachse & W.G. Weber (Hrsg.). Zur Psychologie der Tätigkeit, 71-86. Bern: Huber

Klee, P. (1957). Paul Klee. Tagebücher 1898-1918. Leipzig & Weimar: Gustav Kiepenheuer

Kranke, G. (2008). Technisches Design. Integration von Design in die universitäre Ausbildung von Ingenieuren. München: Verlag Dr. Hut

Pahl, G. & Beitz, W. (2007). Konstruktionslehre. Grundlagen erfolgreicher Produktentwicklung. Methoden und Anwendung. Berlin: Springer Verlag

Poe, E.A. (1991). Philosophie der Komposition. In: F. Schumacher. Das bauliche Gestalten, 84-94. Basel: Birkhäuser Verlag

Sachse, P. & Hacker, W. (1995). Wie denkt, handelt der Konstrukteur? TU Dresden: Institut für Allgemeine Psychologie und Methoden der Psychologie, Band 24

Sachse, P., Hacker, W. & Leinert, S. (2004). Externes Denken beim Problemlösen – unterstützt das Skizzieren auch die Problemanalyse? In: Zeitschrift für Arbeits- und Organisationspsychologie, 48, 193-202

Schroda, F. (1999). Die Analyse der Anforderungsstruktur konstruktiv-schöpferischer Probleme. In: P. Sachse & A. Specker (Hrsg.). Design Thinking. Analyse und Unterstützung konstruktiver Entwurfstätigkeiten, 8-66, Zürich: vdf Hochschulverlag

Schroda, F. (2000). „Über das Ende wird am Anfang entschieden". Zur Analyse der Anforderungen von Konstruktionsaufträgen. *http://edocs.tu-berlin.de/diss/2000/schroda_frauke.htm*, veröffentlicht 2000, 28.10.2008

Schroda, F. & Sachse, P. (2000). Die Konstruktions-Landkarte. Planung, Dokumentation und Selbstreflexion des Konstruktionsprozesses. In: Konstruktion, 3/2000, 48-50

Uhlmann, J. (2005). Die Vorgehensplanung Designprozess für Objekte der Technik. Dresden: TUDpress

VDI Richtlinie 2221 (1993). Methodik zum Entwickeln und Konstruieren technischer Systeme und Produkte. Düsseldorf: VDI-Verlag

Kontakt

Dipl.-Psych. Ulrike Englisch
Universität Erfurt
Zentrum für Lehr-, Lern- und Bildungsforschung
Saalestraße 4
99089 Erfurt
http://www.uni-erfurt.de/LLBZ/Index.htm

Univ.-Prof. Dr. rer. nat. habil. Dipl.-Psych. Pierre Sachse
Leopold-Franzens-Universität Innsbruck
Institut für Psychologie
A-6020 Innsbruck
http://www.allgemeine-psychologie.info/

Univ.-Prof. Dr. phil. habil. Dipl.-Formgestalter Johannes Uhlmann
Technische Universität Dresden
Fakultät für Maschinenwesen
Lehrstuhl für Konstruktionstechnik/CAD
Zentrum für Technisches Design
01062 Dresden
http://www.tu-dresden.de/design

Was heißt hier Design-Denken? Zum transdisziplinären Einsatz designspezifischer Entwurfsmethoden

Rolfe Bart

Das kalifornische Design- und Beratungsunternehmen Ideo hat ein Erfolgsrezept. Es heißt Design Thinking. Hinter dem verheißungsvollen Begriff verbirgt sich ein zunächst einfach klingender Ansatz: Alle an der Produktentwicklung beteiligten Personen lernen zu denken wie Designer (vgl. Brown 2008, S. 58f.). Doch wie denken Designer?

Design Thinking

Ideos CEO Tim Brown zufolge beginnt das Denken des Designers grundsätzlich beim Nutzer. Nach dem Ansatz des Design Thinking ist der Benutzer Ausgangspunkt aller kreativen Bemühungen der Produktentwicklung. Daher bedeutet Design Thinking zunächst das Einfühlen in den Menschen, das Antizipieren seiner Bedürfnisse, das Nach- (bzw. Vor-)leben seines Habitus', das Studieren seiner Gewohnheiten, seiner Kommunikation, seines sozialen Umfeldes bzw. der Kultur und Gesellschaft, die ihn umgibt.

Sind das nicht zu viele Aspekte, die man in den Prozess der Produktentwicklung einbeziehen könnte? Als wäre die eigentliche Aufgabe, technisch ausgereifte und ökonomisch sinnvolle Produkte zu konzipieren, die dem aktuellen Produktstandard voraus sind bzw. vorausgreifen, nicht schon komplex genug.

Um den Bedürfnissen und Wünschen der Verbraucher näher zu kommen, bedarf es einer Haltung bzw. eines Denkens, das sich in erster Linie durch *Empathie* auszeichnet. Indem Designer den Menschen in den Mittelpunkt stellen und dessen Welt aus den verschiedensten Perspektiven unterschiedlicher Benutzergruppen betrachten, gelangen sie nach Brown zu Lösungen, die den Bedürfnissen der

Benutzer entsprechen und damit auch per se attraktiv sind (vgl. Brown 2008, S. 62). Gute Designer zeichnen sich also nicht nur durch Einfühlungsvermögen, sondern auch durch eine gute Beobachtungsgabe aus. Sie beobachten, um es mit den Worten Browns zu sagen, „die Welt bis ins kleinste Detail. Sie bemerken Dinge, die anderen entgehen, und nutzen diese Erkenntnisse, um etwas Innovatives zu schaffen" (ebd.).

Tim Brown glaubt nicht an den Mythos des kreativen Genies. Für ihn ist das lösungsorientierte Denken des Designers erlernbar. Gleichwohl benennt Brown neben Einfühlungsvermögen und Beobachtungsgabe weitere, für das Design Thinking notwendige Eigenschaften, die nicht unbedingt ad hoc erlernt werden können: Als *integratives Denken* bezeichnet Brown die Eigenschaft, alle signifikanten Aspekte eines Problems – seien sie auch widersprüchlich – zu beleuchten und in die eigenen Überlegungen und Lösungsansätze mit einzubeziehen (vgl. ebd.).

Um bei allen Schwierigkeiten immer wieder neue Lösungsansätze entwickeln zu können (bzw. zu wollen), bedarf es einer weiteren, berufsspezifischen Eigenschaft: *Optimismus*. Designer gehen, Brown zufolge, grundsätzlich davon aus, dass es immer etwas zu verbessern gibt, bzw. dass mindestens eine Lösung besser sein kann als die vorhandenen Ansätze. Unermüdlich suchen sie daher stets nach neuen und kreativen Lösungen (vgl. ebd.).

Auch ist bekannt und nachvollziehbar, dass Innovationen aus *der Freude am Experimentieren* entstehen. Das Denken des Designers setzt sich *kreativ* mit den zu bearbeitenden Sachverhalten auseinander, denn große Innovation, darauf weist Brown hin, geht selten aus schrittweiser Anpassung hervor (vgl. ebd.).

Der Mythos des einsamen, kreativen Genies" wurde für Brown „durch die Realität des begeisterten, interdisziplinären Teamarbeiters abgelöst" (ebd.). Brown sieht das Design Thinking in der Tradition Edisons, der in seiner Definition vom Genie von der „Inspiration" auf die „Transpiration" verwies und es nicht müde wurde, stets auf den besonderen Stellenwert der *Teamarbeit* in seinem Laboratorium zu verweisen (vgl. ebd., S. 58). Neben *Empathie* als einfühlende Beobachtungsgabe gehört zum Design Thinking also auch *integratives Denken, Optimismus, Experimentierfreude* und *Teamfähigkeit* (vgl. ebd., S. 62).

Design Thinking und die Methodologie des Designs

Für den Natur- und Sozialwissenschaftler Michael Polanyi ist Empathie der Schlüssel zum Verständnis und zum Erlernen des Wissens und der Fähigkeiten anderer

Menschen. Dass Einfühlungsvermögen der Zugang zum Wissen des Menschen sei, ist ein Gedanke, den Polanyi von den Philosophen Wilhelm Dilthey und Theodor Lipps aufgreift. Polanyi geht jedoch von der Tatsache aus, dass „wir mehr wissen, als wir zu sagen wissen" (Polanyi 1985, S. 14). Diese Kenntnisse und Fähigkeiten, die nicht in Worte gefasst werden können, nennt Polanyi *implizites Wissen* – Wissen, das wir nicht explizit beschreiben können. Hierzu gehören für Polanyi intellektuelles, ebenso wie praktisches Wissen, also sowohl das *knowing that* als auch das *knowing how* (vgl. ebd.).

Empathie bedeutet zum einen den Zugang zum impliziten Wissen anderer Menschen und damit den Weg zum Verständnis des Adressaten. Zum anderen bereitet das Einfühlungsvermögen aber auch den Weg zum Aufbau des eigenen Schlüsselwissens, denn implizites Wissen ist Wissen, das nicht auf Datenträgern gespeichert wird, es kann nur durch Beobachtung und Einfühlung aufgenommen werden. In der Aneignung von implizitem Wissen, als Ausbildung des persönlichen Schlüsselwissens, liegt für die Designtheoretikerin Cordula Meier die „kreative Ressource der Zukunft (Meier 2001, S. 24; zu Design und Empathie vgl. auch Brandes/Erlhoff/Schemmann 2009, S. 93f.)

Einfühlungsvermögen und implizites Wissen schärfen damit die Beobachtungsgabe. „Design-Denkende" lernen, sich via Einfühlung in die Perspektive anderer zu begeben. Doch Empathie und integratives Denken haben einen Pferdefuß; sie erhöhen die Komplexität. Sachverhalte und Problemstellungen können mit ihrer Hilfe zwar tiefer beleuchtet werden, jedoch erhöht sich gleichwohl die Dichte der zu verarbeitenden Informationen. Die Erkenntnisleistung des Designers erweitert – sozusagen als „Kehrseite der Medaille" – die Anzahl der Parameter, die es gilt, in die Entwürfe und Lösungsansätze widerspruchsfrei zu integrieren. Sachverhalte und Probleme werden komplexer und der Weg zu optimalen Lösungen erschwert, besonders dann, wenn sich nicht zu vernachlässigende Aspekte diametral gegenüber stehen.

Nach Tim Brown bedarf es zwar des *integrativen Denkens* (vgl. Brown 2008, S. 62), um all die verschiedenen – z. B. die aus der empathischen Erkenntnis gewonnenen – Aspekte im Entwicklungsprozess einzubeziehen. Eine Methode zur Reduzierung der Komplexität nennt Brown jedoch nicht.

Die zunehmende Komplexität der Entwurfsprobleme veranlasste in den 1960er Jahren den Architekten Christopher Alexander, den Entwurfsprozess methodisch zu reflektieren. Die Informationsmenge, die ein Designer benötigt, um adäquate

Lösungsmodelle zu entwickeln, ist nach Alexander für eine Person nicht mehr zu bewältigen. Sowohl die Informationsakkumulation, als auch die Verarbeitung der Informationsmengen stellen für Alexander ein so hohes Maß an Komplexität (zum Begriff der Komplexität und seinem entwicklungsgeschichtlichen Kontext vgl. Petruschat 2005, S. 102ff.) dar, dass sie nicht mehr rein intuitiv bewältigt werden können. Auch verändern sich die gegebenen Entwurfsprobleme schneller, als dass mit alteingeübten Methoden darauf reagiert werden kann (vgl. Bürdek 1991, S. 158, 160f.).

Die von Alexander entwickelte Methode zur Reduzierung von Komplexität, kann als *Strukturierung des Kontextes* bezeichnet werden. Die Lösung (z.B. die Form) ergibt sich, Alexander zufolge, aus dem Kontext. Um diesen zu verstehen gilt es, ihn zunächst einmal in seine Einzelteile aufzufächern. Die gesammelten Informationsmengen werden strukturiert und hierarchisch gegliedert, das Designproblem zerlegt. Die Zergliederung und Definition des Kontextes geben dem Designer Orientierung und bilden die Voraussetzung für elaborierte Lösungsansätze (vgl. ebd.).

Alexander gilt heute als einer der Väter der Designmethodologie, die es sich zur Aufgabe macht, die Methoden des Entwurfsprozesses zu reflektieren. Nicht mit dem Ziel, die Einhaltung *einer* als optimiert erachteten und verbindlich geltenden Entwurfsmethode zu postulieren, sondern vielmehr einen Methodenkanon herauszuarbeiten, der Entwurfspraktikern unterstützend zur Verfügung steht und aus dem je nach Bedarfslage die richtige Herangehensweise ausgewählt werden kann (vgl. ebd.).

Nahezu zeitgleich mit Alexander entwickelten die Designtheoretiker Tomás Maldonado und Gui Bonsiepe, beide an der Hochschule für Gestaltung Ulm lehrend, verschiedene systematische Entwurfsmethodologien unter Einbeziehung der damaligen Leitwissenschaften. Mit der Verwissenschaftlichung der Entwurfstätigkeit sollte für die HfG Ulm nicht nur die Abgrenzung zur Tradition der künstlerisch und intuitiv operierenden Werkkunstschulen erreicht werden, besonders diente sie der Legitimierung des Designs als fundierte Disziplin. Mit begründeten und methodisch nachweisbaren Lösungen konnten Designer nun argumentativ gestärkt den Anforderungen der Wirtschaft entgegentreten (vgl. ebd., S. 161f.).

Zum Klassiker der Designmethodologie wurde das Modell des Systemforschers Horst Rittel. Dieser teilt den Entwurfsprozess in sechs Phasen: (1) Definition der Aufgabenstellung, (2) Informationsakkumulation, (3) Informationsanalyse, (4)

Entwurfsphase, (5) Evaluation und Auswahl der Lösungsansätze sowie (6) die Test- und Implementierungsphase. Dieses zwar sehr allgemeine Modell von Rittel wurde zur Grundlage für zahlreiche ähnliche Ansätze (vgl. etwa die Arbeitsmethode von Hans Gugelot in ebd., S. 159; vgl. auch Schneider 2005, S. 285), den Prozess des Entwerfens in von einander abgrenzbare Arbeitsschritte zu zerlegen.

Die Auffassung, sich methodologisch nicht nur auf *eine* Vorgehensweise zu versteifen, war in den ersten Jahren der Diskussion um die Methodologie des Entwerfens noch nicht selbstverständlich. Zu einem Paradigmenwechsel von einer orthodoxen hin zu einer – nach Paul Feyerabend – anarchistischen (heute eher kasuistischen) Entwurfsmethodologie, fand erst in den 1970er Jahren statt. Auch änderte sich in den 70er Jahren die methodologische Blickrichtung. Während die angewandten Entwurfsmethoden größtenteils *deduktiven* Charakter besaßen, d. h. von einer allgemein gefassten Problemstellung auf eine spezielle Lösung hinarbeitend, wurden Entwurfsprozesse zunehmend *induktiv* ausgerichtet, d. h. von einer determinierten Zielgruppe oder von am einzelnen Benutzer festgemachten Attributen ausgehend (vgl. ebd.; siehe zur Designmethodologie auch ders. 1971).

Während die Aufteilung des Designprozesses in einzelne Entwurfsphasen der Orientierung dient, schützen Ablaufmodelle noch nicht vor den im Entwurfsprozess auftretenden Hürden und Problemen. Dem eminenten Problem der Komplexität von Informationsmengen kann jedoch dank Alexanders Methode der Komplexitätsreduktion durch Strukturierung und Hierarchisierung des Informationsmaterials entgegengetreten werden.

Doch gesellt sich zu der Komplexität der Quantität noch eine qualitative, sozusagen berufsimmanente Schwierigkeit: Die Komplexität der Technik. Für den Medienphilosophen Norbert Bolz bedeutet Design schließlich „die Hermeneutik der Technik" (Bolz 2000, S. 25) und bildet in ihrer Aufgabe „die Einheit der Differenz von Form und Funktion" (ebd.). Für Bolz haben es Designer in erster Linie (in diesem Punkt sicherlich sensu Brown) „nicht mit künstlerischen Formen, sondern mit Lebensformen zu tun" (ebd.).

Um technische, organisierte Gegenstände (Geräte) verstehen zu können, ist es für den Designer zunächst einmal unerlässlich, ihren Gebrauch zu studieren. Doch wie soll er als Agent der Einheit der Differenz von Technik und Form agieren, ohne von Haus aus mit entsprechendem technischen Wissen ausgestattet zu sein?

Wie soll er ohne technisches Fachwissen zwischen der Komplexität der Technik und der vom Benutzer gewünschten Vertrautheit vermitteln? Wie soll er sowohl als

„Anwalt des Benützers" (Heufler 1987, S. 5) den Interessen des Adressaten (Benutzerfreundlichkeit) als auch denen seines Auftraggebers (Rentabilität) nachkommen, ohne Kenntnis des technisch Machbaren und der Ökonomie der Produktion? Und wie soll der Designer in der Lage sein, Form und Inhalt elaboriert verknüpfen zu können, wenn er nicht über die nötigen Fachkompetenzen verfügt, den Gegenstand der Gestaltung inhaltlich fachgerecht bewerten zu können?

Doch das fehlende technische Wissen kompensiert der Designer i. d. R. mit einem einfachen Trick. Der Behelf des Designers, der aus der Not eine Tugend macht, ist das *Black Boxing*. Er akzeptiert es, ein Problem nicht in seiner Ganzheit verstehen zu können (vgl. Cross 2008, S. 87). Der Designer weiß zwar nicht, was in der Maschine vor sich geht, kann aber seine ungeteilte Aufmerksamkeit auf ihre Benutzung legen, über ihre Bedeutung für den individuellen Lebensstil oder die Kultur philosophieren und sich über neue, dem Benutzer dienende Applikationen Gedanken machen. So wie die Soziologie die Psyche des Einzelnen ausklammert, um die Gesellschaft zu studieren, benutzt der Designer das *Black Boxing*, um seine geistigen Ressourcen auf Sachverhalte zu richten, die – zunächst einmal – dem Ingenieur nicht zusätzlich aufgebürdet werden können.

Der Designer ist also gefordert, der Produktentwicklung dienende, jedoch der Ingenieurwissenschaft oft fern liegende Bereiche zu beleuchten, um seine Erkenntnisse dann in Form von neuen Ideen in den Entwicklungsprozess einfließen lassen zu können.

Da dem Designer, wie dem Benutzer, in aller Regel das technische Fachwissen fehlt, ist er dem Nutzer sicher von Haus aus näher. Doch hat es der Designer aufgrund dessen leichter, benutzerorientiert zu denken? Der Benutzer bleibt auch für den Designer oft nur eine generalisierte Fiktion. Dem antizipierten Adressaten werden bestimmte Eigenschaften und Bedürfnisse unterstellt, welche i. d. R. nach Altersgruppe, Sozialmilieu etc. grob differenziert werden. Nur selten gehen Designer den Bedürfnissen und Wünschen des Benutzers empirisch nach.

Hinsichtlich der Benutzerfreundlichkeit kann davon ausgegangen werden, dass nur wenige der angenommenen Adressaten mit entsprechendem Fachwissen ausgestattet sind, die technischen Vorgänge verstehen zu können, die dem Objekt ihrer Benutzung zu Grunde liegen. Komplexität in der Benutzung fordert einen „Einstieg". Es setzt Wissen und Fähigkeiten voraus, die über das implizite Wissen hinausgehen. Die Benutzung muss erlernt werden. Auch wenn das Erlernen der Bedienung für gewisse Produkte unvermeidlich ist (z.B. die Ausbildung zur Führung eines Fahrzeugs), kann man dennoch sagen: Je vereinfachter und unmittelbarer die Benutzung, desto höher ihre Freundlichkeit (Zum Black Boxing, als Trennung von Technologie und Bedienung, zugunsten einer vereinfachten und intuitiven Benutzerschnittstelle, vgl. Bolz 2006, S. 46ff.).

Doch zurück zum Entwurfsprozess: Das Ausklammern von Informationen zum Zwecke der Prioritätenbildung und Komplexitätsreduktion wurde als Ansatz genannt, um Schwierigkeiten im Prozess des Entwerfens überbrücken zu können. Für den Designer gilt es jedoch, eine weitere Hürde jenseits von Informationsumfang und technischer Komplexität zu bewältigen:

Denn liegt die Leistung des Designers nicht in der Fähigkeit, Sachverhalte so beobachten zu können, dass sich altbekannte, selbstverständliche und wenig wahrgenommene Begebenheiten in einem Licht der Verbesserungswürdigkeit zeigen?
Für große Innovationen ist es notwendig, Strukturen zu sehen, die noch nicht existieren; in der Lage zu sein, Verknüpfungen herzustellen, die noch nicht bekannt sind. Das sind Leistungen, die schließlich über ein hohes Maß an Empathie und Beobachtungsgabe hinausgehen. Doch wie soll es möglich sein, nicht-existierende Sachverhalte beobachten bzw. antizipieren zu können?

Bevor ein Problem untersucht werden kann, muss es zunächst wahrgenommen oder erahnt werden. Schon Platon hat diesen Widerspruch im *Menon* diskutiert. Die Suche nach der Lösung eines Problems ist nach Platon immer ein Widerspruch, denn wenn man weiß, wonach man sucht, gibt es für Platon kein Problem. Weiß man nicht, wonach man sucht, kann man auch nicht erwarten, etwas zu finden (vgl. Polanyi 1985, S. 28 f.).

Für den Designtheoretiker Jörg Petruschat bedarf es dennoch keines besonderen Talents, um Neues und Unwahrscheinliches hervorbringen zu können. „Kreativ zu sein" bedeutet für ihn „das Bewusstsein über erworbene Problemlösungen aufzugeben, sich auf vorbewusste Phasen geistiger Prozesse einzulassen, um Kausalitäten, die feststehen, ins Fließen zu bringen und die Assoziation neuartiger formaler Arrangements zu ermöglichen" (Petruschat 2005, S. 110). Das Entworfene besitzt, so Petruschat, eine „Doppelnatur, [...] [e]s ist immer sowohl ‚Wurf', ein Abreißen von Bekannten, um neue Möglichkeiten zu treffen, als auch ‚Ent'-wurf, also Zurückbindung des Neuen an die bekannten Formen der Kultur" (ebd.).

Das, was Petruschat als „vorbewusste Phasen geistiger Prozesse" (ebd.) bezeichnet, kann ebenso in Äquivalenz zu dem gesetzt werden, was Michael Polanyi als implizites Wissen beschreibt: Menschen wissen von wichtigen Sachverhalten, ohne diese in Worte fassen zu können (vgl. Polanyi 1985, S. 28f.). Während die Wissenschaft versucht, das implizite Wissen systematisch auszuklammern, um Sachverhalte denotativ beschreiben zu können, machen sich Designer implizites Wissen zu Nutze, um intuitiv zu neuen Erkenntnissen und Verknüpfungen zu gelangen. Ihre Art, nach Lösungen zu suchen, kann dennoch analog zu dem betrachtet werden, was für Polanyi hinter jedem wissenschaftlichen Forscherdrang steht. Denn beim Forschen geht es, mit den Worten Polanyis, darum, „(1) ein Problem richtig zu erkennen, (2) diesem Problem nachzugehen und sich bei der Annäherung an die Lösung von seinem Orientierungssinn leiten zu lassen und (3) die noch unbestimmten Implikationen der endlich erreichten Entdeckung richtig zu antizipieren" (ebd., S. 30).

Für den britischen Designforscher Nigel Cross arbeiten Designer in dem Sinne lösungsorientiert, als dass sie versuchen „das Problem mit Hilfe von Lösungsansätzen zu verstehen" (Cross 2008, S. 87). Der Arbeit der Designer liegen zunächst „Probleme" zugrunde, die sie – aufgrund fehlender fachfremder Kompetenzen – nicht adäquat beurteilen können. Als Design-Problem kann der Gegenstand der Gestaltung verstanden werden. Design-Probleme sind i. d. R. vom Auftraggeber schlecht definierte Probleme (vgl. Cross 2008, S. 86). Der zu vermittelnde Sachverhalt wird vom Kunden oft nur vage beschrieben und fordert damit den Designer auf, nicht nur das „Wie", sondern oft auch das „Was" der zu gestaltenden Kommunikation zu entwickeln. Zum Strukturieren des Kontextes oder dem Black Boxing – dem Akzeptieren des Designers, ein Problem nicht in Gänze verstehen zu können – gesellt sich nun eine weitere designtypische Problemlösungsstrategie, die Cross „Lösungen gestalten" (ebd., S. 86) nennt.

Der Designer versucht nicht nur dem Problem durch das Entwerfen von Lösungsansätzen näher zu kommen, er gleicht auch seine Interpretation des Problems mit den eigenen Lösungsansätzen ab. Designer neigen dazu, den ihrer Arbeit zugrunde liegenden Sachverhalt kontinuierlich umzuwerten, um den Blick für weitere Lösungsansätze freizumachen. „Das Problem und seine Lösung entwickeln sich Hand in Hand" (ebd.), heißt es bei Cross mit Bezug auf den Designtheoretiker Donald Schön, der diese Handlungsweise als „problem setting" (ebd.) bezeichnet. Abwechselnd definiert der Designer den Fokus seiner Arbeit und dessen Kontext. Er greift bestimmte Eigenschaften des Problems auf, um sich eingehender damit auseinanderzusetzen (*naming*) und entwickelt Lösungsansätze, wählt zwischen ihnen aus und/oder entscheidet sich für die Verfeinerung eines bestehenden

Ansatzes (*framing*) (vgl. ebd.). Ausgedrückt mit den Worten von Schön: „Um ein zu lösendes Problem zu formulieren, muss der Designer eine problematische Design-Situation eingrenzen: Er muss bestimmte Dinge und Beziehungszusammenhänge auswählen, mit denen er sich befassen will, und in dieser Situation eine Kohärenz herstellen, die das weitere Vorgehen bestimmt" (Schön zitiert nach Cross 2008, S. 87).

Designer entwickeln nur selten Lösungen zu einer unantastbaren Problemstellung; sie arbeiten gleichzeitig auch an der Definition des Problems, an dem sie arbeiten. Sie entwerfen nicht nur die formal-ästhetische Gestaltung von Produkten und Kommunikation – nach Bernhard Bürdek schließlich nur „ein Aspekt des Designs" (Bürdek 1991, S. 342) –, sondern sie determinieren zu großen Teilen die Aufgabe ihres Schaffens als solche.

Diese designtypischen, also lösungsorientierten und innovationsschaffenden Herangehensweisen sind dafür ausschlaggebend, dass sich die Design-Praxis auch losgelöst von der konkreten Gestaltung visueller Artefakte erfolgversprechend betreiben lässt. Tim Brown macht es uns vor. Mit dem Design Thinking vermarket Ideo grundsätzlich nichts Neues, sondern eine Methode, in der sich Designer seit Beginn ihres Berufsstandes üben: dem lösungsorientierten Entwerfen.

Ideo ist jedoch dafür mitverantwortlich, dass zunehmend unterschiedliche Berufs-gruppen von den innovationsfördernden Ansätzen gestalterischer Entwurfsmetho-den Gebrauch machen. Design Thinking hat Konjunktur, denn Innovationen sorgen nicht nur in ökonomischer Hinsicht für Alleinstellungsmerkmale und damit Wettbe-werbsvorteile (vgl. Brown 2008, S. 59). Auch anderen Bereichen, wie der Wissen-schaft, dienen kreative Arbeitsmethoden. Der SAP-Gründer Hasso Plattner rief an der Universität Potsdam sogar die School of Design Thinking ins Leben und über-führt damit Ideos Ansatz in institutionelle Lehrkonzepte. Das „Denken der Desig-ner" avancierte zu einem vielbeschworenen Ansatz in unterschiedlichen Arbeitsbe-reichen und verhalf Ideo zu internationalem Renommee.

Zusammenfassend lässt sich sagen: Ideo isoliert mit dem Begriff des Design Thinking das Gestaltungsethos des Designers von formal-ästhetischen Gestal-tungsanwendungen. Im Design Thinking kommen die Tugenden des Designers zum Einsatz, die designspezifische Problemlösungsstrategie, in der sowohl Lösun-gen wie Problemstellungen entwürflich modelliert werden (Lösungen gestalten), die Fähigkeit immer wieder neue Sachverhalte in den Entwurfsprozess mit einzubezie-hen (Integratives Denken), die Kompetenz des Designers zur Reduzierung von

Komplexität (Kontext-Strukturierung, Black Boxing), sein latenter Optimismus und unentwegter Innovationsdrang, sein Teamgeist, und bei alledem seine Orientierung am Adressaten.

Tim Brown und Ideo öffnen dem Designer die Tür der Disziplin. Ohne dass er sich versieht, reüssiert er – als neuer Freund von Wirtschaft und Wissenschaft – vom Gestaltungsfachmann zum transdisziplinären Spezialisten für kreative Problemlösungen.

Literaturverzeichnis

Bolz, Norbert (2000): Wozu Designgeschichte? In: Hermann Sturm (Hrsg.) (2000): Design retour. Ansichten zur Designgeschichte. Bd. 2. Essen: Klartext, S. 24-28

Bolz, Norbert (2006): Bang Design. Hamburg: Trendbüro

Brandes, Uta; Michael Erlhoff; Nadine Schemmann (2009): Designtheorie und Designforschung. Paderborn: Fink

Brown, Tim (2008): Designer als Entwickler. In: Harvard Business manager. Ausgabe 07/2008, S. 57–67

Bürdek, Bernhard E. (1971): Design-Theorie. Methodische und systematische Verfahren im Industrial Design. 2. Aufl., Stuttgart: Selbstverl.

Bürdek, Bernhard E. (1991): Design. Geschichte, Theorie und Praxis der Produktgestaltung. Basel/Boston/Berlin: Birkhäuser

Bürdek, Bernhard E. (2008): Im Dickicht der Diskurse. In: form 07/08-2008 Ausgabe 221, S. 88–90

Cross, Nigel (2008): Lösungen gestalten. In: form 01/02-2008. Ausgabe 218, S. 86–88

Heufler, Gerhard (1987): Produkt-Design. …von der Idee zur Serienreife. Linz: Veritas

Meier, Cordula (2001): Design Theorie. Grundlagen einer Disziplin. In: dies. (Hrsg.) (2001): Design Theorie. Beiträge zu einer Disziplin. Frankfurt am Main: Anabas, S. 16–37

Petruschat, Jörg (2005): Das Leben ist bunt. Einige Bemerkungen zum Entwerfen. In: form+zweck. Ausgabe 21, S. 100–111

Polanyi, Michael (1985): Implizites Wissen. Frankfurt am Main: Suhrkamp

Schneider, Beat (2005): Design – eine Einführung. Entwurf im sozialen, kulturellen und wirtschaftlichen Kontext. Basel: Birkhäuser

Sudow, Otto (1994): Industrial Design. In: Anton Stankowski; Karl Duschek (Hrsg.) (1994): Visuelle Kommunikation. Ein Design-Handbuch. 2. Aufl., Berlin: Reimer, S. 244–268

Kontakt

Dipl.-Des. Rolfe Bart
Neue Schönhauser Str. 11
10178 Berlin
bart@udk-berlin.de

Integration von Produktdesign in Entwicklungsprozesse der angewandten Forschung

Tilo Wüsthoff und *Gerhard Hirzinger*

Abstract

Am Institut für Robotik und Mechatronik des Deutschen Zentrums für Luft- und Raumfahrt (DLR) wird ein interner Produktdesigner eingesetzt, um die Exzellenz von Forschung und Entwicklung hervorzuheben und Transferpotentiale von Forschungsprojekten besser zu erkennen, zu bewerten und umzusetzen. Anhand von drei Projekten werden die Arbeitsmethoden und die Art der Integration des Designers in den Bereichen Konzeptentwicklung, Entwurf und Konstruktion sowie im Bereich Designmanagement dargestellt.

Einleitung und Motivation

Das Institut für Robotik und Mechatronik des DLR arbeitet unter anderem in der angewandten Roboter-Forschung, mit Schwerpunkt in der Industrie- und Service-Robotik, der Chirurgie und Prothetik. Über die Modellbildung und Simulation hinaus realisiert das Institut komplexe mechatronische Systeme und Mensch-Maschine-Interfaces, wie zum Beispiel Medizinroboter und anthropomorphe Hände (Abbildung 1) (Hirzinger 2008). Da diese Systeme von Menschen bedient werden, mit Menschen interagieren und in menschlicher Umgebung eingesetzt werden, sind auch Designthemen wie Benutzerführung, Akzeptanz und Positionierung neuer Technologien ein Teil dieser Systeme.

Bisher wird Design in Forschungsprojekten meistens als externe Dienstleistung dazugekauft (Herwig 2006). Daraus ergeben sich mehrere Probleme:

Ein interner Designer kann Managementaufgaben übernehmen und Designthemen in Projekten erkennen, definieren und den Einsatz von Design zeitlich und inhaltlich strukturieren (Bauer 2007).Ohne einen internen Designer werden Designthemen im Forschungsprojekt eventuell nicht erkannt und ein externer Designer wird entweder gar nicht, oder nicht zum richtigen Zeitpunkt eingebunden. Die Entwürfe, die der Designer entwickelt, basieren auf den Informationen, die ihm zugeteilt werden, wodurch die Gefahr der Unvollständigkeit besteht. Der Informationsaustausch findet telefonisch oder per Email statt. Nur gelegentlich wird der Designer vor Ort eingebunden, zum Beispiel zu Ideenfindungsworkshops oder Präsentationen (Bauer 2007). Im Entwurfsprozess von Gehäusen für komplexe mechatronische Systeme, wie zum Beispiel Roboter mit mehreren beweglichen Achsen, steht die formale Gestaltung in erheblicher Abhängigkeit zu den Gelenkbewegungen. In der Vergangenheit durchgeführte Projekte des Instituts haben gezeigt, dass der Detail-lierungsprozess eines Entwurfs in Zusammenarbeit mit einem externen Designer kommunikationsintensiv, aufwändig und fehleranfällig ist und sehr viele Iterations-schleifen erfordert.

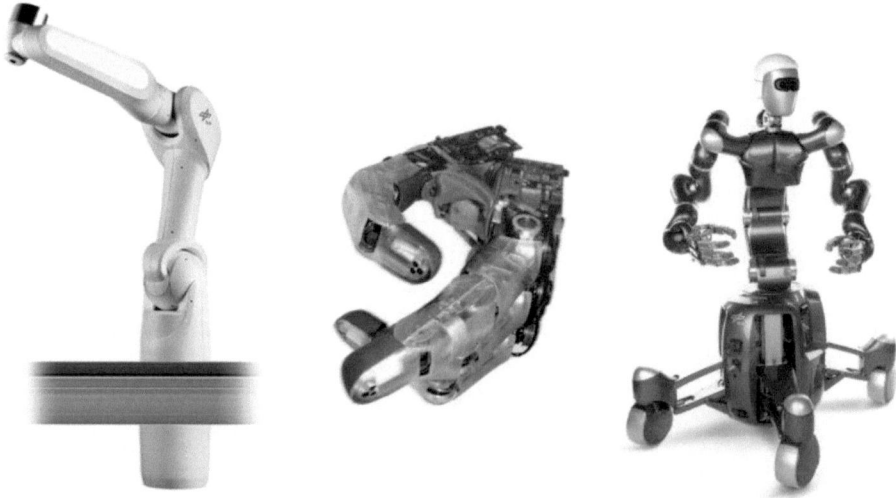

Abbildung 1:   Mechatronische Systeme des Instituts für Robotik und Mechatronik von links nach rechts: Medizinroboter MIRO, DLR-Hand, Mobile Plattform Justin

Tilo Wüsthoff und Gerhard Hirzinger

Durch die dauerhafte Integration eines Designers am Institut für Robotik und Mechatronik sollen diese Probleme überwunden werden. Weiterhin wird durch eine Professionalisierung der Gestaltung die Exzellenz von Forschung und Entwicklung deutlicher dargestellt. Transferpotentiale von Forschungsprojekten können besser erkannt, bewertet und umgesetzt werden.

Anhand verschiedener Projekte werden die Arbeitsmethoden und die Art der Integration des Designers in den Bereichen Konzeptentwicklung, Entwurf und Konstruktion sowie im Bereich Designmanagement dargestellt.

Konzeptentwicklung – Impulsgeber für Forschungsprojekte

Die Forschung ist daran interessiert, Entwicklungen zu vermarkten, doch zählt es nicht zu ihren Aufgaben, sie bis zur Marktreife zu entwickeln. Die dadurch entstehende Lücke zwischen Forschung und Vermarktung wird besonders am DLR durch das Technologiemarketing überbrückt. Die Entwicklung von Designstudien im Rahmen des Technologiemarketings sowie die temporäre Mitarbeit von Designern in Forschungsprojekten, sind bereits erfolgreich erprobte Ansätze (Sickinger et al. 2004).

Das folgende Beispiel zeigt, wie eine Designstudie unabhängig von Marketingvorgaben erstellt wurde und welchen Mehrwert diese Vorgehensweise bietet:

Mehrere Forschungsteams haben gemeinsam einen 3D-Modellierer entwickelt. In diesem Gerät wurden verschiedene Sensoren, unter anderem Stereokameras, ein Laserscanner, Laserlinienmodule sowie aktive und passive Marker kombiniert. Das Gerät und die dazu entwickelte Hardware ermöglichen das Scannen von Objekten und die Verarbeitung der akquirierten Punktwolken zu dreidimensionalen, texturierten Gitternetzen. Ein generisches Interface erlaubt handgeführtes Arbeiten mit einem Griff und automatisches Arbeiten mit einem Roboter (Abbildung 2). Das Konzept wurde für den Einsatz in der angewandten Forschung konzipiert, um eine vielseitige praktische Anwendung, zum Beispiel in der Industrieautomation, aber auch im medizinischen Bereich und in der Kulturgutsicherung zu erproben. (Suppa et al. 2007). Im weiteren Verlauf des Projekts sollte eine Spezialisierung auf bestimmte Anwendungsbereiche erfolgen. Um Anforderungen der jeweiligen Applikation und ihren möglichen Einfluss auf das Konzept zu ermitteln, wurde der Austausch mit Anwendern aus der Praxis angestrebt. Diese können Anforderungen aus ihrer Perspektive definieren, verstehen aber nicht die technischen Grundlagen, wie zum Beispiel die Funktionsprinzipien verschiedener Sensoren. Ihr Wissen als

Anwender ermöglicht ihnen daher keinen Zugang zu den Informationen über die Technologie, die, in Form der wissenschaftlichen Publikation und Bildern vom Laboreinsatz, existieren (Abbildung 3). Um eine Kommunikationsbasis zu schaffen, wurden Designkonzepte entwickelt, in denen sowohl technische Anforderungen, als auch Aspekte der Anwendung realisiert werden.

Nachdem mögliche Anwendungen, auf die eingegangen werden sollte, festgelegt wurden, entwarf und visualisierte der Designer verschiedene Produktkonzepte. In enger Absprache mit den Entwicklern wurden die dafür notwendigen Hardware-komponenten ausgewählt (Abbildung 4). Da viele dieser Teile noch in der Entwick-lung sind und sich ihre Spezifikationen, wie zum Beispiel die Größe, laufend ändern können, war ein enger und kontinuierlicher Informationsaustausch notwendig. Der direkte Zugriff auf die Teiledatenbank des Instituts verringerte dabei den Kommuni-kationsbedarf.

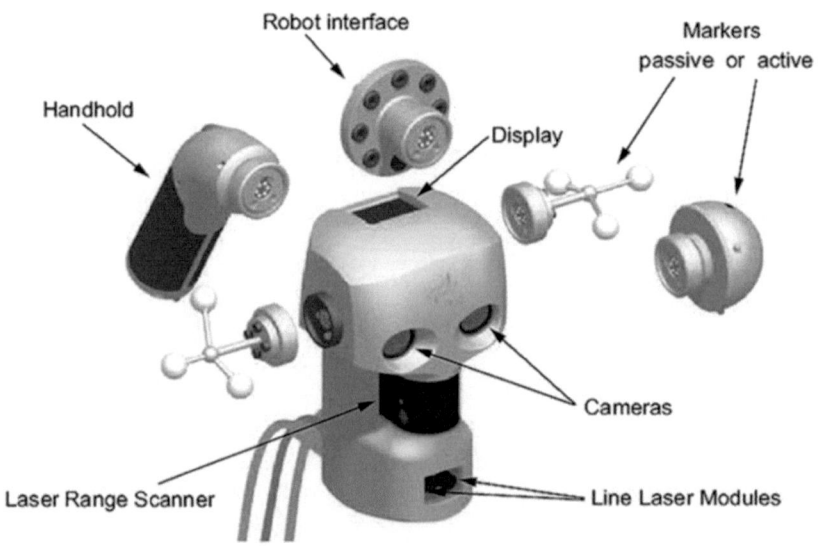

Abbildung 2:   Darstellung des 3d-Modellierers mit den modularen Elementen „Handhold" zur handgeführten Anwendung und dem „Robot interface"
zur Montage auf einem Industrieroboter.

Tilo Wüsthoff und Gerhard Hirzinger

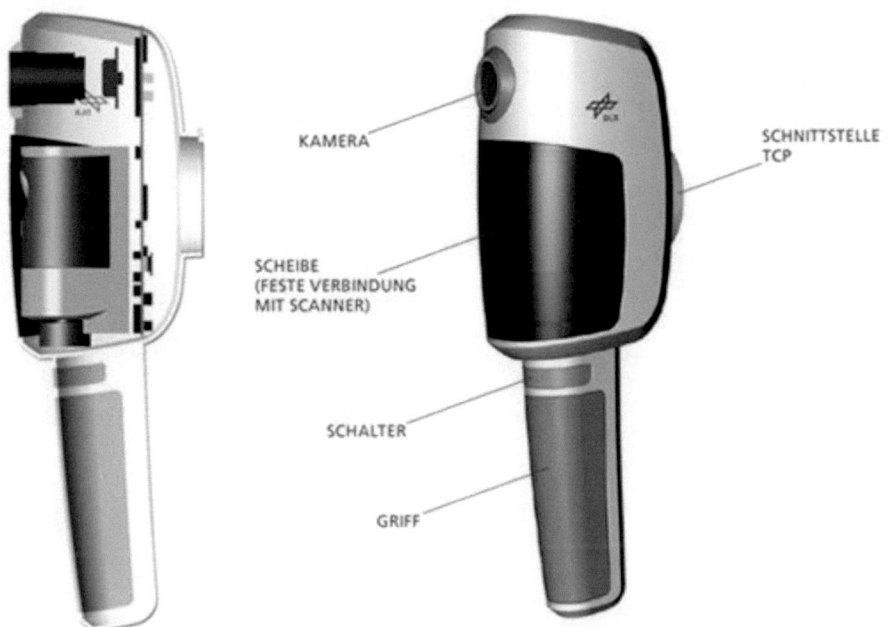

KAMERA

SCHNITTSTELLE
TCP

SCHEIBE
(FESTE VERBINDUNG
MIT SCANNER)

SCHALTER

GRIFF

Abbildung 4: Für das Konzept eines handgeführten 3D-Modellierers fügt der Designer
ausgewählte technische Komponenten zusammen und ergänzt sie
um handhabungsrelevante Elemente, wie Griffe und Schalter.
Auch wenn die Entwicklung vieler Teile noch nicht abgeschlossen ist,
können bereits viele Ideen und Inhalte des Konzepts anhand
anschaulicher Darstellungen weiterentwickelt werden.

Diese Vorgehensweise der Einbindung des Designers als gleichberechtigter
Projektpartner wird für die Industrie immer wieder gefordert (Phillips 2004). Für
Forschungsprojekte ergeben sich durch Einsatz von Designkonzepten ebenfalls
Vorteile: Wie bereits erwähnt, können sich potentielle Anwender die Verwendungs-
möglichkeiten besser vorstellen und daher Anforderungen, wie zum Beispiel von
Größe und Gewicht der Hardware, definieren. Diese Informationen ermöglichen
eine bessere Einschätzung der weiteren Entwicklungsmöglichkeiten des 3D-
Modellierers (Abbildungen 5, 6).

Abbildung 5:   Renderings und Montagen erklären, wie man mit dem Modellierer
                automatisch oder handgeführt 3D-Daten akquirieren kann.
                In der Medizin werden solche Daten benötigt um bei roboterassistierten
                Operationen die Position des Patienten zu bestimmen.

Weiterhin eröffnet die anschauliche Darstellung die Möglichkeit, dass die Entwicklung von potentiellen Anwendern, zum Beispiel bei der Präsentation auf einer Messe, entdeckt wird. So ergeben sich, über die gezielte Ansprache von Zielgruppen hinaus, Kooperations- und Vermarktungsmöglichkeiten.

Auch wenn das Konzept nicht vermarktet wird, entsteht ein Laborprototyp mit einem Gebrauchswert, der gut gestaltet ist und sich selbst erklärt. Gegenüber Projektpartnern, Investoren oder politischen Entscheidungsträgern erhöht ein schlüssiges Konzept Verständnis und Akzeptanz. Dies gilt besonders für emotional diskutierte Themen, wie die Medizintechnik (Schraft 2004). Es ermöglicht auch einen intensiveren und schnelleren Austausch relevanter Informationen, die andernfalls umständlich über weitere Medien kommuniziert werden müssen. Produktdesign schafft hier die Möglichkeit, inhaltliche Informationen schnell zu kommunizieren und ist daher auch für Forschungsprojekte, unabhängig von ihrer direkten Vermarktung, relevant.

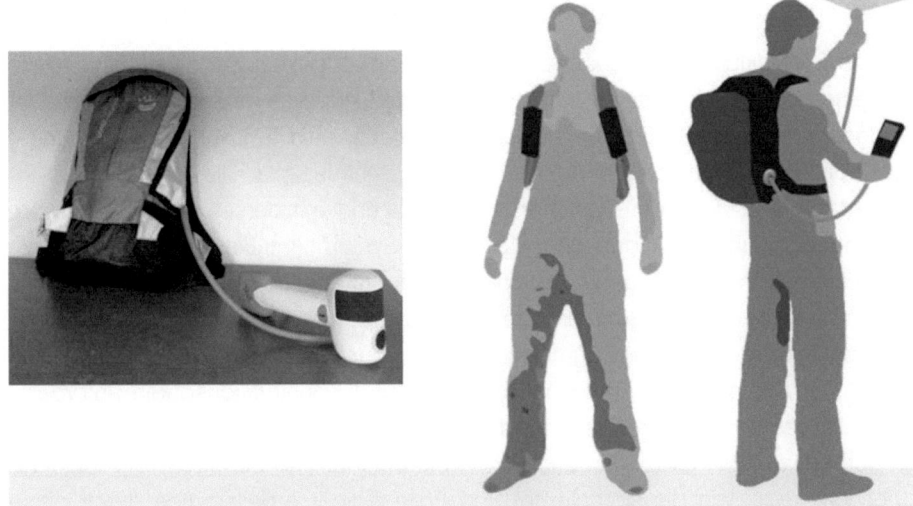

Abbildung 6:   Das Konzept eines mobilen, handgeführten 3D-Modellierers, wurde als Funktionsmodell umgesetzt, um seine Möglichkeiten mit Anwendern besser diskutieren
zu können.

Des Weiteren besteht bei Laborprototypen die Gefahr, dass Personen mit geringer
Fachkenntnis eine komplizierte Bedienung auf eine im Allgemeinen mangelhafte
technische Qualität zurückführen. Solche Missverständnisse werden durch ein gut
gestaltetes Gerät vermieden.

Prozessintegration von Entwurf und Konstruktion

Für den Einsatz in unterschiedlichen chirurgischen Aufgabenstellungen hat das
DLR den Leichtbauroboter MIRO entwickelt. Geringes Gewicht und kompakte
Abmessungen erleichtern die Integration eines oder mehrerer Arme in die Platzver-
hältnisse im OP. Funktionsumfang und Leistungsdaten ermöglichen den Einsatz
bei offener Chirurgie und bei minimal invasiven Operationstechniken, wie der
endoskopischen Herzchirurgie. Das Erscheinungsbild erlaubt die eindeutige
Positionierung von MIRO als Medizingerät. Umlaufende Linien zeigen Präzision und
Dynamik. Gelenke und ihre Bewegungsrichtungen werden hervorgehoben und
erlauben eine intuitive Bedienung des Roboters (Abbildung 7). Im Projekt MIRO-
SURGE integriert das DLR drei MIRO-Roboter: Zwei tragen speziell entwickelte

Sensorzangen für beidhändige Manipulation mit Kraftrückkopplung, der dritte ein Stereo-Endoskop für 3D-Bildgebung (Abbildung 9) (Hagn et al. 2008).

Für die Entwicklung der Gehäuse wurde der Entwurfs- und Konstruktionsprozess von einem iterativen in einen simultanen, kontinuierlichen Prozess überführt. Der Designer war verantwortlich für die gesamte Prozesskette: Entwurf – Detaillierung – Konstruktion – Prototyping – Anpassung der Gehäuseteile. Die Grundvoraussetzung dafür war, dass der Designer am Institut und mit derselben CAD-Software (ProEngineer) und dem dazugehörigen PDM-System (Intralink) arbeitet, wie die Entwickler, denn nur so konnte der volle Zugriff auf alle erstellten Daten durch alle am Projekt Beteiligten gewährleistet werden. Informationsbeschaffung und – Austausch wurden dadurch unmittelbar und daher schnell und weniger fehlerbehaftet. Der Designer musste keine Teiledaten und Konstruktionsdaten anfordern, da er sie selber aus dem System abfragen konnte. Gehäuse wurden in der Baugruppe entworfen, Kollisionen dadurch direkt erkannt und behoben. Die folgende Übersicht zeigt, wie die Komplexität und Fülle einiger Arbeitsgänge durch diese Strategie abnimmt.

Vorbereitung der Zusammenarbeit

Wird mit zwei CAD-Programmen gearbeitet, müssen Import- und Exportvorgaben festgelegt werden. Dies findet im Trial-and-Error-Verfahren statt, da zum Beispiel durch variierende Softwareversionen keine allgemeingültigen Vorgaben existieren. Außerdem ist eine Verschlüsselung der Daten notwendig, um einen sicheren elektronischen Versand zu gewährleisten. Um Entwürfe anzufertigen, benötigt der Designer eine exportierte Baugruppe, insbesondere bei einer komplexen Struktur wie dem Medizinroboter. Ändert sich diese, was im Entwicklungsstadium oft der Fall war, benötigt der Designer eine neue Version. Es ist schwierig, eindeutig festzulegen, welche Art der Änderung eine Aktualisierung der Baugruppe erfordert und wegen des Zeitaufwands fällt die Entscheidung oft gegen eine Aktualisierung aus. Fehlen nun wichtige Komponenten, wird dies erst später entdeckt und die Korrektur erfordert einen entsprechend größeren Aufwand. Alle diese Arbeitsschritte erübrigten sich bei der im Projekt MIRO angewendeten Strategie.

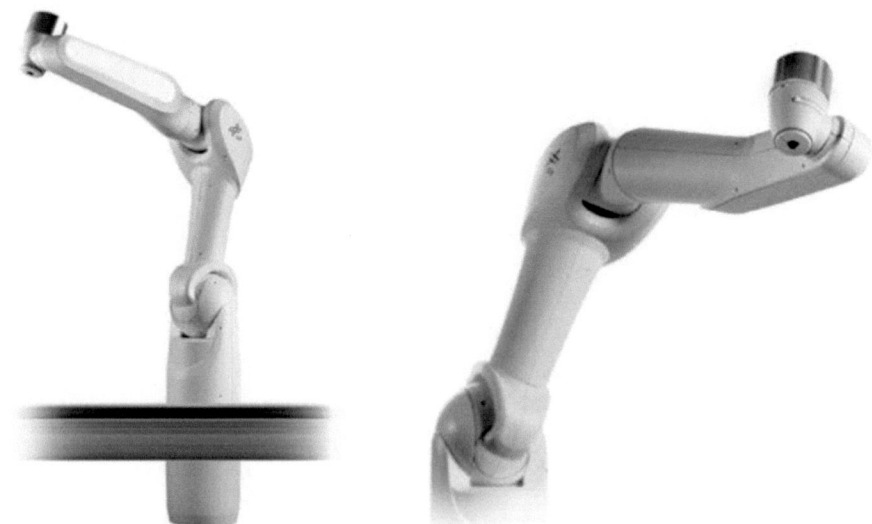

Abbildung 7:   MIRO mit fertig gestellten Gehäusen. Die Formwirkung erlaubt eine eindeutige
                Positionierung als Medizingerät.

Detaillierung des Entwurfs

Durch die dynamische, mehransichtige Struktur des Medizinroboters MIRO gestaltete sich die formale Detaillierung als ein besonders aufwändiger Annäherungspro-
zess. Das Erscheinungsbild musste immer wieder aus verschiedenen Perspektiven
und in verschiedenen Posen (Abbildung 8) überprüft werden. Die Endanschläge
der Gelenke bestimmen unter anderem die Gehäuseform und es musste ein
Kompromiss zwischen geometrisch möglicher und gestalterisch gewünschter
Form gefunden werden. Der Vorteil direkter Kollisionskontrolle bei formalen Änderungen wird hier besonders deutlich. Fehlende direkte Kontrollmöglichkeiten
erfordern einen vielfachen Austausch von Datensätzen. Gehäuseteile müssen
immer wieder in die Baugruppe importiert und kontrolliert werden, bis alle technischen und formalen Details abgestimmt sind.

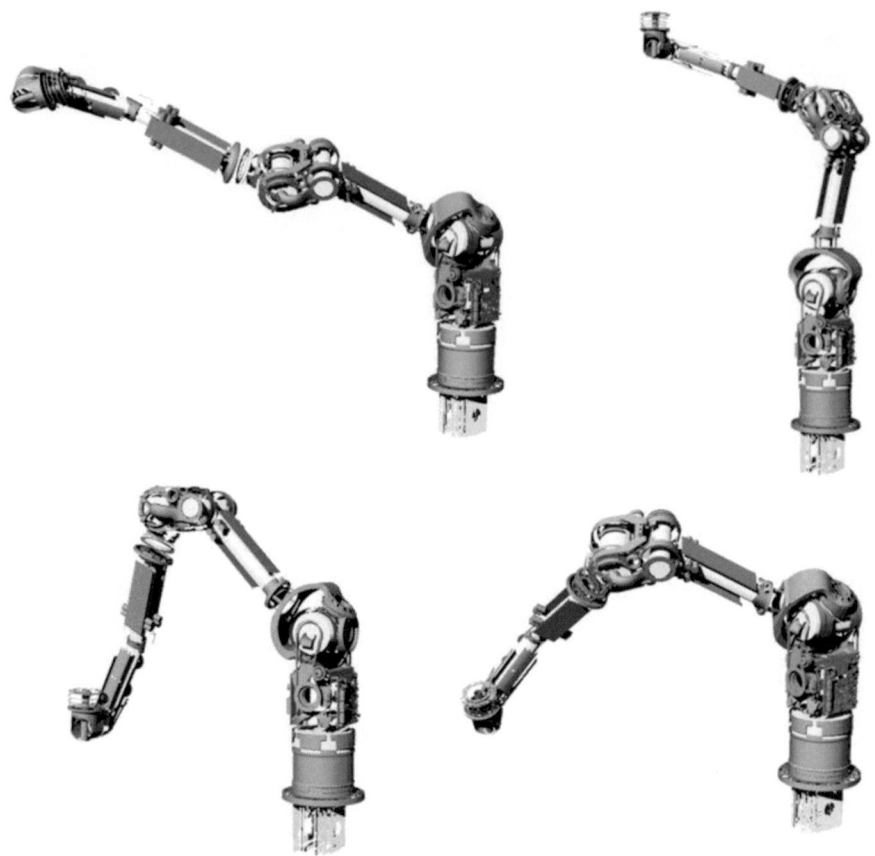

Abbildung 8:   Eine Auswahl möglicher Posen von MIRO

Umsetzung des Entwurfs in die Konstruktion

Insbesondere bei der Überführung von Daten aus einem nicht parametrischen Programm bestehen in ProEngineer fast keine Bearbeitungsmöglichkeiten für ein importiertes Bauteil. Die vollständige Neuzeichnung des Entwurfs durch einen Entwickler ist dadurch notwendig und das markanteste Detail bei der Verwendung von zwei CAD-Programmen. Der Entwickler muss auch alle im Anschluss notwendigen Änderungen der Gehäuseform durchführen. Diese Änderungen müssen in Abstimmung mit dem Designer durchgeführt werden, was in einem zeitaufwändigen und von schlechten Kompromissen geprägten Prozess endet.

Tilo Wüsthoff und Gerhard Hirzinger

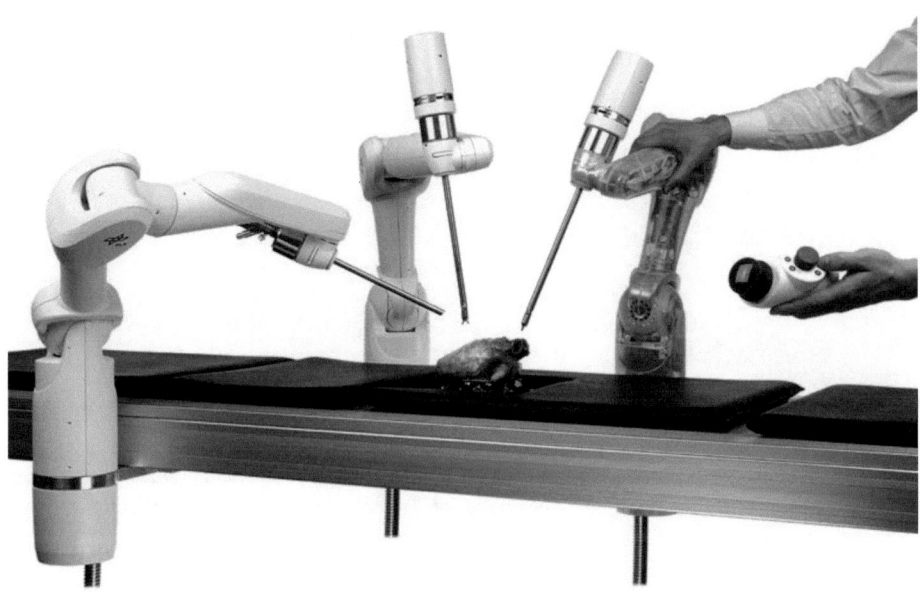

Abbildung 9:   Das OP-Szenario mit drei MIRO-Robotern. Die Roboter können manuell in ihre Arbeitsposition gebracht werden. Umlaufende Linien der Gehäuse zeigen Präzision und Dynamik. Gelenke und ihre Bewegungsrichtungen werden hervorgehoben und erlauben eine intuitive Bedienung des Roboters.

Prototyping

Da Konstruktionselemente wie Verrippungen, Schraubdome und Dichtungen auch durch den Designer realisiert wurden, konnten in der gesamten Gehäuseentwicklung formale Aspekte und Konstruktionsanforderungen schon früh eingeplant und optimal abgestimmt werden. Es ist zu beachten, dass diese Integrationstiefe durch den Fertigungsprozess mittels Prototypingverfahren begünstigt wird. Die Herstellung der Gehäuseteile im Vakuumguß ermöglicht Wandstärkendifferenzen, sehr geringe Wandstärken und Erstellung von Entformungsschrägen ohne Berechnungsverfahren (Abbildung 10). Da in der Forschung viele Entwicklungen als Prototypen realisiert werden, ergeben sich dort auch viele Anwendungsmöglichkeiten für diese Strategie.

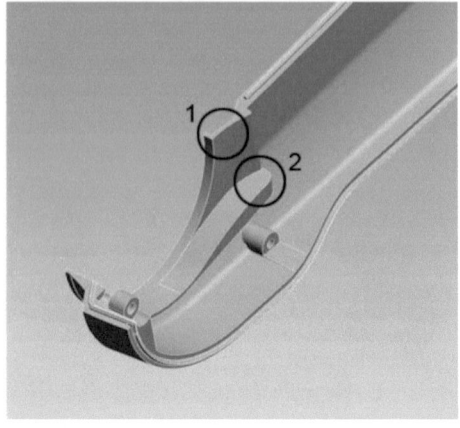

Abbildung 10: Zu sehen ist ein Bauteil mit extrem dünner Wandstärke von 1 mm (Kreis 1) und einer starken Materialanhäufung (Kreis 2). Verzugsprobleme und Einfallstellen sind wegen des geringen Schwundes von Prototypingmaterialien, wie Polyurethanharz, minimal.

Gestalterische Möglichkeiten mit ProEngineer

Die Einarbeitungszeit für den Designer betrug circa sechs Monate. Beim Gehäuseentwurf mussten keine formalen Kompromisse aufgrund der zur Verfügung stehenden Werkzeuge in ProEngineer gemacht werden. Es ist zum Beispiel möglich, krümmungsstetige Freiformflächen zu erstellen und durch Maßeingabe und Steuerkurven zu manipulieren. Das Arbeiten mit Flächen und Volumenkörpern ist gleichermaßen möglich. Durch Familientabellen, die das Erstellen verschiedener Versionen desselben Bauteils erlauben, ist eine sehr komfortable Variantenbildung möglich. Die Variantenbildung ist im Designprozess, zum Beispiel beim Ermitteln der optimalen Radiengröße an Kanten, von großer Bedeutung.

Designmanagement

Anders als in vielen Unternehmen ist die „Produktpalette" des Instituts für Robotik und Mechatronik nahezu unbegrenzt. Auch wenn ein deutlicher Schwerpunkt auf Robotik liegt, beziehen die Applikationen Haushalt, Industrie oder Raumfahrt eine Vielzahl weiterer Gestaltungsthemen mit ein. Wird ein Roboterarm dem Thema Produktdesign zugeordnet, so fällt seine Steuerungseinheit unter das Oberthema Interfacedesign. Ohne ein professionelles Designmanagement steuerten Mitarbeiter des Instituts diese Designprojekte selbst. Sie traten entweder mit einem bestimmten Projekt an einen Gestalter heran, oder stellten ihm eine Auswahl vor

(Wüsthoff 2006). In beiden Fällen hatte der Designer nicht den vollen Zugriff auf alle Ideen und Projekte des Instituts. Nach der Einarbeitungszeit des internen Designers sprachen viele Mitarbeiter von sich aus Projektideen an und signalisierten so Bedarf für Gestaltung und vor allem auch für Beratung. Der Bedarf zeigte sich auch im kontinuierlichen Anstieg der durch Mitarbeiter angestoßenen Designprojekte. Und auch in umgekehrter Richtung wurden durch den Gestalter Projekte erkannt. Gerade für diesen Aspekt war die dauerhafte Anwesenheit des Designers von großer Bedeutung. Viele Entdeckungen und Projektideen entstanden in eher zufälligen Gesprächen oder entwickelten sich im kontinuierlichen Austausch und nicht in aufwändig organisierten Besprechungen.

Ausblick

Die Integration eines Designers war für das Institut für Robotik und Mechatronik des DLR ein neuer Weg und es ist gelungen, Designprozesse in den Bereichen Konzepterstellung, Entwurf, Konstruktion und Designmanagement zu implementieren. Bei komplexen Baugruppen ist der Austausch von Informationen und Datensätzen sehr intensiv und macht die direkte Zusammenarbeit von Entwickler und Gestalter besonders sinnvoll. Durch die Herstellung von Bauteilen mittels Prototypingverfahren konnte der Designer Konstruktionsaufgaben übernehmen und der Entwurfsprozess veränderte sich dadurch nachhaltig. Die Integration von Entwurf und Konstruktion in einen simultanen, kontinuierlichen Prozess beschleunigte die Arbeit, entlastete Forscher und Designer gleichermaßen und verringerte die Fehleranfälligkeit. Die häufige Anwendung von Prototypingverfahren in Forschungsprojekten ermöglicht eine umfangreiche Anwendung dieser Vorgehensweise.

Gebrauchstaugliche und gut gestaltete Laborprototypen erleichtern fachfremdem Publikum den Zugang zu abstrakten, komplexen oder emotional diskutierten Technologien. Dies erhöht die Akzeptanz und eröffnet die Möglichkeit eines intensiveren Informations- und Ideenaustauschs mit einem breit gefächerten Publikum.

Danksagung

Unser besonderer Dank gilt Carsten Preusche, Simon Kielhöfer, Michael Suppa, Ulrich Hagn, Oliver Eiberger, Markus Grebenstein.

Literaturverzeichnis

Hirzinger, G. 2008: Institut für Robotik und Mechatronik. *http://www.dlr.de/rm/DesktopDefault.aspx/tabid-3757/5878_read-8676/*, 1.10.2008

Herwig, O. 2006: Ein Konzept kommt in Rollen. In: Form, 211, 65-69

Bauer, G. 2007: Erfolgsfaktor Design-Management , Ein Leitfaden für Unternehmer und Designer. Basel: Birkhäuser

Sickinger, C., Melcher, J., Ströhlein, T., Nickel, J., Schillo, C., Mayser, M. und Altenkirch, C. 2004: Entfaltungsmechanismen für den Leichtbau. In: BMBF-Ideenwettbewerb Bionik - Innovationen aus der Natur.

Suppa, M., Kielhöfer, S., Langwald, J., Hacker, F., Strobl, K.H. und Hirzinger, G. 2007: The 3D-Modeller: A Multi-Purpose Vision Platform. In: 2007 IEEE International Conference on Robotics and Automation, 781-787

Phillips, P. 2004: Creating the Perfect Design Brief, How to Manage Design for Strategic Advantage. New York: Allworth Press

Schraft, R. D., Hägele, M. und Wegener, K. 2004: Service Roboter Visionen. München: Hanser.

Hagn, U., Nickl, M., Jörg, S., Passig, G., Bahls, T., Nothelfer, A., Hacker, F., Le-Tien, L, Albu-Schäffer, A., Konietschke, R., Grebenstein, M., Warpup, R., Haslinger, R., Frommberger, M., Hirzinger, G. 2008: The DLR MIRO: a versatile lightweight robot for surgical applications. In: Industrial Robot, The international journal of industrial and service robotics, 35 (4), 324 – 336

Wüsthoff, T. 2006: Gestaltung eines Systems zur Generierung realistischer Umweltmodelle. Essen: Folkwang Hochschule

Kontakt

Dipl.-Des. Tilo Wüsthoff
Pullacher Platz 6
81371 München
www.tilo-wuesthoff.de

Prof. Dr.-Ing. Gerhard Hirzinger
Deutsches Zentrum für Luft- und Raumfahrt (DLR)
Institut für Robotik und Mechatronik
Münchner Straße 20
82234 Oberpfaffenhofen-Wessling
www.dlr.de

Technical Design Packaging (TDP) als Einheit von „Design und Technik"

Jörg Reiff-Stephan

Entwicklungsprozesse von Produkten sowohl der Konsumgüter- als auch der Investitionsgüterindustrie zu beschleunigen, ist unter den wachsenden Anforderungen global agierender Unternehmen wesentliche Voraussetzung für die Beibehaltung und den Ausbau ihrer Marktposition. Die technische Konstruktion sowie die Formgestaltung eines Produktes rücken unter diesem Fokus immer mehr aneinander (Heufler 2006, Wiendahl 2008, Reiff-Stephan 2008).

Früher akzeptierte Prozesse der abschließenden Formgebung sind für moderne Entwicklungsteams nicht mehr realisierbar. Gestalter und Ingenieure sind angehalten, ihr Bereichswissen kommunikativ und effizient in Entwicklungsteams einzubringen. Spur (2008) spricht angesichts der zunehmenden Komplexität und unaufhaltsamen Dynamik der Technik von einer Anforderung zur interdisziplinären Neuausrichtung der Technikwissenschaften. Es reicht nicht mehr nur aus, den technischen Wirkungsbereich zu erschließen, es ist auch ein neues Selbstverständnis für Wirtschaftlichkeit und Methodik zu definieren. Geistes- wie auch Sozialwissenschaften sind ebenso mit einzubinden und zum Dialog herauszufordern. Spur (2008) begründet hieraus eine neue integrativ orientierte Leitdisziplin der Technikwissenschaften und benennt diese *Technosophie* (Spur 2008).

Grundsätzlich verbleibt, dass dieses neue verbale Verständnis nicht allein zur Anwendung kommen kann, sondern dass vielmehr auch die Bereitschaft der kooperierenden Gestaltungszweige aufeinander zuzugehen und voneinander zu lernen gegeben sein muss. Die differierenden Wege, zum einen der wissenschaftlich-analytische Rationalismus des Ingenieurs und zum anderen der emotional-intuitive Objektivismus des Gestalters, führen bei gleicher Aufgabenstellungen zu Lösungen, die in ihrer Einheit aus Design und Technik zu einem nachhaltigen Mehr an Inspiration und Funktion führen könnten (Tjalve 1978, PK 2008, Seliger 2007).

Ziel künftiger Entwicklungsprozesse ist es, durch eine frühe Einbindung von interdisziplinären Teams den sich verschärfenden Anforderungen gerecht zu werden. Dazu spielen alle der am Produktleben (Abbildung 1) gekoppelten Prozesse eine Rolle. Ingenieurstechnische, deduktive Entwicklungsprozesse (Abbildung 2) zielen hierbei zumeist auf die Erfüllung der technischen Hauptfunktionen des Produktes ab. Aspekte wie eine verkaufs- oder erfassungsgerechte Auslegung (Pahl/Beitz 1993) bleiben eher unberücksichtigt. Der anschließende, langwierige Optimierungsprozess führt zu einer Verschleppung der Markteinführung und erzeugt zusätzliche Kosten. Ebenso ist die Fehleranfälligkeit in den späteren Produktlebensphasen höher.

Aus Gestaltersicht sind Aufgabenstellungen im Bereich der visionären Konzeptentwicklung oder auch optimierenden Produktgestaltung zu finden. Es bleibt festzustellen, dass induktiv generierte, visionäre Entwicklungen zumeist technisch wie auch technologisch einen zu niedrigen Durchdringungsgrad aufweisen. Es werden Nacharbeitsprozesse erforderlich, um Anpassungen von Form und Funktion an die konkrete Aufgabenstellung vorzunehmen. Aufgrund der damit verbundenen hohen Kosten wird oftmals auf eine abschließende Ausarbeitung verzichtet.

Wesentlich ist dem kreativen Gestaltungsprozess jedoch, dass durch die generalistische Sichtweise auf das Umfeld des Lösungsraumes eine komplexere Lösungs- und Anwendungsdifferenzierung möglich wird. Der Gestalter wird befähigt „über seinen Tellerrand" zu schauen und eine Lösung differenziert vom „Üblich" zu finden (Staubach 1997).

Die Einbindung der gestalterischen Kompetenzen in kleine und mittlere Unternehmen ist bisher jedoch nur eingeschränkt realisiert (Heufler 2006, Reiff-Stephan 2008). Die zumeist an konkrete Aufgabenstellungen geknüpfte deduktive Produktentwicklung in diesen Unternehmen wird von Technikteams initiiert und durchgeführt. Auch hier steht die Erfüllung der Hauptaufgabe (-funktion) im Vordergrund. Dieses führt im Nachgang der Entwicklung von Funktionsmodellen zu den bereits beschriebenen nachträglichen, langwierigen sowie kostenintensiven Optimierungsprozessen, um allen Lebensphasen des Produktes gerecht zu werden.

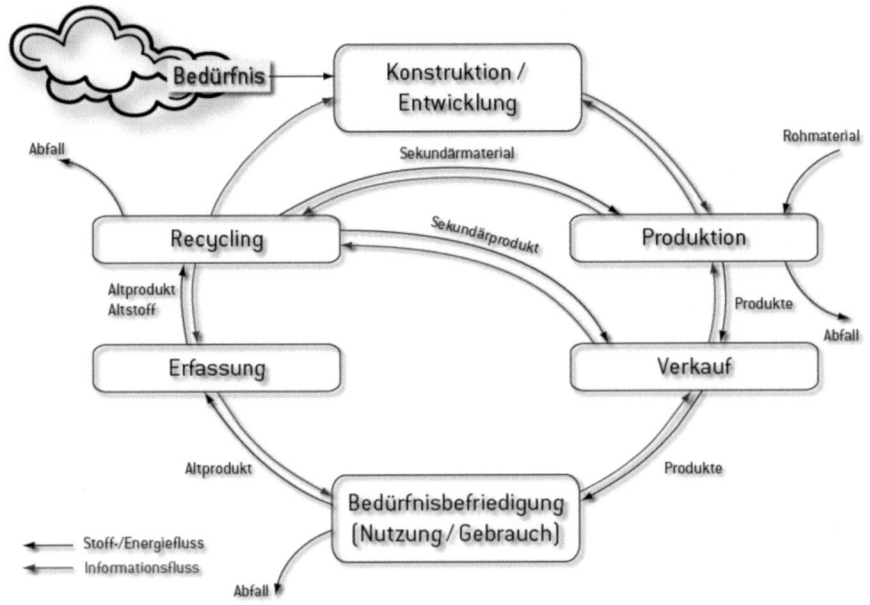

Abbildung 1: Produktentstehung und -lebensphasen im Kreislauf

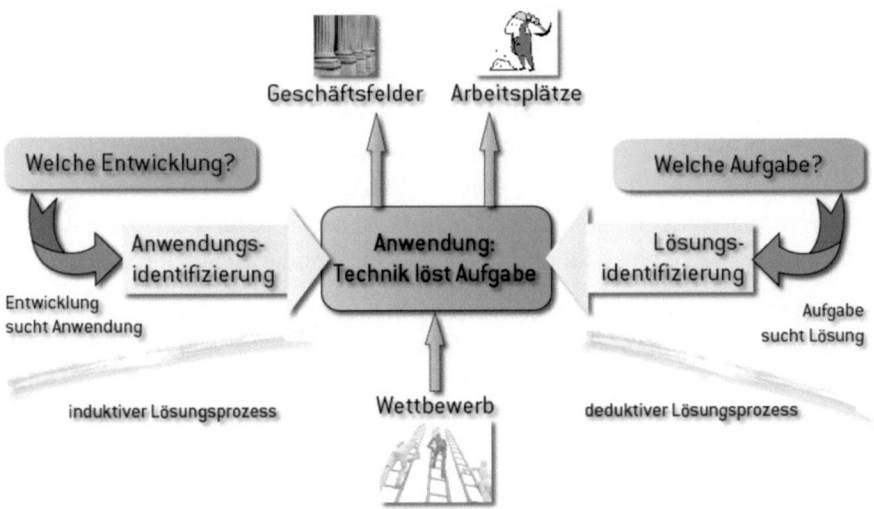

Abbildung 2: Innovationsprozesse

Grundlegend ist festzustellen, dass das Wissen beider Gattungen des technischen Entwurfes im zunehmenden Maße von gegenseitigem Interesse ist. Die Bemühungen zielen zum einen darauf, das rationelle Erfahrungswissen von technischen Zusammenhängen leicht verständlich und eigenschaftsbezogen zu vermitteln (Kalweit/Paul/Peters/Wallbaum 2006, Nachtigall/Blüchel 2000). Zum anderen gestatten klassische informationstechnische Konstruktionswerkzeuge neben der reinen Variation von zweidimensionalen Strukturen und Abmessungen ebenso die dreidimensionale virtuelle Darstellung der Form gemeinsam mit der visuellen Zuweisung und Bewertung von Oberfläche und Material. Diese Möglichkeiten führen bereits dazu, dass sowohl Ingenieure als auch Gestalter befähigt werden, die gleiche Kommunikationsebene zu nutzen. Wesentlich ist, dass insbesondere die technologische Möglichkeit des gemeinsamen Entwurfswerkzeuges zu einem vereinfachten Transfer von Ideen führen könnte. Die 3D-Skizziertechnik ist daher ebenso seitens der Forschung von hohem Interesse und weiter auszubauen sowie der Interaktion der unterschiedlichen Sichtweisen auf den Entwurfsprozess anzupassen.

Die aufgezeigte informationstechnische Basis frühzeitig mit dem Gegenständlichen zu erfüllen, ist Wesen eines gestalterischen Produktentwurfs. Bisherige virtuelle Modellierungstechniken (VDI 2209, 2006) können das Gefühl von Dreidimensionalität, Haptik und Optik nicht hinreichend übertragen. Vormodelle bis hin zu fertigen Mock-ups befähigen und motivieren das Entwicklerteam die Qualität des Entwurfs in kontinuierlichen Prozessen zu erhöhen. Die Nachhaltigkeit der Idee kann so schnell geprüft und einschränkende wie auch technologische Barrieren schneller erfasst werden. Auch kann durch Nutzung von Rapid-Prototyping-Ergonomiemodellen der spätere Einsatz des Produktes in Tests nachvollzogen und frühzeitig Abstellmaßnahmen für nachteilige Einsatzattribute ausgeführt werden.

Es verbleibt festzustellen, dass durch eine frühzeitige Einbindung von interdisziplinären Kompetenzen und Expertenwissen aus allen Bereichen des technischen Entwurfes folgende Vorteile erzielbar sind (Abbildung 3):

- geringere Entwicklungskosten, da Einbeziehung aller lebensphasenrelevanten Anforderungen

- verkürzte Entwicklungszeiten und dadurch früherer Marktzugang

- niedrigere Aufwendungen zur Überwindung von Marktbarrieren

- frühere Fehlerentdeckung und dadurch Folgekostenreduzierung

Jörg Reiff-Stephan

- höhere Ertragslage (wenig Änderungsaufwand während späterer Lebensphasen) sowie

- nachhaltigere Produkte aufgrund schnellerer Diversifizierungsmöglichkeit und höherer Kundenbereitschaft zum Wiederkauf.

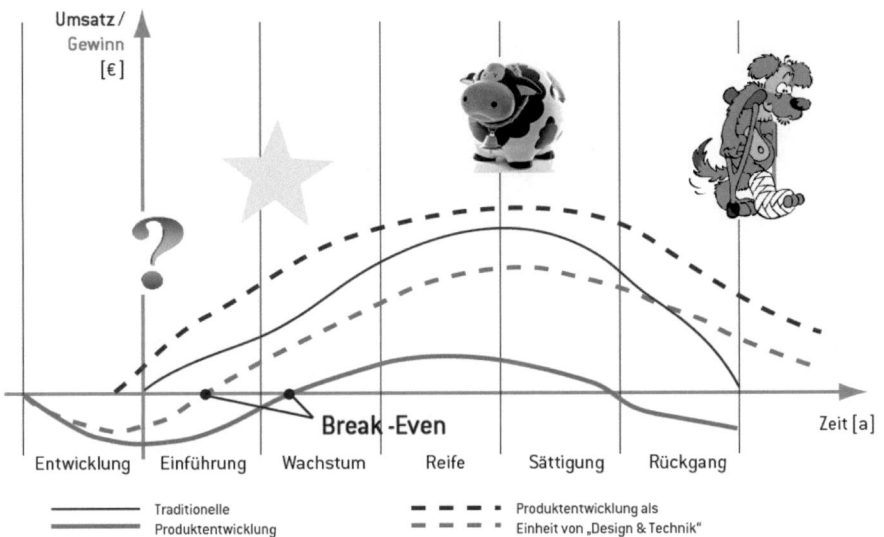

Abbildung 3:   Auswirkungen von Entwicklungsstrategien im Produktlebenszyklus

TDP in der Produktentwicklung

Um diese Vorteile erreichen zu können, sind erweiterte, methodische Konzepte des Vorgehens zu einer nachhaltigen Produktentwicklung erforderlich. Insbesondere muss die Vielzahl an unterschiedlichen Produktfaktoren in die Entwicklungsprozesse frühzeitig einbezogen werden. Eine Gliederung abgebildet auf die Produktlebensphasen gibt Abbildung 4 wieder. Die Übersicht macht deutlich, dass für einen technischen Entwurf eines Produktes Faktoren hinzugezogen werden müssen, welche eine neue Methodik erfordern. Die bloße konstruktive Sichtweise zur Erfüllung der Funktion des Produktes im Gebrauch kann nicht mehr ausschließlich als Grundlage des Entwicklungsprozesses dienen. Ebenso sind Verkaufs- wie auch Recyclingfaktoren zu berücksichtigen, welche aus Unternehmersicht aber auch aus Sicht der Umwelt auf das Produkt einwirken.

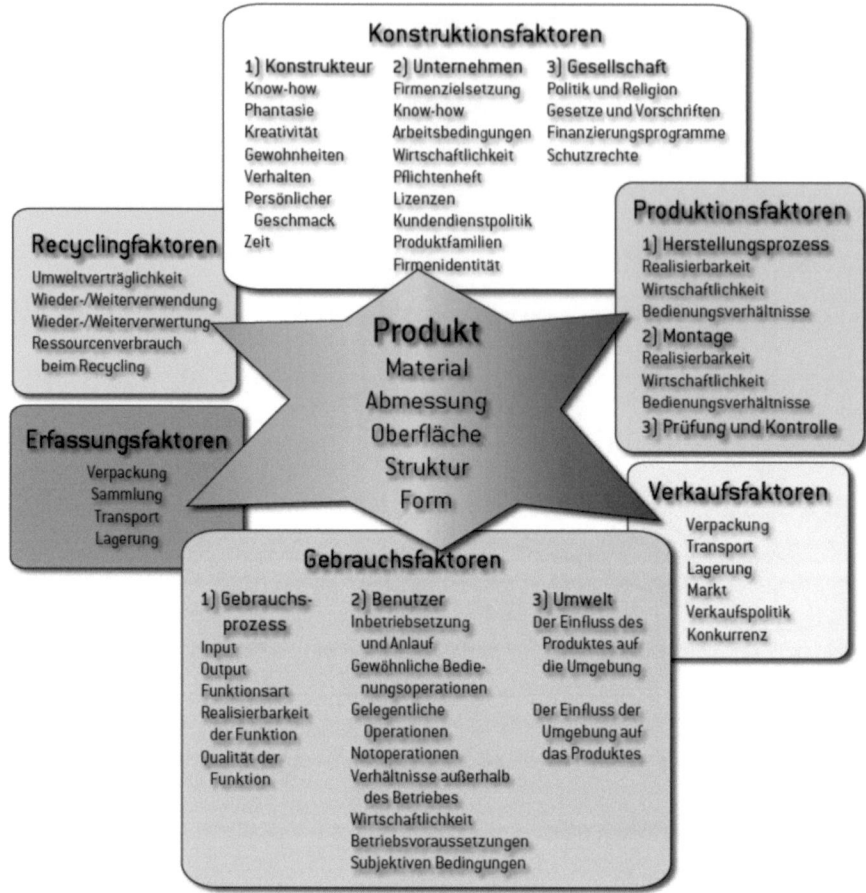

Abbildung 4:   Übersicht der Produktfaktoren

Das grundsätzliche Vorgehen zur Produktentwicklung wurde aus ingenieurstechnischer Sicht nach Pahl/Beitz (1993) und aus gestaltungstechnischer Sicht nach Heufler (2006) sowie nach Tjalve (1978) analysiert. Es zeigt sich generell ein ähnliches Vorgehen, dessen Essenz in Abbildung 5 aufgezeigt wird. Kennzeichnend ist, dass der Modellbau als Kreativmethode zu wenig Einfluss auf einen ingenieurswissenschaftlichen Produktentwicklungsprozess hat. Insbesondere die frühzeitige haptische und optische Prüfung von Funktionsträgern und prinzipiellen Lösungen ist ein wesentliches Kriterium, um eine Bewertung des Gesamtsystems anhand der aufgestellten und quantifizierten Produktfaktoren vornehmen zu können.

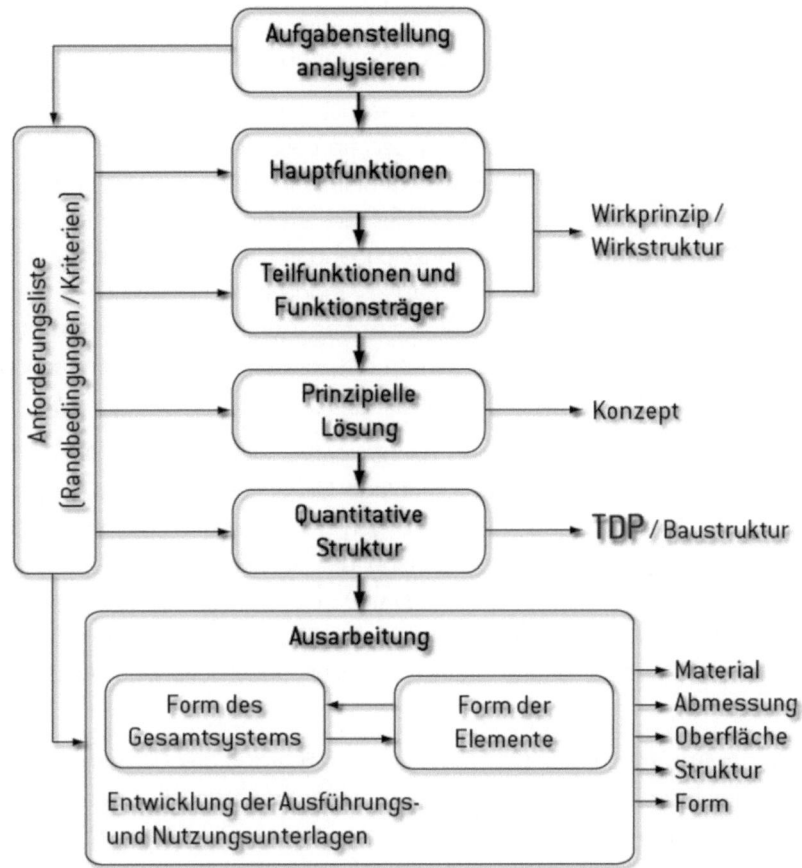

Abbildung 5:   Modell des Entwicklungsprozesses zur Produktentstehung

Wie in Abbildung 5 dargestellt, werden die einzelnen Vorgehensschritte der Produktsynthese jeweils anhand der in der Aufgabenanalyse definierten Anforderungsliste geprüft und bei Bedarf iterativ nachgearbeitet. Aufgrund der Interdisziplinarität
des Projektteams ist das Aufstellen der Anforderungsliste ein wesentlicher Baustein, um eine gemeinsame kommunikative Basis zu schaffen. Innerhalb gemeinsamer Arbeitssitzungen können mit Hilfe bekannter Kreativmethoden, die nach
Möglichkeit ein generalistisches Vorgehen unterstützen, Lösungen gefunden
werden. Zwischenpräsentationen zu definierten Meilensteinen ermöglichen einen
fachübergreifenden Diskurs und damit eine Bewertung der erarbeiteten Lösungen.
Wesentlich ist, dass die kommunikative Basis neben den textualen Elementen auch
Niederschlag in ausgearbeiteten Vormodellen bis hin zu Rapid-Prototyping-

Modellen findet. Anhand dieser lassen sich iterative Prozesse zur Optimierung der Erfüllung der Produktfaktoren wesentlich schneller ableiten.

Ein essentieller Baustein der Produktsynthese ist die Findung der Baustruktur und damit einhergehend die Quantifizierung der erarbeiteten konzeptionellen Lösung. Das dabei auf Basis der Anforderungen erarbeitete Package beschreibt die Grundlage zur Ausarbeitung der Elemente und des Gesamtsystems. Dieser Prozess zum „Technical Design Packing" (TDP) kennzeichnet das Neue in der Zusammenarbeit von Ingenieuren und Gestaltern. So wird es möglich, generalistischen und den formalen Gegebenheiten genügenden Entwürfen Abmessungen und Materialien zuzuordnen, welche den Anforderungen an das Produkt wie auch den technologischen und wirtschaftlichen Rahmenbedingungen gerecht werden.

Auf Basis der TDP-Daten kann ein in den Abmaßen maßstäbliches Designmodell aufgebaut werden. Dieses wird als Grundlage für technologische Prüfungen (wie beispielsweise Windkanaltests) herangezogen. Abschließend und zur Ausarbeitungsfreigabe erfolgt die Evaluation anhand der Anforderungsliste. Als generelle Methode zur Evaluierung wird eine nutzwertanalytische Betrachtung empfohlen. Die auf Basis der Gewichtungen erhaltenen Nutzwertprofile werden im Team abgestimmt und die erhaltene Baustruktur zur abschließenden Ausarbeitung freigegeben.

Innerhalb der Ausarbeitungsphase wird simultan die Form des Gesamtsystems mit der Form der Einzelelemente festgelegt. Anforderungen an die Gesamtform des Produktes sind dabei hauptsächlich von der Art des Produktes abhängig und werden insbesondere von Produktfaktoren aus dem Bereich Verkauf bestimmt. An Stellen, an denen die Ästhetik des Produktes im Vordergrund steht (z. B. PKW, Handy etc.), muss sich die Form der Einzelelemente der Gesamtform unterordnen. Wohingegen sich jedoch an Stellen, an denen wirtschaftliche und technische Kriterien in den Blickpunkt des Interesses rücken, kann und muss die Form der Einzelelemente aus diesem Blickwinkel dominieren (z. B. Produktionsmaschinen).

In Analogie zur klassischen Vorgehensweise ist innerhalb der Ausarbeitungsphase auch auf die Entwicklung der zur Ausführung und Nutzung erforderlichen Unterlagen zu achten. Insbesondere an dieser Stelle kommt die Zusammenstellung des interdisziplinären Teams dem abschließenden Entwicklungsprozess zu Gute. Die Technische Dokumentation und die Ausarbeitung von verkaufsunterstützenden Unterlagen sind durch gestalterische Elemente sowie durch die generalistische Blickweise der beteiligten Gestalter effizienter. Kommunikative Prozesse im Nachgang einer Produktentwicklung zur Erläuterung der Produktstruktur und sich daraus ergebende widersprüchliche Auffassungen können vermieden werden.

Um den Anwendungsprozess reflektieren zu können, erfolgt eine gemeinsame Projektarbeit der Kunsthochschule Berlin-Weißensee mit der TU Berlin. Im Rahmen eines Kooperationsvertrages wird den Studenten der Fachrichtungen „Produkt-Design" und „Maschinenbau" in Vorlesungen das unterschiedliche Herangehen gelehrt sowie begonnen, in praktischen Studien das vermittelte Wissen weiter zu vertiefen (NN 2009, PK 2008, Reiff-Stephan 2008). Die im Rahmen dieser Arbeiten entstehenden Ergebnisse haben den Vorteil gegenüber Unternehmensbeispielen, dass sie einen „ungefilterten" Einblick in den Prozess erlauben und keinerlei Geheimhaltungsauflagen unterliegen. Hintergrundinformationen und Bildmaterial stehen ohne Einschränkung zur Verfügung und werden hier in Auszügen dargestellt. Dem Aspekt der Nähe zur Realität wird dadurch Rechnung getragen, dass die Betreuung der Semesterprojekte weitgehend unter Hinzuziehung von Praxispartnern wie auch Gastprofessoren erfolgt.

Fallstudie: Flugzeugkonzept „streamliner"

Design:	H. Täuscher, R. Reinke, J. Rojahn (KH Berlin, 2008)
Betreuer:	H. Staubach (KH Berlin), J. Reiff-Stephan (KH Berlin), W. Scheiffele (KH Berlin), B. Göcksel (TU Berlin)
Kooperation:	W. Granzeier (HAW Hamburg), H. Sobieczky (DLR), M. Lau (Airbus)
Thema:	Wie kann Mobilität zukünftig auch bei Massenströmen ressourcenschonend gewährleistet werden? In welcher methodischen Form kann das Personenaufkommen auf Langstrecken im Flugverkehr insbesondere unter Berücksichtigung von Großraumflugzeugen organisiert werden? Wie müssen derartige Flugzeuge gestaltet werden?

Mit diesen Fragen konfrontiert, startete ein interdisziplinäres Team an der Kunsthochschule Berlin-Weißensee ein fachübergreifendes Projekt. Ziel sollte es sein, ein zukunftsfähiges Flugzeugmodell sowie Buchungsstrategien und Nutzenkonzepte zu entwerfen, die ein mögliches Szenario für die nächsten Jahrzehnte bieten.

Abbildung 6:   Projektteam „streamliner" (links: mit Chief Designer A380 Michael Lau im Mock-up A380; rechts: zur Endpräsentation an der Kunsthochschule Berlin)

Innerhalb der Aufgabenanalyse wurden differenzierende Kriterien zusammengebracht und dem Projektteam in einem Briefing präsentiert. Beispielhaft seien hier angeführt:

- Flugzeuglänge und –breite an Grundfläche 80 m x 80 m ausrichten

- Zitat Kroll (DLR): „Es wird erwartet, dass die Passagierzahlen bis zum Jahr 2020 um das Dreifache anwächst, während sich der Preis für den Reisenden halbiert." → ca. 1.000 Passagiere bei „gefühlter Einklassenbestuhlung"

- Modulare Aufenthaltsbereiche: Nutzung als „Kinderzimmer" wie auch Konferenzraum

- Bestuhlung flexibel nutzbar: Familiensituation stellbar

- Schaffung einer Privatsphäre und Integration interaktiver Elemente

- Buchungssystem zur Abbildung und Buchung sämtlicher Attribute

Im Rahmen der ersten Phasen des Entwicklungsprozesses wurden verschiedene Wirkprinzipien und bestehende Konzeptlösungen analysiert. Aufgrund der aerodynamischen und technischen Erfahrungen des Projektteams konnte frühzeitig die Flugzeuggestalt zur Aufnahme und Beförderung von mindestens 1.000 Passagieren festgelegt werden. Diese signifikante Erhöhung der Kapazität eines Airbus A380 bei gleicher Flugzeugdimension zu erreichen wäre nur möglich durch eine Erweiterung des konventionellen „Zigarren"-Ansatzes. Jedoch birgt die bloße Übernahme des „Nur-Flügler"-Konzeptes (z. B. Airbus A20.30) Risiken für den Komfort der Passagiere in sich, sodass auf eine Konzeptstudie eines Hybrids beider Ansätze zurückgegriffen wurde (Abbildung 7).

Jörg Reiff-Stephan

Abbildung 7:   Rendering des „streamliner"

Das Exterior des als „streamliner" getauften Konzeptmodells wurde nun im Rahmen der Festlegung der TDP/Baustruktur um die Punkte Anordnung und Dimension der Antriebsaggregate und Flügel im Team diskutiert. Den unter Gebrauchsfaktoren wesentlichen Punkten wie Geräuschimmissionen als auch Belastung durch Vibrationen auf die Passagiere wurde durch verschiedene Anordnungsprinzipien der Triebwerke Rechnung getragen. Das virtuell gestaltete Exterior-Modell wurde zur abschließenden Beurteilung als reales Rapid-Prototyping-Modell aufgebaut (Abbildung 9). Dieses dient der Konzeptveranschaulichung und als Funktionsmodell, um Flug- und Gleiteigenschaften im Windkanal testen zu können.

Konzeptionell wurden neben dem Exterior auch ein Kabinenkonzept inklusive Sitzgestaltung, Catering-Trolleykonzept sowie die Buchungsmaske zur logistischen Abwicklung der Flugreise gestaltet (Abbildung 8). Insbesondere das Interface-Design zur Abbildung sämtlicher Varianten der Nutzung stellte erhöhte Anforderungen an Interaktivität und Konformität für den Bediener.

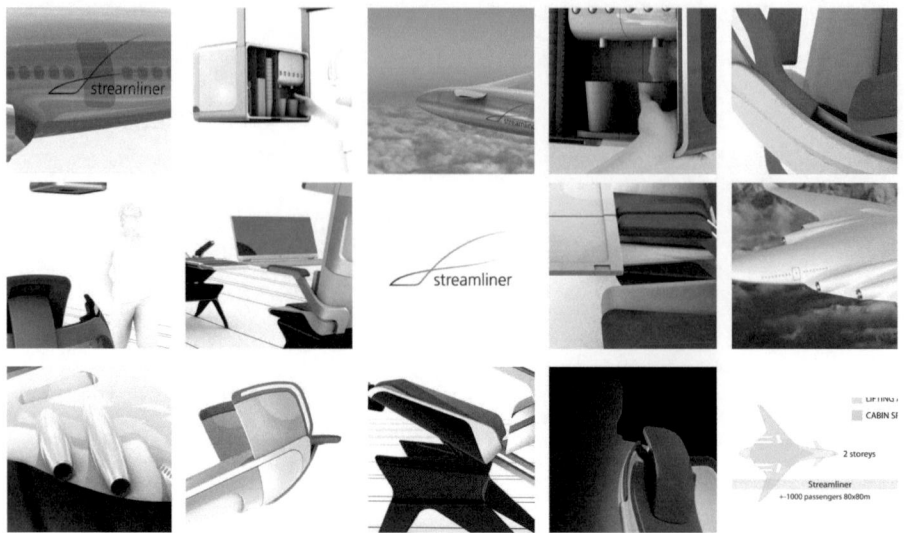

Abbildung 8:   Exterior/Interior – Modellstudien „streamliner" (virtuell)

Als Zeichen des öffentlichen Interesses wurde das ausgearbeitete Design unter anderem auf dem internationalen Wettbewerb „red-dot design award" (*http://www.red-dot.de*) im Bereich „design concept" ausgezeichnet.

Abbildung 9:   Exterior/Interior – Modellstudien „streamliner" (Rapid Prototyping)

Zusammenfassung

Die Zusammenarbeit zwischen Ingenieuren und Gestaltern zur Lösung produkt-entwicklungsrelevanter Aufgabenstellungen wird aufgrund des sich verschärfenden Wettbewerbs global agierender Unternehmen immer wichtiger. Die zur Interaktion erforderlichen Werkzeuge beider Gattungen des technischen Entwurfs nähern sich hierfür jedoch in zunehmendem Maße an und schaffen so ein kommunikative Basis für eine interdisziplinäre Zusammenarbeit.

Ein hier vorgestelltes Modell sowie das wesentliche Kriterium des TDP kann herangezogen werden, um Produktentwicklungen im interdisziplinären Team effektiv und effizient ausführen zu können. Gemeinsam mit Studenten der KH Berlin-Weißensee und TU Berlin sind Pilotprojekte zur Heranführung an die Vorgehensweise initiiert worden. Die daraus hervorgegangenen Designstudien haben in der interessierten Fachwelt Anklang gefunden und sind im Wettbewerb mit mehreren nationalen und internationalen Designpreisen ausgezeichnet worden. Im Rahmen der Projekte konnten durch die Vorgehensweise kommunikative Hemmschwellen abgebaut werden.

Ziel zukünftiger Aktivitäten wird es sein, die Vorgehensweise weiter zu verfeinern wie auch zu kommunizieren, um Produkt- als auch Prozessinventionen zu nachhaltigen Innovationen wachsen zu lassen und dabei Zeiteffekte sinnvoll zu nutzen. Schlussendlich würde die Bereitschaft zur Öffnung füreinander und des Lernens voneinander in der Praxis die Metadisziplin der *Technosophie* mit Leben füllen. Es könnte sich ein neues Selbstverständnis zum Technischen Entwurf entwickeln.

Literaturverzeichnis

Fiell, P.; Fiell, C. 2006: Industriedesign A-Z. Köln: Taschen Verlag

Heufler, G. 2006: DesignBasics – Von der Idee zum Produkt. Zürich, Sulgen: Niggli Verlag

Nachtigall, W.; Blüchel, K. 2000: Das große Buch der Bionik. Stuttgart, München: Deutsche Verlags-Anstalt

Kalweit, A.; Paul, C.; Peters, S.; Wallbaum, R. (Hrsg.) 2006: Handbuch für Technisches Produktdesign. Berlin, Heidelberg: Springer Verlag

N. N. 2009: Introducing Produktdesign: Der fliegende Saal. In: plugged 1; 56-57

P. K. 2008: Hochschulen: Geckogleich. In: Design Report 2; 26

Pahl, G.; Beitz, W. 1993: Konstruktionslehre. Berlin, Heidelberg: Springer Verlag

Reiff-Stephan, J. 2008: Design + Technik: „Alles nur Verständigungssache". In: :K-Magazin 6, 14 - 16

Seliger, G. 2007: Sustainability in Manufacturing. Berlin, Heidelberg: Springer Verlag

Spur, G. 2008: Technologie tut Not. München: Carl Hanser Verlag

Staubach, H. 1997 : Frage nach der Universalität der Dinge. In: form + zweck 14, 17 - 18

Stephan. J.; Jensen, L 2004: Gefriergreifer – die neue Greiftechnologie für textile Materialien. In: mittex 1, 13 – 14

Tjalve, E. 1978: Systematische Formgebung für Industrieprodukte. Düsseldorf: VDI-Verlag

VDI 2209, 2006: 3-D-Produktmodellierung. Düsseldorf: VDI-Verlag

Wiendahl, H.-P. 2008: Betriebsorganisation für Ingenieure. München, Wien: Carl Hanser Verlag

Kontakt

Prof. Dr.-Ing. Jörg Reiff-Stephan

Weißensee

Kunsthochschule Berlin

Fachgebiet Produktdesign

Bühringstraße 20

13086 Berlin

www.kh-berlin.de

cADPs –
Neue Arbeitsmittel und Evaluierungsansätze zur interdisziplinären Zusammenarbeit

Christina König, Marc Richter, Christian Geis,
Jens Malzacher und *Jürgen Rambo*

1   Einleitung

Zur Behauptung in einem schwierigen Marktumfeld sind innovative Produkte notwendig, die sich positiv vom Wettbewerb absetzen. Der dazu notwendige Produktentwicklungsprozess ist allerdings nicht standardisierbar, sondern muss meist auf das Produkt und die an seiner Entwicklung beteiligten Fachbereiche und Personen abgestimmt werden. (siehe Pahl 2007, Ehrlenspiel 2003, Lindemann 2007)

Die Fachgebiete Datenverarbeitung in der Konstruktion (DiK, Prof. Anderl), Arbeitswissenschaft (IAD, Prof. Bruder) und Produktentwicklung und Maschinenelemente (pmd, Prof. Birkhofer) der TU Darmstadt bieten als Lehrplattform gemeinsam mit dem Fachbereich Gestaltung der Hochschule Darmstadt seit 2005 das „collaborative Advanced Design Project" (cADP) an. Es handelt sich um eine Projektarbeit, bei der ein Team von Studenten eine industrienahe Aufgabenstellung mit einem Aufwand von ca. 100h über eine Dauer von mehreren Wochen bearbeitet. Die Aufgabenstellung erfolgt dabei halboffen durch Vorgabe mehrerer studententauglicher Szenarien. Dazu müssen die Teilnehmer ein Produkt zur Durchführung eines – ebenfalls durch die Teilnehmer festzulegenden – Prozesses entwickeln. (vgl. Rambo et al. 2007, Rambo et al. 2008, Richt 2008)

Das cADP bietet darüber hinaus für die Fachgebiete eine wichtige Forschungsplattform zur Entwicklung und Analyse neuer rechnerunterstützter Prozesse und Arbeitsmittel (Methoden, Werkzeuge und Medien) zur Unterstützung der kollaborativen Entwicklung innovativer ergonomie- und designorientierter Produkte, sowie zur Analyse neuer Evaluierungsansätze.

2 Disziplinen im cADP

Mit den beteiligten Disziplinen Produktentwicklung, Design, Ergonomie und Rechnerunterstützung ist eine interdisziplinäre Zusammenarbeit in den frühen Phasen der Produktentwicklung gewährleistet. Dabei nehmen die Studenten entsprechend die Rollen von Produktentwicklern, Designern, Ergonomieverantwortlichen, Verantwortlichen für Rechnerunterstützung sowie auch Projekt- und ggf. Teamleitern ein. Das Rollenbild orientiert sich an typischen, mitunter auch stereotypischen Merkmalen des jeweiligen Fachbereichs. Die Rolle des Designs sorgt als Kontrastpunkt zu den Ingenieurdisziplinen.

Die Studenten verfolgen – unabhängig von ihrer Rolle – ein gemeinsames Ziel durch die Entwicklung des Produktes. Sie müssen deshalb vor allem ein Verständnis für das Vorgehen und die Arbeitsmittel anderer Fachbereiche entwickeln. Dies erfordert als Basis einer interdisziplinäre Zusammenarbeit eine intensive Kommunikation, die aufzeigt, wer welche Beiträge überhaupt beisteuern kann und WER, WAS, WANN davon im Produktentwicklungsprozess benötigt. Aufgrund der intensiven Kommunikation entsteht damit ein tieferes Verständnis für die anderen Disziplinen und eine Basis für den Aufbau gemeinsamer mentaler Modelle zum Produkt und den damit verbundenen Prozessen.

3 Interdisziplinäre methodische Zusammenarbeit im cADP

Methoden unterstützen die Teams dabei, mit den eigenen Potenzialen und Limitierungen gezielt umzugehen (vgl. z.B. Lindemann 2007 oder Zanker 2008). Sie unterstützen zudem Planung und systematisches Arbeiten (Pahl 2007, Jänsch 2007, Jänsch et al. 2007).

Die Teams werden im cADP angehalten, methodisch sinnvoll vorzugehen (zur Methodenkompetenz von Entwicklern siehe Geis et al. 2008). Dabei müssen sie sich über situationelle Randbedingungen und Einflüsse (den sog. „design context") bewusst werden und die Anwendung potenzieller Methoden analysieren. Nach der Auswahl und ggf. der Anpassung der Methoden sollten die Teams diese anwenden und reflektieren, um sich in Zukunft zu verbessern.

Die Teamarbeit bringt dabei Vorteile wie gegenseitige Bereicherung durch expliziertes Wissen, erhöhte Transparenz, Aufdecken von Widersprüchen, Hinterfragen herkömmlicher Denkmuster (ausführliche Erörterungen zu Vor- und Nachteilen von Teamarbeit finden sich z.B. unter Pahl 1994 oder Birkhofer et al. 2003). Somit ist Teamarbeit ein wichtiges Element des Innovationsprozesses, dessen Nachteile durch entsprechende Methodik minimiert werden können.

Die eingesetzten Methoden müssen Teamarbeit und Problemlöseprozess (siehe Pahl 2007 oder Dörner 1994) unterstützen, z.B. durch:

- flexible Vorgehensweise bei bestehendem Zielfokus

- stetige Analyse der Situation und Anpassung des Vorgehens

- ständige Reflexion und Lösungsbeurteilung

- Balance zwischen Abstraktem & Konkretem

- Balance zwischen intuitivem & diskursivem Arbeiten.

Durch die gezielte Verwendung von Methoden aus unterschiedlichen Disziplinen und durch die gezielte methodische Unterstützung der Kooperation und des Problemlösens können ausgewogenere, innovative und bestmöglich optimierte Lösungen entwickelt werden (Abb. 1).

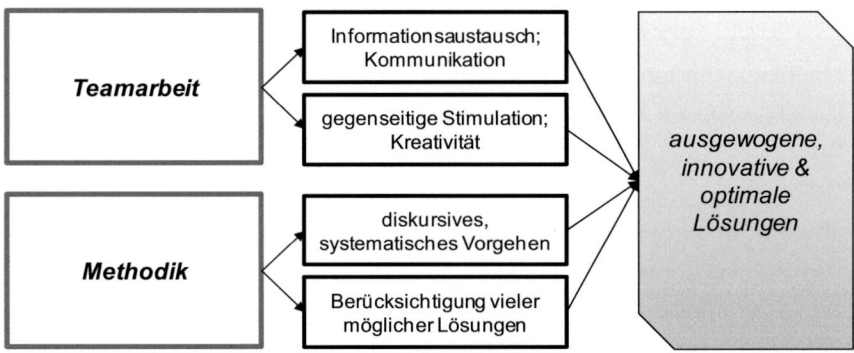

Abbildung 1: Methodische Generation von Lösungen im Team

Zur Unterstützung der Problemlöseaktivitäten und zur einfachen Koordination des gesamten Produktentwicklungsprozesses wird von den Teams das auf Erkenntnissen der Methodologie in Konstruktion (vgl. z.B. VDI 2206, VDI 2221, Ehrlenspiel 2003, Pahl 2007, Lindemann 2007, Bender 2004, Hacker 2005, Dörner 1994) und Design (vgl. z.B. Boom et al. 2003, Godau 2003, Heufler 2004, Uhlmann 2005) sowie der Pädagogik, Psychologie, Informatik und Systemtheorie basierende rechnerunterstützte Arbeitsmittel Designmapping verwendet (vgl. Rambo et al.

2008, Richter et al. 2008). Dessen Ausgangspunkt liegt in der Verwendung von (rechnerunterstützten) Mappingtechniken (vgl. z.B. Mandl et al. 2000, Kirschner 2003) wie zum Beispiel dem Concept Mapping nach Novak (vgl. Novak 1998). Designmapping bietet ein ausgewogenes Verhältnis zwischen Expressivität sowie Effektivität und Effizienz im Sinne eines niedrigen Lernaufwandes und einer niedrigen Belastung der Mentalkapazität. Es unterstützt die Reflexion und bietet einen guten Rahmen für das innerhalb des Produktentwicklungsprozesses immer wieder geforderte situationsangepasste und flexible Vorgehen (Rambo et al. 2008).

Mappingtechniken beinhalten zugleich ein großes Potential für das Monitoring von Produktentwicklungsprozessen und beseitigen den Nachteil, durch Beobachtungswerkzeuge den Prozess bereits zu beeinflussen. Denn lautes Denken oder auch Selbstaufschreibungsprotokolle können sich bereits auf die Reflexion der Teilnehmer positiv auswirken, stellen aber sicherlich kein empfohlenes Arbeitsmittel für den realen Produktentwicklungsprozess dar. Besser sind Beobachtungswerkzeuge, welche entweder vom Beobachteten nicht wahrgenommen werden oder selbst zugleich als Arbeitsmittel im Produktentwicklungsprozess Verwendung finden. Die Konstruktionslandkarte stellt zum Beispiel ein solches Arbeitsmittel dar. Sie unterstützt gleichermaßen die Dokumentation (Beobachtung) sowie auch die Selbstreflexion im Produktentwicklungsprozess (Jahn 2002).

Auch Mappingtechniken, wie das entwickelte Designmapping, füllen die beschriebene Lücke geeigneter Beobachtungswerkzeuge, da damit Wissensstrukturen und Vorgehensweisen auf einfache und effiziente Weise erfasst und ausgewertet werden können.

Die im cADP zu Produkt und Prozessen erstellten und miteinander vernetzten Maps eignen sich somit gleichermaßen für Teilnehmer und Betreuer, ein tieferes Verständnis zum gesamten Entwicklungsablauf zu erhalten. Zur Erfassung bestehender Vorurteile oder sozialen Aspekten der Teamarbeit sind Mappingtechniken jedoch nur eingeschränkt geeignet. Für solche Fragestellungen müssen deshalb zusätzlich konventionelle Methoden wie z. B. Fragebögen oder Videoaufzeichnungen von Teamsitzungen verwendet werden.

4 Monitoring: Konzept

Um die Arbeitsprozesse zu verfolgen und Erkenntnisse über die Entwicklung von interdisziplinären Gruppen zu erhalten, wurden Monitorings durchgeführt (Barner et al. 2008). 2007 geschah dies zum zweiten Mal (zum ersten Monitoring siehe

Rambo et al. 2008). Die Durchführung erfolgte dank der Unterstützung des Fachgebiets Arbeits- und Organisationspsychologie (ABO) durch ein Team von drei Psychologie-Studentinnen.

Ziel des letzten Monitorings war das Erfassen von Prozess- und Rollenverständnis, Intergruppenvorurteilen, Erwartungen bezüglich des cADP sowie Veränderungen der Kommunikation im zeitlichen Projektverlauf.

Entsprechend der Kontakthypothese von Allport (1954) (Aronson et al. 2004) wurde erwartet, dass durch Kontakt der Studenten eventuell vorhandene Vorurteile gegenüber den anderen Disziplinen abgebaut werden. Durch die zu Beginn gestellte Aufgabe sowie die noch nicht vorgenommenen Rollenzuweisung waren die von Allport genannten Bedingungen „gleicher Status" und „gemeinsames Ziel verfolgen" erfüllt.

Die wechselseitige Abhängigkeit der Teammitglieder ergab sich in besonderem Maße aus der Aufgabenstellung: Der Integration von insbesondere technischen, ergonomischen und ästhetischen Anforderungen in einem Produkt. Dazu war das Know-How unterschiedlicher Disziplinen eine notwendige Voraussetzung, um die Aufgabe im gegebenen, relativ engen Zeitrahmen zu erfüllen. Diese Abhängigkeit bei einer integrierten Teamarbeit mit kleinen Gruppen, auch Jigsaw-Teamarbeit genannt und besonders in Schulklassen eingesetzt, führt nach Aronson (Aronson et al. 2004) sowohl zum Abbau von Vorurteilen und Feindseligkeit als auch zur Erhöhung des Selbstwertgefühls. Sherif (1961, nach Aronson et al. 2004) führt dies auf einen Lernprozess zurück, in dem Menschen auf praktische Weise erfahren, dass ihre Stereotype falsch sind.

Zum Einsatz beim Monitoring kamen u. a. Fragebögen zu Teilnehmerdaten, Erwartungen, Zusammenarbeit („Z-Fragebogen", vormals „Teamfragebogen"), Prozessverständnis, Rollenverständnis, erlebten Schwierigkeiten oder Erfolgen („Meilenstein-" bzw. „MS-Fragebogen"), zum Berufsbild sowie Vorurteilen bezüglich des Berufsbildes der anderen Teilnehmer. Diese Daten wurden zu mehreren Messzeitpunkten erhoben, um eine Veränderung im Projektverlauf erkennen zu können (Abb. 2).

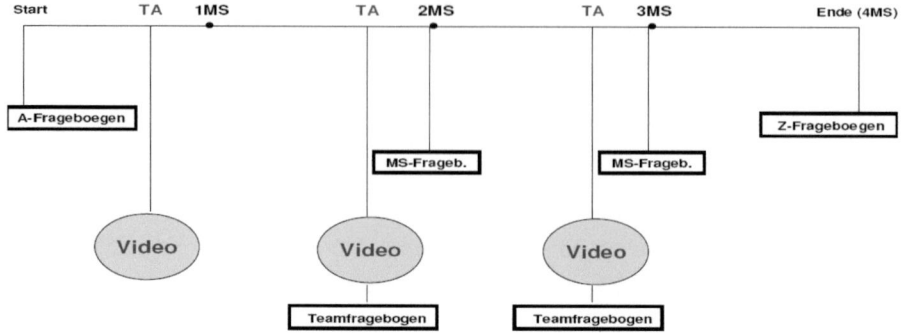

Abbildung 2:   Erhebungszeitpunkte im Verlauf des cADP (TA: Teamarbeit, MS: Meilenstein)

Ein weiterer Aspekt interdisziplinärer Teamarbeit betrifft die jeweilige Fachsprache der Disziplinen. Die Verwendung von Fachbegriffen bzw. die spezifische Bedeutung alltäglicher Bezeichnungen führen zu Nicht-Verständnis bzw. Missverständnissen. Nach dem allgemeinen Modell der Kommunikation von Shannon & Weaver (Shannon et al. 1949) entstehen solche Missverständnisse, weil der Sender, d. h. derjenige, der eine Information weitergeben möchte, diese auf seine Weise encodiert, der Empfänger nur sein anderes Kodiersystem (Fachsprache) beherrscht und die empfangenen Informationen daher fehlerhaft decodiert. Die beabsichtigte Information kommt verzerrt oder missverständlich beim Empfänger an, wobei dieser sich dessen möglicherweise nicht einmal bewusst ist. Je unterschiedlicher zwei Disziplinen bzw. ihre Kodiersysteme sind, desto wahrscheinlicher sind Missverständnisse. In einem interdisziplinären Team sollten die Teilnehmer ihre Kodiersysteme daher so anpassen, dass sie mit denen ihrer Kollegen zurecht kommen. Dies funktioniert beispielsweise, indem jeder ein Stück die Fachsprache und das Verständnis der anderen erlernt, oder indem man Begriffe gemeinsam definiert. Außerdem sollte die Möglichkeit, dass solche Missverständnisse auftreten, in den Gruppen thematisiert werden.

Für das cADP wurde erwartet, dass im Laufe des Projekts eine sprachliche und inhaltliche Annäherung der Disziplinen beobachtet werden kann. Missverständnisse sollten gegen Ende des Projekts seltener auftreten, Maßnahmen zur Klärung von Begriffen und Entwickeln eines gemeinsamen Verständnisses dagegen häufiger. Insgesamt ergeben sich ein höherer Bedarf an Kommunikations- und Sozialkompetenz, sowie ein aufwändigerer Problemlösungsprozess.

Christina König, Marc Richter, Christian Geis, Jens Malzacher und Jürgen Rambo

Um das Kommunikationsverhalten innerhalb der Teams zu erfassen, beinhaltete das Monitoring Videobeobachtungen einzelner Gruppensitzungen mit anschließender standardisierter Analyse der Aufzeichnungen, angelehnt an die Interaktionsprozessanalyse nach Bales et al. (1982). Dieses Verfahren eignet sich zur standardisierten Verhaltensbeobachtung bei Problemlösevorgängen in Kleingruppen. Schwerpunkt der Auswertung bildeten Interaktionsmuster und Verhaltensweisen sowie die Häufigkeit der verbalen Interaktionen. Weiter erfolgte eine Teilnehmer-Selbstaufschreibung, die im Rahmen dieses Monitorings (Barner et al. 2008) aber nicht ausgewertet wurde.

5   Monitoring: Ergebnisse

Nach Abschluss des cADP lagen von 10 der 13 Teilnehmer vollständige Daten vor. Die Auswertung aller Fragebögen, der Videoaufzeichnungen und Projektdokumentationen ergab eine Vielzahl von Ergebnissen, von denen hier nur eine Auswahl vorgestellt wird.

Erwartet wurden vor allem Veränderungen im Projektverlauf, vor allem für die Variablen Erwartung an das cADP, Prozess- und Rollenverständnis, Intergruppenvorurteile und Teamarbeit. Die geringe Zahl der Teilnehmer ließ jedoch schon zu Beginn befürchten, dass gefundene Unterschiede sich nicht als signifikant erweisen würden. Trotzdem weisen die Ergebnisse auf Veränderungsbedarf in der Ausbildung von Studenten dieser Disziplinen hin.

Erwartungen an das cADP wurden in die 5 Kategorien „Neugier", „Kompetenz", Spaß", Kreativität" und „Affiliation" unterteilt. Dabei nannten die Teilnehmer zu Beginn durchschnittlich 2,15 Erwartungen, am Ende 2,7 (Abb. 3). Zu den Erwartungen vor Projektbeginn im Bereich „Neugier" zählten das Kennenlernen von interdisziplinärem Arbeiten, das Überprüfen von Vorurteilen oder ein Perspektivwechsel. Der Kategorie „Kompetenz" wurde das Verbessern der eigenen Organisations- und Entwicklungsfähigkeit ebenso genannt wie das Einbringen eigener Kompetenz. Beide Kategorien wurden sowohl vor als nach dem cADP am häufigsten genannt. Erwartungen der Kategorie „Spaß" und „Kreativität" erschienen nur vereinzelt, „Affiliation" etwas häufiger.

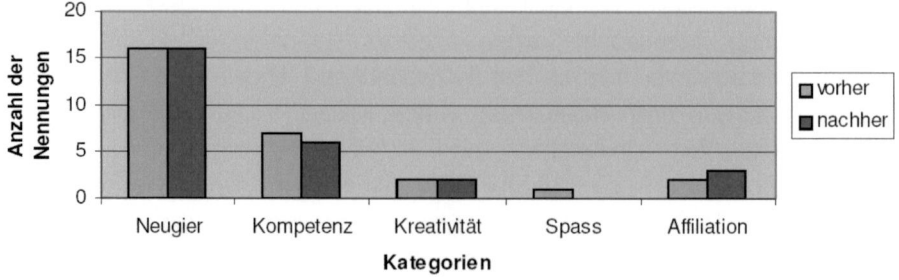

Abbildung 3: Anzahl der Erwartungen (vor cADP vs. nach cADP)

Dabei ließen sich durchaus Unterschiede in den verschiedenen Disziplinen feststellen, siehe Abb. 4. So nannten Maschinenbau-Studenten (MB) vor allem Erwartungen aus den Bereichen Kompetenz und Kreativität, während der Wirtschaftsingenieur-Student (WI) eher Affiliation erhoffte. Von den Design-Studenten (ID) wurden vor allem Kompetenz und Affiliation aufgeführt. Neugier spielte jedoch bei allen Disziplinen die größte Rolle.

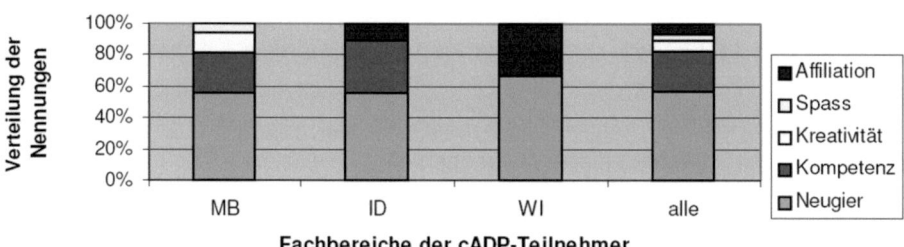

Abbildung 4: Erwartungen nach Fachbereichen (MB: Maschinenbau, WI: Wirtschaftsingenieur-wesen, ID: Industrial Design)

Insgesamt lässt sich sagen, dass bei den meisten Teilnehmern Neugier und Weiterentwicklung der eigenen Kompetenz zu einer Teilnahme motivierten. In diesen Bereichen wurde die Erwartung der Teilnehmer auch weitestgehend erfüllt. Kreativität, Spaß und Affiliation spielten eine geringere Rolle.

Das Prozessverständnis (erfasst durch die Anzahl von uni- und bidirektionalen Verbindungen in einer Map mit vorgegebenen Begriffen für Knoten und Kanten) erhöhte sich zum Teil signifikant. Die Teilnehmer hatten also nach dem cADP ein etwas besseres Verständnis von den durch Begriffe repräsentierten Konzepten und ihren Zusammenhängen. Ein besseres Verständnis der Aufgaben jeder Disziplin konnte jedoch statistisch nicht nachgewiesen werden.

Christina König, Marc Richter, Christian Geis, Jens Malzacher und Jürgen Rambo

Auch eine Verringerung der Vorurteile im Sinne einer signifikant positiveren Bewertung der Fremdgruppe nach Projektabschluss, konnte durch statistische Mittel nicht belegt werden. Während die jeweilige Fremdgruppe zu Beginn des cADPs mit einem Mittelwert von 5,09 bewertet wurde, lag der Mittelwert gegen Ende des cADPs bei einem nur gering erhöhten Wert von 5,24. Dies lässt sich allerdings darauf zurückführen, dass bei den Teilnehmern schon vor Beginn des cADP eine positive Einstellung bezüglich der anderen Disziplinen vorlag. Während die Eigengruppe zu Beginn des Projektes mit einem Mittelwert von 5,12 bewertet wurde, wurde die Fremdgruppe nur minimal schlechter (M=4,94) bewertet (t=.94; p=.36).

Ein Grund mag die schon erwähnte Neugier der Teilnehmer auf die anderen Disziplinen und das hohe Interesse an interdisziplinärer Zusammenarbeit sein. Die Wahl eines interdisziplininären und kollaborativen ADP ist dem Student freigestellt, und der dadurch und durch die Komplexität der Aufgabenstellung oft höhere zeitliche und organisatorische Aufwand eines cADP lässt vor allem hoch motivierte und positiv eingestellte Studenten teilnehmen.

Durch die Aufzeichnung einzelner Gruppensitzung von zwei Gruppen mit mehreren Videokameras wurde das Kommunikationsverhalten der Teilnehmer erfasst und anschließend analysiert. Dabei wurden jeweils zwei Sitzungen in einem Abstand von mehreren Wochen verwendet, um Entwicklungen im Kommunikationsverhalten zu erfassen.

In einer Gruppe ergab sich dabei ein deutlicher Unterschied zwischen den Teilnehmern bezüglich Anzahl und Inhalt der Redebeiträge. So erwiesen sich zwei der vier Teilnehmer als deutlich aktiver (80 bzw. 81 Redebeiträge) als die beiden anderen (25 bzw. 9 Beiträge), und machten größtenteils einflussnehmende Aussagen. Die weniger aktiven Teilnehmer dagegen fielen durch weitestgehend unterordnende Aussagen auf, wie beispielsweise die Beantwortung einer Frage oder das Äußern von Zustimmung. Auch die Bedienung des Smartboards zur Dokumentation der Arbeitsergebnisse wurde von einem der aktiveren Teilnehmer vollständig übernommen. Verteilung und Inhalt der Redebeiträge blieben auch in der später vorgenommenen Sitzung gleich bzw. verstärkte sich die Tendenz, indem die aktiven Teilnehmer außerdem richtungsweisende bzw. unfreundliche und undemokratische Beiträge äußerten, was in der der ersten Aufzeichnung nicht der Fall war. Die Ungleichheit im Kommunikationsverhalten aus der früheren Sitzung nahm über den Projektverlauf also zu, anstatt, wie zu vermuten gewesen wäre, durch das Verfolgen gemeinsamer Ziele und den häufigen Kontakt abzunehmen. Diese Entwicklung lässt einen schon zu Beginn ungleichen Status der Gruppenmitglieder vermuten, was aber durch das Fehlen entsprechender empirischer Daten nicht untersucht werden konnte. Eine Erklärung dafür könnten jedoch Unterschiede bei der deutschen Sprachkenntnis bieten und die damit verbundenen Schwierigkeiten einiger Teilnehmer, sich auszudrücken und ggf. ihre Meinung zu vertreten.

Im zweiten untersuchten Team wurden insgesamt mehr Redebeiträge erfasst. Auch hier war die Anzahl der Redebeiträge je Teilnehmer unterschiedlich (137, 102, 84 und 53), jedoch äußerte sich jeder der Teilnehmer einflussnehmend und zielgerichtet, so dass im Vergleich zur ersten Gruppe hier keine Hinweise auf deutliche Statusunterschiede zu erkennen waren. Die zweite Messung ergab ähnliche Ergebnisse. Bemerkenswert ist dabei, dass zum einen größtenteils einflussnehmende Aussagen festgestellt wurde, zum anderen die Äußerungen aber in keinem Fall unfreundlich oder undemokratisch waren. Auch die Bedienung des Smartboards erfolgte im Team bzw. durch zwei unterschiedliche Personen. Insgesamt erscheint diese Gruppe also bezüglich des Kommunikationsverhaltens ausgeglichener.

Zum Zeitpunkt des zweiten und dritten Meilensteins wurden mit Hilfe eines Fragebogens fachliche und organisatorische Probleme und Erfolge erhoben. Als fachliche Schwierigkeiten nannten die Teilnehmer beim zweiten Meilensteintermin vor allem erforderliche Änderungen von Produktzielgruppe, -anforderungen, -funktionen sowie Schnittstellenprobleme. Auch organisatorische Schwierigkeiten in Form von wiederholten Diskussionen im Team traten auf. Im Projektverlauf konnte eine leichte Verschiebung der fachlichen Probleme festgestellt werden. Neben Schwierigkeiten durch veränderte Produktfunktionen wurde zum zweiten Messzeitpunkt neben Bedienproblemen (mit der Software) ein falscher Einsatz von Arbeitsmitteln genannt. Das Problem der wiederholten Diskussionen in Teamsitzungen als organisatorisches Problem blieb anscheinend bestehen. Als zusätzliche Schwierigkeit in diesem Bereich trat hier Zeitmangel auf, was zum einen durch die enge zeitliche Struktur des cADP, zum anderen durch die zeitliche Lage des Abgabetermins zwischen Weihnachtsferien und Semesterende zu erklären wäre.

Fachliche und organisatorische Erfolge wurden an beiden Messzeitpunkten thematisiert, wobei die organisatorischen Erfolge im Projekt ab-, die fachlichen Erfolge dagegen so weit zunahmen, dass sie von allen Teilnehmern erwähnt wurden. Prinzipiell lässt sich daher festhalten, dass neben fachlicher Unterstützung auch die Organisation einer Beobachtung und ggf. Unterstützung bedarf. Organisatorische Probleme wie beispielsweise wiederholte Diskussionen können im Team kontraproduktiv wirken und die Motivation der Teilnehmer sowie die Problemlösefähigkeit der Gruppe verringern. Zu überlegen ist daher, ob eine stärkere Unterstüt-

Christina König, Marc Richter, Christian Geis, Jens Malzacher und Jürgen Rambo

zung der Teilnehmer besonders im Umgang miteinander (Konfliktmanagement, durch Teamregeln oder auch Coaching) den Projekterfolg verbessern könnte. Hinweise dazu könnte auch eine ausführlichere Analyse der aufgezeichneten Videos geben.

6   Fazit

Insgesamt stellt das entwickelte interdisziplinäre cADP einen interessanten Untersuchungsgegenstand für ein psychologisch orientiertes Monitoring von interdisziplinären Produktentwicklungsprozessen zwischen Ingenieuren und Designern dar. Durch die unterschiedlichen Methoden wie Fragebögen, Beobachtungen und Selbstaufschreibungen und auch das Designmapping können vielfältige Aspekte auf Individual-, Disziplin- und Gruppenebene entlang des Projektverlaufs verfolgt werden. Besonderes Augenmerk sollte in zukünftigen Untersuchungen auf die Auswertung der Videoanalysen gelegt werden, da sie insbesondere Rückschlüsse auf Gruppenstrukturen und -prozesse ermöglichen. Für eine Beobachtung des zeitlich ausgedehnten Projektablaufes eignet sich hingegen besonders das Designmapping.

Auch wenn ein Teil der Ergebnisse keine statistische Signifikanz aufweisen, bieten sie insgesamt interessante Erkenntnisse über Einstellungen, Erwartungen, Intergruppenvorurteile und Kommunikationsverhalten der Teilnehmer.

Das wesentliche Ziel des cADP bleibt jedoch dabei der Aufbau von Methodenkompetenz zur Entwicklung eines qualitativ hochwertigen Produkts in einem interdisziplinären und kompetenten Team. Und auch wenn Vorurteile zwischen den Disziplinen (im vorliegenden Projekt nicht messbar, weil entweder nicht vorhanden oder nicht geäußert) dem wissenschaftlichen Forschungsinteresse dienen würden, ist es sicher positiv zu bewerten, dass die Neugier auf die anderen Disziplinen anscheinend überwiegt und die praktische Zusammenarbeit funktioniert. Das Monitoring gibt dabei Anregungen, wie der gesamte Produktentwicklungsprozess auf Basis psychologiebasierter Untersuchungen und der daraus resultierenden Entwicklung neuer Arbeitsmittel verbessert und die interdisziplinäre Zusammenarbeit gefördert werden kann.

Das cADP als Lehrveranstaltung bildet bei den Studenten neben interdisziplinärer auch methodologische Kompetenz aus und spielt daher eine wichtige Rolle im Lehrplan. Die Projektarbeit mit gemeinsamen Ziel und Dokumentations- und Teamabstimmungsprozessen bereitet dabei realistisch auf die Arbeitsweise eines

Ingenieurs vor. Zukünftige Forschungsinteressen liegen unter anderem in einer noch genaueren Analyse der interdisziplinären Kommunikation und der Anwendung und Weiterentwicklung von rechnerunterstützten Mappingtechniken wie dem Designmapping, so dass interdisziplinäre kollaborative Produktentwicklungsprozesse noch besser unterstützt werden können.

Unser Dank gilt allen Studenten, die zum cADP und dem Monitoring beigetragen haben, sowie Dipl.-Psych. Katrin Seibel und Dipl.-Psych. Sonja Kleinheinz für die engagierte Betreuung des Monitorings.

Literaturverzeichnis

Aronson, E., Wilson, T. D, Akert, R. M. 2004: Sozialpsychologie. München: Pearson Studium

Bales, R. F., Cohen, S. P. 1982: SYMLOG Ein System für die mehrstufige Beobachtung von Gruppen. Stuttgart: Klett-Coda

Barner, S., Dau-Schmidt, M., Ganeshavel, M. 2008: Interdisziplinäre Projektgruppen im Rahmen der Produktentwicklung, Kommunikation und Erwartungen im cADP. Darmstadt: Technische Universität Darmstadt: Studienarbeit

Bender, B. 2004: Erfolgreiche individuelle Vorgehensstrategien in frühen Phasen der Produktentwicklung. Berlin: Technische Universität Berlin: Dissertation

Birkhofer, H., Jänsch, J. 2003: Interaction between individuals: Summary of Discussion. In: Lindemann, U.: Human Behaviour in Design - Individuals, Teams, Tools. Berlin, Heidelberg: Springer Verlag, 195-202

Boom, H. V. D., Romero-Tejedor, F. 2003: Design - zur Praxis des Entwerfens - eine Einführung. Hildesheim u. a.: Georg Olms Verlag

Godau, M. 2003: Produktdesign - eine Einführung mit Beispielen aus der Praxis. Basel, u. a.: Birkhäuser

Dörner, D. 1994: Gedächtnis und Konstruieren. In: Pahl, G.: Psychologische und pädagogische Fragen beim methodischen Konstruieren. Köln: Verlag TÜV Rheinland GmbH

Ehrlenspiel, K. 2003: Integrierte Produktentwicklung - Denkabläufe, Methodeneinsätze, Zusammenarbeit. München, u. a.: Hanser Verlag.

Christina König, Marc Richter, Christian Geis, Jens Malzacher und Jürgen Rambo

Geis, C., Birkhofer, H., Badke-Schaub, P. 2008: Development of a sustainable training program to enhance methodological competence of designers. In: Roosimölder, L.: Proceedings of the NordDesign 2008, Tallinn, Estonia

Hacker, W. 2005: Allgemeine Arbeitspsychologie. Bern: Verlag Hans Huber

Heufler, G. 2004: Design Basics - von der Idee zum Produkt. Sulgen, u. a.: Niggli

Jahn, F. 2002: Die Konstruktionslandkarte - Ein Hilfsmittel des Wissensmanagements für das Analysieren, Bewerten und Planen des Konstruierens. In: Hacker, W.: Denken in der Produktentwicklung: psychologische Unterstützung der frühen Phasen. Zürich: vdf Hochschulverlag AG

Jänsch, J. 2007: Akzeptanz und Anwendung von Konstruktionsmethoden im industriellen Einsatz: Analyse und Empfehlungen aus kognitionswissenschaftlicher Sicht. Düsseldorf: VDI Verlag GmbH

Jänsch, J., Birkhofer, H. 2007: Imparting design methods with the strategies of experts. In: Proceedings of the ICED 07, Paris

Kirschner, P. A., u.a. 2003: Visualizing Argumentation - Software Tools for Collaborative Educational Sense-Making. London, u. a.: Springer

Lindemann, U. 2007: Methodische Entwicklung technischer Produkte: Methoden flexibel und situationsgerecht anwenden (2. Aufl.). Berlin ; Heidelberg; New York : Springer

Mandl, H., Fischer, F. 2000: Wissen sichtbar machen - Wissensmanagement und Mappingtechniken. Göttingen: Hofgref-Verlag

Novak, J. 1998: Learning, creating, and using knowledge concept Maps as facilitative tools in schools and corporations. Mahweh (NJ, USA): Lawrence Erlbaum Associations

Pahl, G. 1994: Psychologische und pädagogische Fragen beim methodischen Konstruieren. Köln: Verlag TÜV Rheinland GmbH

Pahl, G., Beitz, W., Feldhusen, J., Grote, K.-H. 2007: Konstruktionslehre: Grundlagen erfolgreicher Produktentwicklung (7 Aufl.). Berlin; Heidelberg; New York: Springer-Verlag

Rambo, J., Schendel, C., Richter, M. 2007: The use of Concept Mapping to support collaborative Advanced Design Projects. In: Proceedings of the ICED 07, Paris

Rambo, J, Richter, M, Geis, C., Malzacher, J. 2008: Designmapping: Ein Arbeitsmittel für die kollaborative Produktentwicklung zwischen Ingenieuren und Designern. Paper presented at the 2. Symposium Technisches Design, Dresden.

Richter, M., Rambo, J., Geis, C. 2008: Design Mapping: Supporting collaborative Advanced Design Projects with mapping techniques. In: Clarke, A. u.a.: Proceedings of the E&PDE08 'New Perspectives in Design Education', Barcelona, Spain.

Sachse, P. 2001: Idea materialis - Entwurfsdenken und Darstellungshandeln - Über die allmähliche Verfertigung der Gedanken beim Skizzieren und Modellieren. Dresden: Technische Universität Dresden: Habilitation.

Shannon, C. E., Weaver, W. 1949: The Mathematical Theory of Communication. Urbana (Ill.): University Press.

Uhlmann, J. 2005: Die Vorgehensplanung Designprozess für Objekte der Technik - mit Erläuterungen am Entwurf eines Ultraleichtflugzeuges. Dresden: TUDpress.

Verein Deutscher Ingenieure 2004: Entwicklungsmethodik für mechatronische Produkte, VDI 2206. VDI-Verlag, Düsseldorf.

Verein Deutscher Ingenieure 1993: Methodik zum Entwickeln und Konstruieren technischer Systeme und Produkte, VDI 2221. VDI-Verlag, Düsseldorf.

Zanker, W. 2008: Effektiver und effizienter Methodeneinsatz in der Produktentwicklung - Teil 1. In: Konstruktion (5-2008), 83-89.

Kontakt

Dipl.-Psych. Christina König
Technische Universität Darmstadt
Institut für Arbeitswissenschaft
Petersenstr. 30
64287 Darmstadt
koenig@iad.tu-darmstadt.de
www.arbeitswissenschaft.de

Dipl.-Ing. Marc Richter
Office for Harmonization in the Internal Market
Avenida de Europa, 4
E-03008 Alicante (Spanien)
www.marc-richter.de
www.designmapping.org

Dipl.-Ing. Christian Geis
Technische Universität Darmstadt
Fachgebiet Produktentwicklung und Maschinenelemente
Magdalenenstr. 4
64289 Darmstadt
geis@pmd.tu-darmstadt.de
www.pmd.tu-darmstadt.de

Dipl.-Ing. Jens Malzacher
Technische Universität Darmstadt
Fachgebiet Datenverarbeitung in der Konstruktion (DiK)
Petersenstr. 30
64287 Darmstadt
malzacher@dik.tu-darmstadt.de
www.dik.tu-darmstadt.de

Dipl.-Ing. Jürgen Rambo
70565 Stuttgart
www.designmapping.org

Innovation durch Design – eine universitäre Aufgabe

Günter Kranke und *Johannes Uhlmann*

1   Design = Innovation?

„Innovation" und „Design" – zusammen das Thema des Symposiums – sind Begriffe, die häufig miteinander verbunden werden. Das soll aber nicht heißen, dass Innovation nur oder meist vom Design ausgeht. Welche Ursache oder Begründung eine Innovation hat, ist oft durch viele Faktoren begründet und sehr differenziert zu betrachten: Sehr viele Innovationen kommen aus neuen und verbesserten technologischen Möglichkeiten, neuen Materialien und Wirkprinzipien. Im Produkt müssen diese dann auch in ein neues Design umgesetzt werden. Ein anderer Auslöser für Produktinnovationen ist eng mit den Erfahrungen der Benutzer vorhandener Produkte verbunden, mit dem Erleben, welches das zentrierende Element des Designs ist.

Innovation heißt wörtlich Neuerung oder Erneuerung (von lat. novus „neu" bzw. innovatio „etwas neu Geschaffenes"). Wie man auch in der Online-Enzyklopädie nachlesen kann, wird der Begriff heute im Sinne von neuen Ideen und Erfindungen sowie deren wirtschaftlicher Umsetzung verwendet (Wikipedia 2008).

Führt man den Designbegriff auf seine Wurzel das italienische „Disegno" im 16. Jahrhundert zurück, so ist er ein Synonym für „Entwerfen" – „sich etwas auszudenken, was es noch nicht oder so noch nicht gibt und es so darzustellen, dass es weitergeführt oder hergestellt werden kann" (Uhlmann 2006, S. 27). Der Inhalt des Innovationsbegriffes erfährt also im Design eine fachspezifische Anwendung und wird zum Ausdruck für das Fachgebiet.

Doch auch innerhalb der Disziplin Design gibt es keine scharfe Grenze zwischen „völlig neu entwerfen" und „weiterentwickeln". „Design ist Redesign" ist ein Artikel von Zehentbauer (2008) überschrieben und zeigt auf, dass auch innovatives Design in den meisten Fällen auf Vorhandenem aufbaut, es schöpferisch weiterentwickelt und Innovation auch in kleinen Schritten stattfindet. Design steht nicht im luftleeren Raum, sondern ist an das konkrete zu gestaltende Objekt gebunden, welches in den allermeisten Fällen in einer Produktlinie bzw. -tradition steht oder auf analoge Produkte, Vorgängermodelle usw. Bezug nimmt. Es ist im Gegenteil aus wahrnehmungs- und kognitionspsychologischer Sicht (Neisser 1979) begründet, weshalb ein neues Produkt, welches vom Nutzer angenommen und positiv aufgenommen werden soll, sich von seinen Vorgängern und Vergleichsprodukten nicht übermäßig weit entfernen darf. Die Wiedererkennung der Produktkategorie und Erfahrungen mit ähnlichen Produkten sind eine wichtige Voraussetzung, um ein neues Produkt überhaupt einordnen zu können, dafür Interesse zu wecken und ihm Vertrauen „vorzuschießen". Von den vielen Eigenschaften eines Produktes sollten deshalb nicht gleichzeitig alle oder sehr viele grundlegend verändert werden: Innovation kann meist nicht nach der Devise „je mehr desto besser" in einem absolut neuen Produkt umgesetzt werden, sondern muss eine gewisse Kontinuität wahren. Völlige Neuentwicklungen, die an keinerlei Vorgängerprodukte anknüpfen, sind eher die Ausnahme (vgl. Seeger 1992, Ehrlenspiel 2007, Kranke/Uhlmann 2007 u. a.).

Was macht also ein Produkt innovativ? Eine Produktinnovation ist es bereits auch dann, wenn ein Merkmalskomplex des Produktes einer Innovation unterzogen wird. Häufig sind Innovationen mit besseren Leistungsparametern, neuen Funktionen oder höherer Qualität verbunden (vgl. Abbildung 1). Design spielt dabei unter Umständen eine untergeordnete Rolle, denn es sind die „inneren Werte" des Produktes, die zur Veränderung führten: neue Bauelemente, andere Technologien, innovative Materialien. Selbstverständlich kann dies auch seinen Ausdruck im Design finden, weil z. B. neue Materialien über Haptik, Formen und Farben erlebbar werden oder neue Funktionen den Gebrauch des Produktes verändern. Nicht zwangsläufig sind dafür auch neue Designlösungen erforderlich, diese können die Innovation aber begleiten und unterstützen. Die neuen Kunststoffe für haptisch differenzierte Zwei-komponenten-Griffe an Werkzeugen, die sich sehr deutlich an Gehäusen und Griffen widerspiegeln, sind ein Beispiel dafür ebenso wie sichtbare Strukturen von Kunststoffteilen mit Kohlefaserarmierung o. ä.

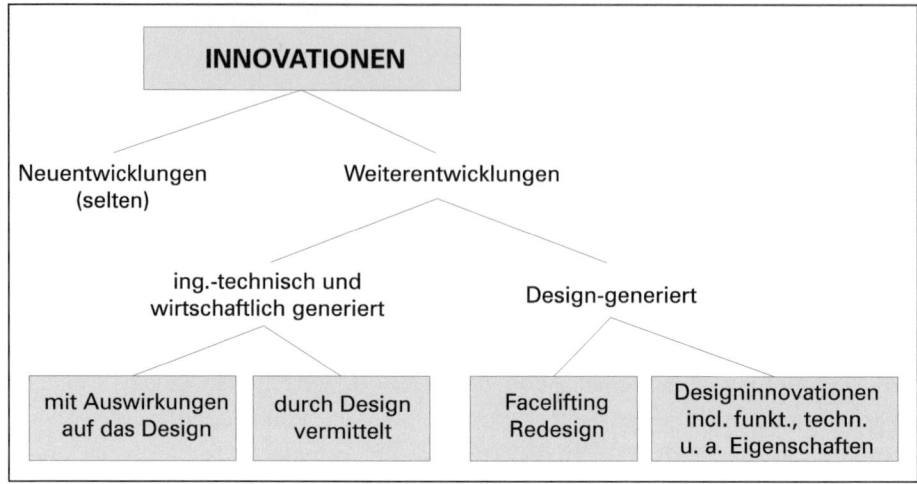

Abbildung 1:   Innovationen aus der Sicht des Designs

Innovationen bei weniger auffälligen Eigenschaften z. B. der Steuerungs-Software oder von elektronischen Schaltungen hingegen stellen sich dem Nutzer häufig nicht oder nicht deutlich genug dar. Damit einher gehende neue Designlösungen können die verborgenen Innovationen kommunizieren und somit die gesamte Produktinnovation signalisieren. Das kann wie im Beispiel vor einigen Jahren die digitale schnurlose Kommunikation (DECT) gegenüber der analogen Übertragung bei Telefonen sein, die selbst nicht sichtbar durch andere Merkmale verdeutlicht werden muss. Der erhebliche Zuwachs an Qualität und Funktionalität wird erst bei der Benutzung (nach der Kaufentscheidung!) erlebbar. Natürlich muss die gewachsene Funktionalität dabei in der Produktgestaltung mit umgesetzt werden.

Natürlich gibt es auch Innovationen, die vor allem in neuem Design bestehen oder durch den Wunsch nach neuem Design ausgelöst werden. Wenn es sich dabei um rein formale Veränderungen handelt, spricht man auch – meist abwertend – von „Facelifting" oder „Redesign". Beziehen sich die Veränderungen aber auch auf Funktionalitäten, die Benutzbarkeit, Herstellung u. ä. und werden dadurch auch die o. g. „inneren Werte" hinterfragt, verbessert und einer Innovation unterzogen, so handelt es sich um echte Designinnovationen, die durch Design (respektive den Designer) initiiert wurden.

Uns an der Universität interessiert nun besonders die Beziehung von Design und Innovation und den in der Ausbildung von Designingenieuren und in der Designforschung dafür zu leistenden Beitrag. Technisches Design ist das Entwerfen und

Günter Kranke und Johannes Uhlmann

Gestalten von Maschinen, Anlagen und Geräten und schließt gegenüber dem Entwerfen bei der konstruktiven Entwicklung definitionsgemäß die subjektive Bewertung dieser Objekte als Bestandteil der Entwurfs- und Gestaltungstätigkeit mit ein. Im Begriff des Erlebens von Technik ist dies als Einheit zusammengefasst (Uhlmann 2006). Die operational zur Bewertung reell existierender Gegenstände der Produktentwicklung verwendbaren Begriffe „Richtigkeit" und „Gefallen" kennzeichnen damit das Spannungsfeld zwischen objektiven bzw. objektivierbaren und subjektiven bzw. intersubjektiv gültigen Eigenschaften derselben. Das für die Entwurfstätigkeit im Design erforderliche Entwurfswissen ist Erfahrungswissen (Hacker 2005) und wird im Industriedesign und im Technischen Design bestehend aus den Komponenten Sach- und Faktenwissen, persönliches subjektives Wissen der Entwurfsperson und dem Training methodischer Fähigkeiten und Fertigkeiten genutzt bzw. vermittelt.

Im Unterschied zum ingenieurmäßig typischerweise gelehrten Sach- und Faktenwissen ist im Designentwurfsprozess dieses subjektive individuelle Wissen des Entwerfers gepaart mit Alltagserfahrungen und allgemeinem „Weltwissen" entscheidend. Es bewirkt im Entwurfsprozess den Eindruck des Erwünschten, des Angenehmen, des Passenden usw. von einem Entwurfsobjekt oder auch des jeweiligen Gegenteils. Ein ästhetisches Urteil über ein Entwurfsobjekt gibt es nur durch das Zusammenwirken von Richtigkeit, Gefallen und Emotionalität.

In einem gewissen Sinne ist hierbei gültig, was Flaubert (1821–1880) im 19. Jahrhundert als Wesen der Kunst formuliert hat: Sie hat den Auftrag, die psychische Beschaffenheit einer Zeit durch die schöpferische (innovative) Tätigkeit des Künstlers festzuhalten und wiederzugeben. Einem innovativen Produktentwurf zugrundeliegendes Wissen ist neben technischem und ökonomischem Wissen solches, welches vergegenständlicht im Produkt die psychische Beschaffenheit der Zeit zum Ausdruck bringt. Diese Aufgabe geht über die technische Innovation und Erfindung hinaus.

Im folgenden Abschnitt werden dazu einige Ausführungen zur Lehre über Studienprojekte mit besonders innovativem Ansatz und zu deren Motivation und Vorgehensweise gemacht. Im dritten Abschnitt geht es dann um Forschungsvorhaben, die die Grundlagen dafür schaffen sollen, den Designentwurfsprozess zu verbessern und vor allem die für Innovationen so wichtigen frühen Entwurfsphasen und die Wissensbasis für das Entwerfen betreffen. Die dabei gewonnenen Erkenntnisse müssen wiederum in die Ausbildung einfließen, um mit einer problemorientierten Sichtweise besser zu innovativen Ergebnissen zu kommen.

Die Ausbildung von Studenten im Industriedesign oder im Technischen Design stützt sich in starkem Maße auf die Form der Projektarbeit. Entwerfen lässt sich nicht allein abstrakt und theoretisch vermitteln, sondern braucht – eine weltweit alternativlos eingesetzte Ausbildungsmethode – die Lehrform des „Lernens durch Handeln" (Kranke 2008). Durch eigenes „Lernen an Hindernissen" (Webler 2002), welches dem hocheffizienten kindlichen forschenden Lernen sehr ähnlich ist, können Problemstellungen mit hoher Motivation gelöst werden.

Innovative Ansätze in den Projekten sind vor allem in den frühen Phasen des Entwerfens zu erreichen, wenn die Lösung des Entwurfsproblems möglichst noch völlig offen ist, die Lösung des Problems noch im Vordergrund steht und nicht die technische Umsetzung dafür erforderlicher Komponenten. Entwurf und Produktentwicklung sind dabei nicht technikzentriert, sondern nutzen das subjektive Wissen und die Erfahrungen der Entwerfer oder einbezogener Personen zum problem-orientierten Vorgehen, welches auf das Erleben ausgerichtet ist.

Die Innovationsansätze sind bei Studienprojekten ebenso unterschiedlich motiviert wie bei Produktentwicklungen in der Wirtschaft. Zwei Beispiele sollen das demonstrieren. Das erste Beispiel aus der Ausbildung soll ein Projekt (Knobloch 2008) zeigen, welches besonders aus ganz persönlicher Erfahrung und erlebten Defiziten entstanden ist und über das im Designstudium gelernte Hinterfragen von Aufgabenstellungen und das Vordringen zum Kern des Problems zu einer interessanten Innovation geführt hat, die auch in der Praxis auf großes Interesse gestoßen ist.

Das Projekt – eine Diplomarbeit – wurde durch den Studenten selbst angestoßen, der als Naturfreund ein großes Unbehagen an den Zuständen im Wald hat, wo Forstmaschinen den Waldboden und die Wege, die zugleich forstwirtschaftlich notwendige Rückegassen darstellen, nachhaltig schädigen. Betrachtet man die Entwicklung bisheriger Forstmaschinen, so wird der Teufelskreis sichtbar: Die Verbesserung der Technik (d. h. vor allem Leistungssteigerung) ist mit immer schwereren Maschinen verbunden, die eine höhere und nahezu irreversible Bodenverdichtung bewirken und tief ausgefahrene Spuren bilden. Der Bodenverdichtung kann mit breiteren Reifen bzw. Ketten entgegengewirkt werden, die wiederum mehr Schlupf beim Rangieren mit sich bringen und eine wiederum höhere Leistung erforderlich machen.

Der innovative Ansatz ist hier nicht wie oft üblich durch Veränderung von Parametern bei grundsätzlich vorhandener Lösung gesucht worden. Vielmehr wird dieser

Ansatz hinterfragt und nach einer neuen Lösung für ein Problem gesucht: Die Mehrzahl der den Waldboden nachhaltig schädigenden operativen Bewegungen finden bei seiner Lösung nicht mehr zwischen Maschine und Boden, sondern innerhalb der Maschine statt. Sie sind damit auch wesentlich energieeffizienter und benötigen eine weniger leistungsstarke Maschine mit geringerem Gewicht. Das Ergebnis ist eine mobile Maschine mit einem Schreitwerk (s. Bild 2). Sie hat nur noch punktuellen Bodenkontakt mit einer zwar höheren Flächenpressung, doch schädigt diese den Boden nur geringfügig und reversibel. Durch ein größeres Stützdreieck kann sie auch ohne zusätzliche Gegengewichte die gleichen Reichweiten realisieren, wie ihre Vorgänger – nur mit wesentlich geringerer Masse. Ein ganzes Set von Eigenschaften macht diese Maschine zusätzlich geländegängig, hangtauglich und auch für ganz andere Einsatzzwecke auf schwierigem Untergrund in ganz anderen Szenarien interessant.

Hier ist eine hinsichtlich der Fortbewegung und des Verhaltens im Gelände völlig neuartige Maschine zuallererst aus dem eigenen Schatz von Alltagserfahrungen, gepaart mit solidem technischen Wissen und methodischen Fähigkeiten entstanden.

Abbildung 2:   Schreitharvester für die Forstwirtschaft (Diplomarbeit C. Knobloch 2008)

Ein anderes Beispiel mit einem bei uns ausbildungstypischen Ansatz soll dies erläutern an einer Aufgabe aus der Industrie. Immer wieder werden aus der Wirtschaft solche Aufgaben an uns herangetragen, bei denen innovative Ideen für neue Produkte oder zu erwartende Veränderungen von Produkten mit einem vorgegebenen Zeithorizont in wegweisenden Gestaltungsstudien vorweg genommen werden sollen. Gerade Außenstehende, nicht in die F/E-Aktivitäten einer Firma eingebundene Studenten des Technischen Designs, sind dafür gefragt. Im gewählten Beispiel, welches mit seinen Ergebnissen bereits zum vergangenen Symposium gezeigt wurde, war vorauszudenken, wie Geräte mit Navigationsfunktion in der nahen Zukunft beschaffen sein könnten. Auch hier wird die Innovation vor allem unter dem Gesichtspunkt erreicht, was und wie der Benutzer der Technik diese erlebt, was er von ihr erwartet und in welchen anderen Lebensbereichen diese Technik interessant werden könnte.

Auch bei diesem Projekt wurde großer Wert auf die ganz frühe Phase des Entwurfsprozess gelegt. Entsprechend der Vorgehensplanung für den Designprozess werden als erstes Informationen zum Entwurfsobjekt gesammelt. Diese bestanden nicht nur aus den Informationen über den Hersteller, dessen technologische Möglichkeiten und seine bisherigen Produkte, sondern vor allem aus dem eigenen individuellen Zugang zum Objekt, eigenen Anknüpfungspunkten, dem Nutzungsumfeld, ähnlichen Navigationslösungen und analogen Produkten. Diese Inventur vorhandenen Wissens und ergänzend die zielgerichtete Recherche ist die Basis dafür, eigene Konzepte entwickeln zu können.

Für Stellvertreter typischer Nutzergruppen und Nutzungssituationen entwickelten die Studenten verschiedene narrative Szenarios, in denen Navigationstechnik relevant war. Durch die vorgestellte Konfrontation mit eigenen Alltagserfahrungen oder die Empathie mit potentiellen Nutzern eines solchen Gerätes gelang es der Gruppe dabei, mehr als ein Dutzend verschiedene Ansätze zu finden und in unterschiedliche Konzepte umzusetzen. Einer der Autoren äußert sich über die Arbeit mit dem Szenario wie folgt: „Auch wenn ... [dabei] ... oft einfach Stereotypen zum Einsatz kommen, hilft es dem Autor ein immer deutlicher werdendes Bild von dem zu entwerfenden Produkt zu erstellen. Es wird ein Einblick gegeben, in was für ein Umfeld das Gerät anzusiedeln ist. Schnell sind Nutzgegenstände gefunden, welche der beschriebene Charakter außerdem gebrauchen könnte. Da es diese schon gibt, lässt sich ihre äußere Anmutung und Funktionalität leicht beurteilen und schließlich auf den Entwurf übertragen." (Angermann 2008)

Günter Kranke und Johannes Uhlmann

Ein solches Designkonzept ist die Wesensbestimmung und die Wissensbündelung alles zuvor beim Klären der Aufgabenstellung gesammelten Wissens für das zu entwerfende Objekt (Uhlmann 2005), eine Beschreibung der Zielgruppe, des Anwendungsgebietes, der Gestaltungsrichtung usw. Obwohl alle Teilnehmer die gleiche offene Aufgabenstellung und die gleichen sach- und fachlichen Eingangs-informationen erhielten, ergab sich eine erstaunliche Vielfalt innovativer Ansätze und später daraus resultierender Entwürfe: natürlich für das Auto, aber auch für die Hosentasche bzw. mehr als Spielzeug, als Hightech-Gerät oder als persönliches Infotainment-Produkt usw. (s. Abbildung 3).

Das Gleiche gilt auch für die sich anschließende Phase der Erarbeitung hypotheti-scher Gesamtentwürfe, in der in skizzenhafter Form das Produkt in allen seinen vorausgedachten Eigenschaften als Zielvorstellung erprobt und fixiert wird. Da diese Gesamtentwürfe im Wesentlichen als tragfähig angesehen wurden, erfolgte die Ausarbeitung der Entwürfe und deren Präsentation. Das ist zwar die längste Strecke des Prozesses und erfordert weitere Recherchen, die Umsetzung aller selbst gesteckten Ziele und Durcharbeitung aller Details und vieles mehr, doch die eigentliche Innovation, die Differenzierung der Produktideen und Gestaltungsrich-tungen erfolgt in den Anfangsschritten.

Abbildung 3:   Beispiele aus dem Projekt EG 2, Thema Navigationsgeräte (Studentenarbeiten)

Jedes Mal wieder ist es erstaunlich, wie bei relativ ähnlicher Funktionsweise und Übereinstimmung der zu verwendenden Komponenten in einer gemeinsamen Projektaufgabe so differenzierte Lösungen entstehen. Wenn die Aufgabenstellung offen genug gehalten ist und damit verschiedene Konzepte ermöglicht werden, können durch Zielgruppendifferenzierungen hinsichtlich unterschiedlichster Benutzungsvorgänge, gestalterischer Ansprüche, aber auch verschiedene wirtschaftliche, funktionelle und technische Ansätze viele innovative Vorschläge entstehen.

3   Universitäre Forschung im Technischen Design

Die Forschung im Technischen Design an der TU Dresden ist drei Themenfeldern zugeordnet: Entwurfs- und Gestaltungsmethodik, Grundlagen und Werkzeuge für das ästhetische Entwerfen technischer Produkte und anwendungsorientierte wissenschaftliche Kooperation. Insbesondere das erste der Themenfelder erhält seinen inneren Zusammenhang durch die Vorgehensplanung Designprozess in den frühen Phasen des Produktentwicklungsprozesses (s. Bild 4). Sie soll damit auch einen Beitrag leisten, das innovative Potential des Technischen Designs zu stärken. Das Vorgehensmodell Designprozess ist ein Ordnungsschema zum methodischen Vorgehen beim Bearbeiten von Designaufträgen und für die ausdrückliche Anwendung für Novizen bestimmt. Es beruht auf dem Erfahrungswissen professioneller berufserfahrener Designer und der Kenntnis der Konstruktions- und Designmethodik. Das Vorgehensmodell ist ein theoretischer Entwurf und verarbeitet dabei Kenntnisse der psychologischen Handlungsregulationstheorie. Wichtig ist die Kompatibilität dieses Vorgehensmodells zur Konstruktionsmethodik z. B. nach VDI 2221. Es ist konzipiert als deren Ergänzung zu einem Modell integrierter Produktentwicklung. Die Vorgehensplanung hat das Erleben technischer Gegenstände und Prozesse zur Grundlage. Es stellt diese Zielstellung dem Ziel des Ingenieurs zur Seite, bei der Produktentwicklung für ein technisches Problem eine technische Lösung zu finden (Pahl/Beitz u. a. 2003)

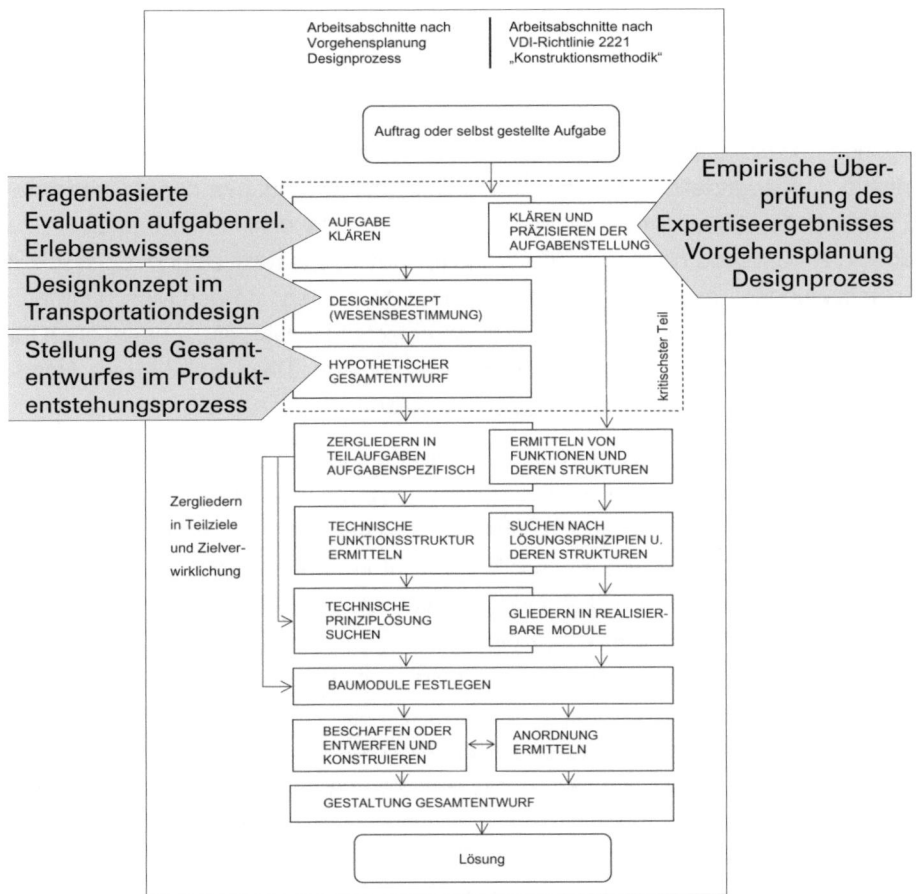

Abbildung 4: Zuordnung laufender Dissertationen zur Vorgehensplanung Designprozess innerhalb der integrierten Produktentwicklung (gemäß Uhlmann 2005)

Die Bearbeitung wissenschaftlicher Themen zur Entwurfstätigkeit im Design soll diesem Handicap entgegenwirken: Im Gegensatz zu Erfahrungswissen steht Wissenschaftswissen auf diesem Gebiet (noch) nicht hinreichend zur Verfügung. Die frühen Phasen der Produktentwicklung sind deshalb auch aus wissenschaftlicher Sicht von besonderer Bedeutung. Ein wesentliches Merkmal dieser Forschung bei uns ist ihr Insidercharakter: Die daran beteiligten Forscher sind aufgrund ihrer wissenschaftlichen Ausbildung und Befähigung zum praktischen ästhetischen Entwerfen und Gestalten technischer Produkte und im wissenschaftlichen Umfeld der Universität für diese Forschung besonders prädestiniert. An einer Universität, an der Entwurfs- und Gestaltungsprozesse gelehrt und durchlaufen werden, ist es deshalb naheliegend und sinnvoll, die eigene Entwurfstätigkeit auch zum Gegenstand wissenschaftlicher Arbeit zu machen.

Die ersten Phasen des Produktentstehungsprozesses gestatten noch relativ grundlegende Entscheidungen und sind unter dem Innovationsgesichtspunkt besonders wichtig. Aufgabendefinition, Konzept und Gesamtentwurf haben das ganzheitliche Erleben beim Umgang mit der Technik im Visier und bestimmen das Ziel – zu einem Zeitpunkt, wo noch nicht alle grundlegenden konstruktiven und technischen Entscheidungen getroffen sind. Nicht nur über die Kosten und den wirtschaftlichen Erfolg kann an dieser Stelle am effektivsten entschieden werden, sondern auch für die erlebensrelevanten Eigenschaften des Produktes. Dazu müssen die Handlungsabläufe dem gesteckten Ziel gerecht werden.

Die Vorgehensplanung Designprozess nutzt Erkenntnisse der psychischen Handlungsregulationstheorie von Hacker (2005) und Mitarbeitern als methodischen Leitfaden. Die Handlungsregulationstheorie beschreibt die Gesetzmäßigkeiten des Ablaufes von Vorgängen im menschlichen Kopf im Wechselspiel mit den motorischen Vollzugsorganen von Handlungsabläufen bei zielgerichteten Tätigkeiten, wie dem Entwerfen. Der Begriff des Zieles gilt als der wichtigste, weil nach seiner Maßgabe die Regulation von Tätigkeiten verläuft. Ein Entwurfsprozess ist eine zielgerichtete Tätigkeit, die sich idealerweise als kontinuierlicher, ungestörter Regulationsvorgang im permanenten Soll-Ist-Zustandsvergleich darstellt. In der Realität unterliegt dieser Prozess vielfältigen Störungen, die zum Teil vom außen ablesbar sind und auf deren Ursachen schließen lassen bzw. dem Betreuer, Moderator oder Teamleiter Hinweise auf notwendige Hilfe signalisieren. Maßnahmen, um einem möglichst ungestörten Regulationsablauf näher zu kommen, können als regulationswirksam bezeichnet werden. Eine solche Maßnahme ist die Vorgehensplanung selbst, da sie Entwurfsetappen markiert, deren Kenntnis Novizen mangels Erfahrungswissen fehlt. Regulationswirksam sind die Erstellung eines inhaltlichen und zeitlichen Entwurfsplanes zu Beginn sowie das Führen eines persönlichen Entwurfstagebuches und das chronologische Sammeln aller anfallenden Materialien während der Entwurfsphase.

Den Grundlagen für eine effektivere Gestaltung der frühen Entwurfsphasen und deren besserem Verständnis widmen sich einige der laufenden Forschungsarbeiten am Zentrum für Technisches Design. Die tragenden Säulen dabei sind zweifellos einige Dissertationen, die hier genannt werden sollen und über die zum Teil bereits bei den vorigen Symposien und an anderer Stelle berichtet wurde:

A   Analyse individueller Entwurfsprozesse im Technischen Design

Eine Verifizierung des Expertenergebnisses und theoretischen Entwurfes des Vorgehensmodells Designprozess bei Novizen steht noch aus. Gegenstand der Untersuchung im Dissertationsvorhaben Englisch ist die empirische Überprüfung der Anwendbarkeit des Modells bei Novizen. Hierzu werden Dokumentanalysen studentischer Projekt- einschließlich Diplomarbeiten sowie Labor- und Feldstudien beim Einsatz und der Erprobung entwurfsunterstützender Hilfsmittel durchgeführt. (vgl. Englisch et al. 2008)

B   Die Stellung des Gesamtentwurfes
im Produktentwicklungsprozess bei Investitionsgütern

Der augenfällige Unterschied zwischen dem konstruktionsmethodischen Modell und der Vorgehensplanung Designprozess ist die Stellung des Gesamtentwerfens im Entwicklungsablauf. Nach der Konstruktionsmethodik steht er am Ende des Prozesses als dessen Ergebnis und im Vorgehensmodell Designprozess taucht er schon in der Mitte als Inhalt von Arbeitsabschnitt 3 mit der Bezeichnung „Hypothetischer Gesamtentwurf" auf, um dann am Ende zum eigentlichen Gesamtentwurf zu werden. Der Hypothetische Gesamtentwurf ist eine probehafte Vorwegnahme des Gesamtentwurfes nach stringenten Kriterien einer wissenschaftlichen Hypothese. Er dient u. a. der technischen, ergonomischen, ökologischen, gesetzlichen und Gefallensprüfung.

Dem konstruktionsmethodischen Modell liegt der Ansatz des schrittweisen Aufbaus des Ganzen aus Elementarteilen zu Grunde, weshalb zu Beginn nach dem Klären und Präzisieren der Aufgabenstellung die Aufteilung in abstrakte Funktionselemente und deren Verknüpfung zu Funktionsstrukturen vorgesehen ist. Das Vorgehensmodell Designprozess geht von der Erarbeitung des Ganzen zu Beginn der Produktentwicklung aus, welches danach der Detailbearbeitung zugeführt wird. Das Konzept integrierter Produktentwicklung ist der Ansatz, beide Modelle verträglich und sich ergänzend zusammenzuführen. In der Dissertation Drechsel wird die zeitliche und inhaltliche Erstellung des Gesamtentwurfes bei der Interaktion zwischen Konstruktion und Technischem Design verfolgt. Dazu dient die gemeinschaftliche und kooperative Bearbeitung von Entwicklungsaufträgen in der Praxis bei Industrieunternehmen als Untersuchungsfeld. (vgl. Drechsel 2008)

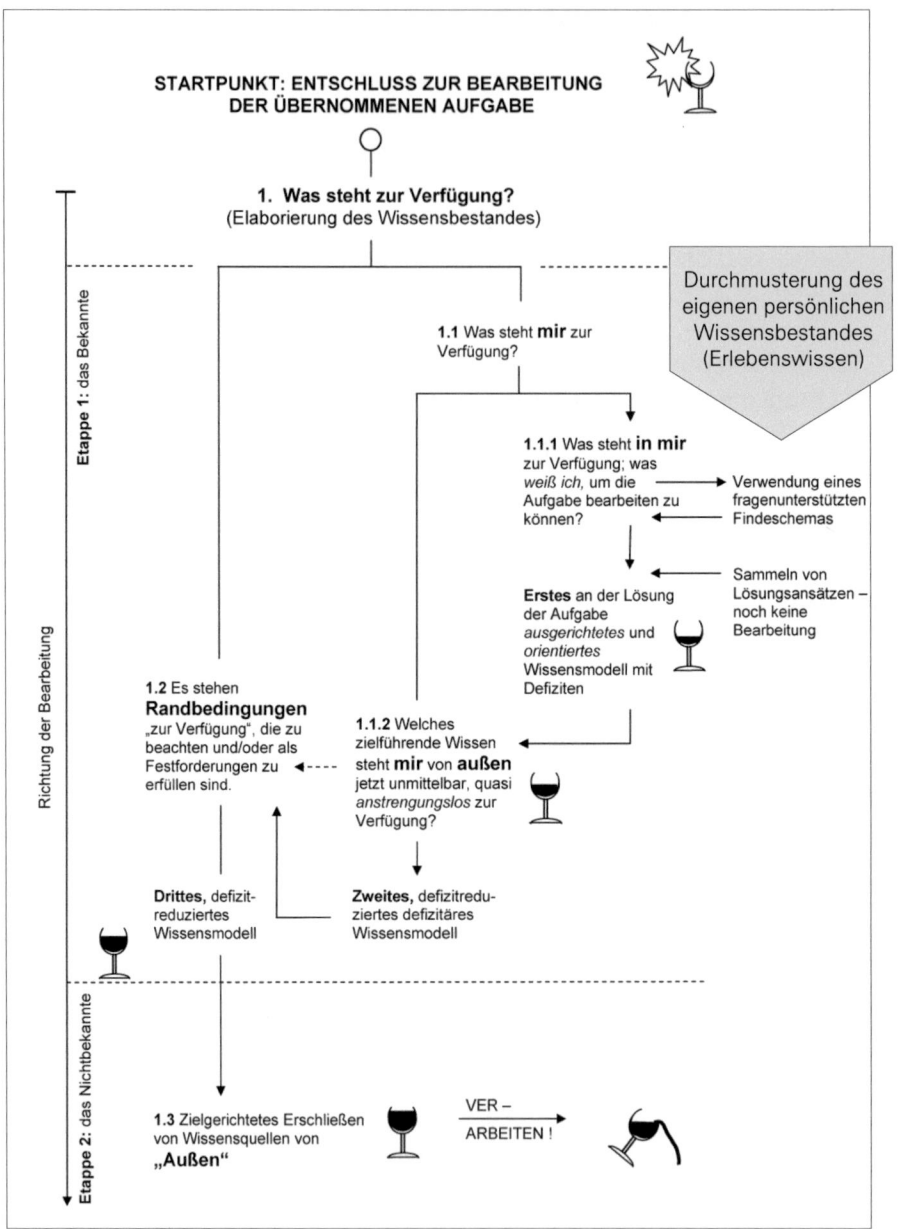

Abbildung 5: Die fragenbasierte Unterstützung des Entwurfsprozesses innerhalb des Arbeitsabschnittes 1 – „Aufgabe klären" (nach Uhlmann 2005)

Günter Kranke und Johannes Uhlmann

C Studie zur Entwurfsforschung im Design und abgeleitete Untersuchung zum Designkonzept im Transportation Design

Nach dem Vorgehensmodell Designprozess liegt der Erarbeitung des Hypotheti-schen Gesamtentwurfes das Designkonzept zu Grunde. Es beinhaltet die Wesens-bestimmung der Aufgabe als Antwort auf die Frage: „Was ist ein ...?" Das Design-konzept ist ein hoch aggregiertes Gedankengebilde aus dem Sach- und Faktenwissen sowie persönlich subjektivem Wissen der Entwurfsperson. Die Form des Designkonzeptes sind ein oder nur wenige verbal-sprachliche Bilder und/oder grafische Kürzel und Skizzen. Designkonzepte sind subjektiv und bedürfen außer-halb der Entwurfsperson ihrer Erläuterung im Kontext der Entwurfsaufgabe. Die Funktion von Designkonzepten für das Entwerfen besteht in der Antizipation des Entwurfsergebnisses als Erlebensziel und dem Entwurf der Handlungsplanung, um dieses Ergebnisziel erreichen zu können.

Über Designkonzepte der beschriebenen Art ist noch wenig bekannt. In der Disser-tation Krzywinski wird innerhalb einer Studie zur internationalen Entwurfsforschung im Design das Designkonzept im Bereich des Transportation Design empirisch untersucht. Der Bereich des Transportation Designs wurde gewählt auf Grund der Annahme aus Beobachtungen, dass hier das Entwerfen mit Designkonzepten besonders stark ausgeprägt ist. (vgl. Krzywinski 2008)

D Fragenbasierte Unterstützung des Entwurfsprozesses im Technischen Design

Das Designkonzept entsteht als Wissensbündelung allen zuvor beim Klären der Aufgabenstellung im Arbeitsabschnitt 1 des Vorgehensmodells gesammelten entwurfsrelevanten Wissens. Mit der Übernahme eines Auftrages und seiner per-sönlichen Redefinition als Aufgabe wird lediglich ein Zielrahmen oder Zielfeld abgesteckt, ein eigentliches Ziel ist erst noch zu finden. Bei Experten verläuft dieser Vorgang auf Grund ihrer Entwurfserfahrung als ein routinierter Prozess. Bei Novizen bedarf er der Anleitung durch betreuende Mentoren oder Moderatoren. Im Disser-tationsvorhaben Wölfel wird die Förderlichkeit fragenbasierter Findehilfen bei der Durchmusterung des eigenen individuellen Wissensbestandes zu Beginn des Arbeitsabschnittes „Aufgabe klären" geprüft. Die Entwurfsperson steht vor der Aufgabe, zunächst nur aus sich selbst heraus, das aufgabenrelevante Sach- und Fakten- sowie persönlich subjektive Wissen, welches an die eigene Biographie gebunden ist, zu evaluieren. Die Untersuchung ist dabei nach dem für die Anwen-dung empfohlenen Schema „Aufgabe klären" (vgl. Abbildung 5) der Durchmusterung dieses eigenen persönlichen Wissensbestandes in einem ersten Arbeitsabschnitt zugeordnet, welcher mit anderen nutzbaren Wissensquellen durch Rückkopplungsschleifen verbunden ist und durch deren Gebrauch immer weiter angereichert werden kann. (vgl. Wölfel 2008)

Auch über diesen hier dargestellten Forschungsschwerpunkt der Entwurfs- und Gestaltungsmethodik hinaus sind ebenso andere Themen der Designforschung mit Innovation befasst. Dabei sollen beispielsweise – eng verknüpft mit anderen Fachdisziplinen an der TU Dresden und darüber hinaus – Forschungsergebnisse für neue Materialien und Technologien in innovative Produkte umgesetzt werden. Ein Beispiel dafür sind neue Anwendungen von Textilbeton im Produktdesign.

Literaturverzeichnis

...: Wikipedia – die freie Enzyklopädie, Stichwort Innovation.
Online unter: http://de.wikipedia.org/wiki/innovation, Stand: 3.11.08

Angermann 2008: My Personal Gadget. Projektarbeit Entwurfs- und Gestaltungslehre 2, TU Dresden

Drechsel, Frank 2008: Design für Investitionsgüter. 6. Gemeinsames Kolloquium Konstruktionstechnik, Aachen

Ehrlenspiel, Klaus 2007: Integrierte Produktentwicklung. Denkabläufe, Methodeneinsatz, Zusammenarbeit. München: Hanser

Englisch, Ulrike; Sachse, Pierre; Uhlmann, Johannes (2008): Zum Vergleich schöpferischer Entwurfstätigkeiten – Entwicklung eines Kontinuums der Entwurfstätigkeit. In: Hentsch, N.; Kranke, G.; Wölfel, C. (Hrsg.): Industriedesign und Ingenieurwissenschaften, Technisches Design in Forschung, Lehre und Praxis, S. 33-46, Dresden, TUDpress

Grosse, Hatto 2005: Wer was erleben will, muss spielen.
In: Reese, Jens (Hg.): Der Ingenieur und seine Designer. Berlin: Springer, S. 151–163.

Hacker, W. 2005: Allgemeine Arbeitspsychologie. Psychische Regulation Wissens-, Denk- und körperlicher Arbeit, Berlin: Verlag Hans Hüber

Hacker et.al. 2008: Innovation of the process of innovation: Human-centred Support of Design Problem Solving – Pilotuntersuchung, Projektberichte Heft 58,

November 2008, TU Dresden, Institut für Psychologie I, Arbeitsgruppe „Wissen-Denken-Handeln"

Kranke, Günter; Uhlmann, Johannes (2007): The integration of product design and engineering design in education, In: Zehner, Robert: ConnectED International Conference on Design Education, Sydney

Kranke, Günter 2008: Technisches Design, Integration von Design in die universitäre Ausbildung von Ingenieuren, München, Verlag Dr. Hut.

Knobloch, Christian 2008: Entwicklungsstudie neuartige Fortbewegungstechnologien zum bodenschonenden Einsatz auf Waldboden und beispielhafter Entwurf für eine Holzerntemaschine für Zwischengassen. Diplomarbeit, TU Dresden, Technisches Design

Krzywinski, Jens 2008: Design Concept Development in Transportation Design. In: Proceedings of the 2008 Design Research Society Conference, Sheffield Hallam University

Neisser, U. 1979: Kognition und Wirklichkeit. Stuttgart

Pahl, Gerhard; Beitz, Wolfgang u. a. 2003: Konstruktionslehre. Grundlagen erfolgreicher Produktentwicklung; Methoden und Anwendung. Berlin: Springer

Seeger, Hartmut 1992: Design technischer Produkte, Programme und Systeme. Anforderungen, Lösungen und Bewertungen. Berlin: Springer

Uhlmann, Johannes 2005: Die Vorgehensplanung Designprozess für Objekte der Technik mit Erläuterungen an einem Entwurfsbeispiel. TUDpress Verlag der Wissenschaften, Dresden

Uhlmann, Johannes 2006: Technisches Design. Kunst in der Technik – Grundlagen Teil 1. TU Dresden

Webler, Wolff-Dietrich 2002: Modellhafter Aufbau von Studiengängen. In: Das Hochschulwesen, H. 6, S. 216–223.

Wölfel, Christian 2008: How Industrial Design Knowledge Differs from Engineering Design Knowledge. In: Clarke, Anne; Evatt, Mike; Hogarth, Peter; Lloveras, Joaquim; Pons, Luis (Hrsg.): New Perspectives in Design Education, E&PDE 2008 Barcelona, S. 222–226

Zehentbauer, M. 2008: Design ist Redesign. In: Form 223, S. 48–53

Kontakt

Priv.-Doz. Dr.-Ing. habil. Günter Kranke
Prof. Dr. phil. habil. Johannes Uhlmann
Technische Universität Dresden
Lehrstuhl Konstruktionstechnik/CAD
Zentrum für Technisches Design
01062 Dresden
www.tu-dresden.de/design

Design-Innovationen im Lernalltag

Jan-Henning Raff

Abstract

Die Praxis der Dokumentenverarbeitung von Studierenden wird betrachtet als Alltagsdesign und mit den Konzepten von *Distributed Cognition* verbunden.

Einführung

Das wissenschaftliche Interesse am Design aus dem Alltag zeigt sich in neueren Arbeiten zum „Nicht Intentionalen Design" (Brandes, Stich & Wender 2009) und „Everyday Design" (Wakkary & Maestri 2008). Dieses Interesse ist im Zusammenhang mit der allgemeinen Hinwendung in Designforschung und -praxis zu benutzerzentrierten Designprozessen zu verstehen (Redstrom 2006). Der Benutzer als Experte seiner spezifischen Praxis wird als wertvolle Ressource im Designprozess verstanden. Die Untersuchungen zum Alltagsdesigner versprechen darüber hinaus, den Nutzer als eigenständigen kreativen Akteur zu entdecken, dessen Erfindungen das professionelle Design bereichern können. Darüberhinaus schließt dieses Versprechen auch eine Neudefinition von Nutzung ein: Jegliches Artefakt wird in der Nutzung kreativ in die Alltagspraxis eingearbeitet (Norman 2004), – der Nutzer wird zum Co-Designer.

Während der Fokus der o. g. Arbeiten zum Alltags-Design ein sehr allgemeiner ist, der sich über das gesamte Alltagsleben erstreckt, wird in diesem Beitrag die Dokumentenverarbeitung von Studierenden betrachtet. Die Motivation hierzu ergibt sich aus der mangelnden Kenntnis der Praxis von Lernenden in der Entwicklung von technologiegestütztem Lernen (Hartwig 2007).

Studierende hantieren in Selbstlernphasen mit mannigfaltigen Materialien, wie handschriftlichen Notizen, gedruckten Texten, Büchern, elektronischen Medien usw. Fast jede Lernaktivität geht einher mit externen Ressourcen. Die Übernahme der Konzepte von *Distributed Cognition* in den Erziehungswissenschaften hat den Blick auf diese externen Ressourcen als am Lernprozess beteiligte freigelegt (Salomon 1993). Entgegen der Sicht der traditionellen Kognitionspsychologie finden demnach kognitive Prozesse nicht nur im Kopf, sondern auch durch diese externen Ressourcen hindurch statt. Eine Mathematikaufgabe bspw. kann durch Interaktionen von externen Repräsentationen auf Papier und der mentalen Aktivität gelöst werden. Kognition findet statt als Vollzug von Interaktionen mit der Umwelt (Pea 1993).

Inwieweit die Konzepte von *Distributed Cognition* anschlussfähig sind an Erkenntnisse über das Alltagsdesign soll hier zuerst geprüft werden. Dazu werden aktuelle Ansätze zum Alltagsdesign zusammengefasst (Theorie). Mittels dieser Konzepte sollen einige Ausschnitte aus ethnografischen Untersuchungen unter Studierenden vorgestellt werden (Methode). Abschließend wird diskutiert, inwieweit sich die Aktivitäten der Studierenden mit ihren Dokumenten als Designlösungen von *Distributed Cognition* begreifen lassen

Theorie

In ethnografischen Untersuchungen zum Alltagsdesign wurde gezeigt, dass Artefakte oft entgegen ihren ursprünglich intendierten Gebrauchsweisen verwendet werden (Wakkary & Maestri 2008; Brandes, Stich & Wender 2009). Bei Wakkary und Maestri (2008) wird diese Umgestaltung als unmittelbar im Umgang mit den Artefakten entstehend beschrieben, weshalb sie den Begriff *„design-in-use"* einführen. Brandes, Stich und Wender (2009) dagegen konzentrieren sich auf die Seite des Artefaktes, wenn sie Designlösungen aus dem Alltag vorstellen (ein Stuhl dient *als* Garderobe). Die Möglichkeit der Umnutzung wird dabei den Produkteigenschaften (a. a. O.) oder den *Affordances* der Artefakte (Wakkary & Maestri 2008) zugeschrieben. Damit bleibt die Rolle des Subjekts im Designprozess allerdings ungeklärt.

Rabardel (1995) liefert hierzu das Konzept der Gebrauchschemata (*schèmes d'utilisation*). Gebrauchschemata sind Gebrauchsweisen, die vom konkreten Artefakt abgelöst, auf andere Artefakte übertragen werden können. Diesen Prozess nennt Rabardel Assimilation. Bei der Nutzung eines Stuhls als Tisch etwa trifft ein Gebrauchsschema (Abstellen eines Objektes auf einem anderen) auf die Produkteigenschaften (erhöhte ebene Fläche). Durch die Vermittlung von Gebrauchschemata und Produkteigenschaften werden die situativen und unbewussten Gestaltungsleistungen, wie Wakkary und Maestri (2008) und Brandes, Stich und Wender (2009) sie identifizieren, erklärbar.

Die so beschriebenen Gestaltungsleistungen können auch beim Lernen angenommen werden, wenn kognitive Prozesse mittels externer Ressourcen unterstützt werden. Diese Ressourcen werden im Sinne der *Distributed Cognition* in den Kognitionsprozess einverleibt (Hollan, Hutchins & Kirsh 2000; Kirsh 2005). Insofern Lernende auf die vorhandenen, sie umgebenden Artefakte zurückgreifen müssen, um diese externen Ressourcen zu schaffen, kann ein Alltagsdesign von *Distributed Cognition* angenommen werden.

Methode

In einem ethnografisch orientierten Interview wurde eine Gruppe von Studierenden aus geisteswissenschaftlichen Fächern zu ihrer Dokumentenverarbeitung befragt. Weitere Interviews wurden in Wohnungen von Studierenden unternommen. Die Dokumentenverarbeitung wurde analytisch eingeteilt in drei Bereiche: Die Dokumente selbst, die Arbeitsplätze an denen Dokumente interagieren und die Ablageorte der Dokumente. Diese Einteilung bildete den Leitfaden für die Interviews. Dieser Beitrag beschränkt sich auf die Betrachtung der Ablageorte. Der Fokus auf der Dokumentenverarbeitung ermöglichte es, die ganze Medienökologie, vom Papier- zum digitalen Dokument zu überblicken, da Lernmaterial inzwischen auch in digitaler Form zur Verfügung gestellt wird.

Die Ablage von Papierdokumenten geschieht in Heftern oder Stapeln. Eine Studentin sprach vom Abheften als „die schönste Studierarbeit, die man hat". Damit stellt sie allerdings eine Ausnahme dar, denn viele Studierende sprachen davon, dass sie oft den Aufwand scheuen, die Dokumente zu ordnen, sodass sich oft ein „Chaos" einstellt.

Beispiel 1: Navigation im Stapel erleichtert durch den Computer

Ein Student (I) schildert, wie er seine Dokumente stapelt und mittels des Computers zugänglich macht:

I: Also ich habe eine große Kiste zu Hause und da ist alles drin und da sind die ersten Semester und da wird dann immer wieder ein Neuer da hoch gelegt. Und da weiß ich dann ungefähr, weil ich habe auch einen Rechner, wo ich die ganzen PDFs [Dateiformat für elektronische Texte – Anm. des Autors] und so weiter ablege, das ist immer schön nach Semester sortiert und da weiß ich ungefähr, wo das dann liegen muss.

Beispiel 2: Rotierende Stapel

Derselbe Student nutzt Stapel, in denen das Material „rotiert":

I: Ich hab [...] zu Hause dann so einen Stapel liegen, wo dann die ganzen Skripte oder so was sind, und was dann halt oben ist, das [.] ist dann halt auch dran und man guckt halt schnell, alles klar Stundenplan: Das und das muss ich jetzt noch mit einpacken [...].

Eine andere Studentin (A) benutzt dasselbe Prinzip, wenn sie ihre Seminarunterlagen ablegt:

A: [...] Ich hab halt hier so einen vollen Ordner und da drin hab ich halt jetzt zum Beispiel den Stapel, das ist jetzt für das Seminar und wenn das Seminar zu Ende ist, dann sind das die von allen anderen Seminaren, die Zettel und dann schieb ich das ganz unten drunter und dann hab ich die für die—das nächste Seminar oben drauf liegen. [lacht]

Interviewer: Das ist zeitlich geordnet?

A: Ja, also wie meine Seminare halt sind in der Woche. Ist ja jede Woche wieder, geht ja einfach wieder von vorne los. Deswegen funktioniert das sehr schön.

Diskussion

Obwohl der „Zettelkrieg" oft als Ärgernis thematisiert wird, sind Studierende offenbar weiterhin auf papierbasierte Dokumente angewiesen, wenn es darum geht diese zu bearbeiten. Papier ermöglicht das unmittelbare Markieren und Annotieren, sowie das räumliche Nebeneinander von verschiedenen Dokumenten, was das das parallele Lesen und Schreiben ermöglicht. Außerdem ist Papier weiterhin das Medium in dem sämtliches Lernmaterial vereint werden kann. Die Präferenz für Papiergebrauch ist in *The Myth of the Paperless Office* (Sellen & Harper 2003) erstmals nicht als rückschrittliches Festhalten an alten Technologien, sondern als gezielte Ausnutzung der *Affordances* von Papier beschrieben worden.

Der Ursprung der Papierdokumente ist dennoch oft ein digitales Dokument. Im Ergebnis besitzen die Studierenden sowohl einen Papierausdruck als auch eine Datei eines Dokumentes. Die wichtigsten Ordnungsstrategien sind das Stapeln (*piling*) und das Einordnen (*filing*) (Malone 1983). Das Stapeln wird wegen der schlechten Zugänglichkeit der Dokumente oft problematisiert (Whittaker & Hirschberg 2001).

Die vorgenommenen Untersuchungen ergaben allerdings, dass einige Studierenden ihr Material stapeln. Der in *Beispiel 1* vorgestellte Student fand eine Lösung seinen Stapel zugänglich zu machen, indem er die entsprechenden Dateien, die er nach Semestern sortiert hatte, als Katalog nutzt. Diesen Katalog kann er im Computer durchsuchen. Aus der Zuordnung zu einem Semester kann er dann die Position im Stapel ableiten. Diese Lösung kann als ein Fall von „design-in-use" (Wakkary & Maestri 2008) verstanden werden, denn es ist anzunehmen, dass das Problem der Zugänglichkeit des Stapels sich in den ersten Semestern nicht stellte, sondern erst im weiteren Studienverlauf auftauchte. Gerade das Festhalten an der mangelhaften Ordnung hat zu einer Designlösung geführt. Das Zusammenwirken von Papierstapel und Ordnern im Computer führt zu einem neuen Gebrauchsschema (Rabardel 1995), das das Ensemble zu einem gebrauchstauglichen Archiv macht. Das neue Gebrauchsschema (Zugriff über Stapelhöhe, die aus dem Semester abgeleitet ist) schreibt fortan die Anordnung des Stapels vor, bzw. verhindert seine Auflösung oder Neusortierung. Diese Alltagsdesignlösung zeigt eine pragmatische Weise, wie Papierdokumente mittels Computer organisiert werden können.

In *Beispiel 2* sind Stapel aus Dokumenten, die an bestimmte Lehrveranstaltungen gebunden sind, beschrieben. Die Erinnerungsfunktion (Malone 1983), die das Stapeln mit sich bringt wird hier noch erweitert. Die Tatsache, dass Lehrveranstaltungen in einem regelmäßigen Rhythmus stattfinden wird ausgenutzt, indem die Dokumente der kommenden Veranstaltung oben liegen und abschließend unter den Stapel gelegt werden. Auch dies kann als *design-in-use* verstanden werden, das zu einem neuem Gebrauchsschema führt. Ebenso stabilisiert das Gebrauchsschema die Ordnung der Dokumente. Außerdem findet hier ein *cognitive offloading* (kognitives Abladen) (Hollan, Hutchins & Kirsh 2000) im Sinne der Distributed Cognition statt, denn die Rotation der Lernmaterialien ersetzt die Bemühungen, diese zu identifizieren und hervorzuholen. Dass die Dokumentenverarbeitung eng verbunden ist mit Aufgabenmanagement (*task management*), wie Bondarenko und Janssen (2005) feststellen, zeigt sich hier deutlich. Aus der Art und Weise der Aufbewahrung folgt unmittelbar, welche Lehrveranstaltung mit welchen Dokumenten zu besuchen ist.

Beide Beispiele zeigen, dass die vorgenommene Ordnung abgeleitet ist aus der zeitlichen Abfolge des Studiums. Dieses Ordnungsprinzip herrscht auch bei den anderen befragten Studierenden vor. Dieses einfache Prinzip scheint durchaus sinnvoll, da das angesammelte Studienmaterial nur in Teilen wiederverwendet wird. Fast alle Befragten gaben an, ihr gesamtes Studienmaterial aufzubewahren, ohne die Bedeutung dieses Materials angeben zu können.

Ausblick

Es wurde gezeigt, dass sich in der Dokumentenverarbeitung von Studierenden Designlösungen identifizieren lassen. Dabei ist es allerdings unabdingbar, die Alltagsdesigner selbst zu Wort kommen zu lassen, um die Gebrauchsschemata erkennen zu können. Durch die Verwendung der Konzepte der *Distributed Cognition* konnte herausgestellt werden, dass für die Organisation des Lernmaterials externe Ressourcen wie Position und Sichtbarkeit ausgenutzt werden, die die kognitiven Prozesse leiten.

Durch fokussierte ethnografische Untersuchungen können somit nicht nur Erkenntnisse über die Alltagspraxis gewonnen, sondern selbst Designlösungen gefunden werden, die das professionelle Design informieren können. Dieses Wissen ist für die gebrauchstaugliche Gestaltung von Lernmanagementsystemen nützlich. Die wissenschaftliche Untersuchung macht außerdem deutlich, dass der Begriff des Nutzers oft nicht zutrifft, vielmehr von einem Alltagsdesigner die Rede sein muss, den der professionelle Designer nicht bevormunden sollte.

Literaturverzeichnis

Bondarenko, O.; Janssen, R. 2005: Documents at Hand: Learning from Paper to Improve Digital Technologies. In: CHI '05: Proceedings of the SIGCHI conference on Human factors in computing systems, 121-130

Brandes, U.; Stich, S.; Wender, M. 2009: Design durch Gebrauch, Die alltägliche Metamorphose der Dinge. Basel: Birkhäuser

Hartwig, R. 2007: Ergonomie interaktiver Lernmedien, Kriterien und Entwicklungsprozesse für E-Learning-Systeme. München: Oldenburg

Hollan, J.; Hutchins, E.; Kirsh, D. 2000: Distributed Cognition: Toward a New Foundation for Human-Computer Interaction Research. In: ACM Transactions on Computer-Human Interaction. 7 (2), 174-196

Kirsh, D.: Metacognition, Distributed Cognition and Visual Design. In: Gärdenfors, P.; Johansson, P. (Hrsg.): Cognition, Education and Communication Technology. Mahwah: Lawrence Erlbaum, 2005

Malone, T. W. 1983: How Do People Organize Their Desks? In: ACM Trans. Inf. Syst. 1 (1), 99-112

Norman, D. A. 2004: Emotional Design, Why We Love (or Hate) Everyday Things. New York: Basic Books

Pea, R. D. 1993: Practices of Distributed Intelligence and Designs for Education. In: Salomon, G. (Hrsg.): Distributed Cognitions. Psychological and Educational Considerations. Cambridge: Cambridge University Press, 47-87

Rabardel, P. 1995: Les hommes et les technologies, approche cognitive des instruments contemporains. Paris: Armand Colin

Redstrom, J. 2006: Towards User Design? In: Design Studies. 27 (2), 123-139

Salomon, G. 1993: Distributed Cognitions, Psychological and Educational Considerations. Cambridge: Cambridge University Press

Sellen, A. J.; Harper, R. H. 2003: The Myth of the Paperless Office. Cambridge: MIT Press

Wakkary, R.; Maestri, L. 2008: Aspects of Everyday Design: Resourcefulness, Adaptation, and Emergence. In: International Journal of Human-Computer Interaction. 24 (5), 478-491

Whittaker, S.; Hirschberg, J. 2001: The Character, Value, and Management of Personal Paper Archives. In: ACM Trans. Comput.-Hum. Interact. 8 (2), 150-170

Kontakt

Dipl.-Des. Jan-Henning Raff
Technische Universität Dresden
Medienzentrum
01062 Dresden
jan-henning.raff@tu-dresden.de
http://tu-dresden.de/Members/jan.henning.raff